via reise tour

Berliner Forsten, Thorsten Wiehle

Auf Försters Wegen

Im Norden und Osten Berlins

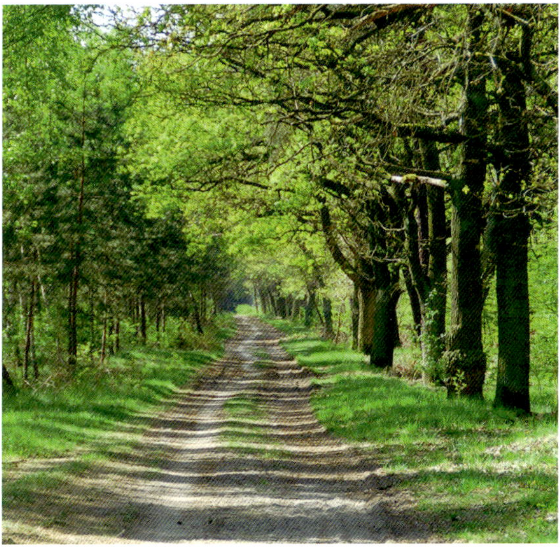

Inhalt

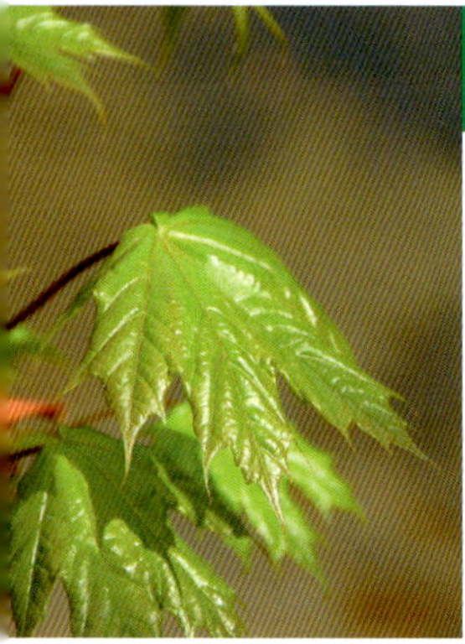

ZWISCHEN TEGELER FLIESS & BUCHER FORST

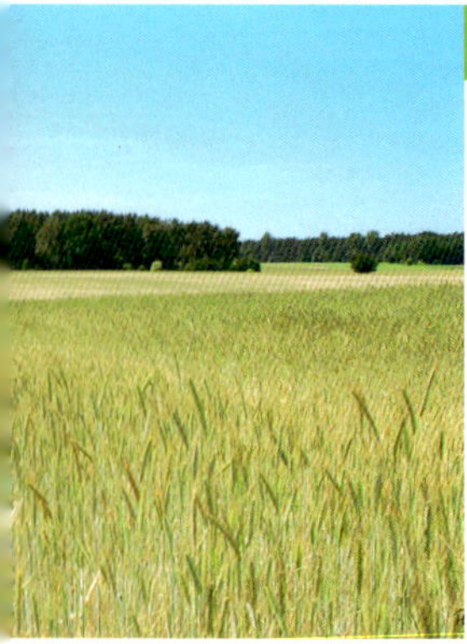

RUND UM WANDLITZ & BIESENTHAL

VOM PLÄNTERWALD BIS ZU DEN MÜGGELSEEN

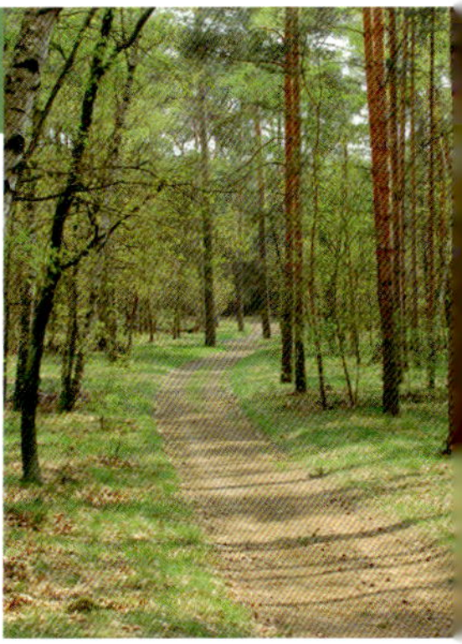

RUND UM DAHME & MÜGGELBERGE

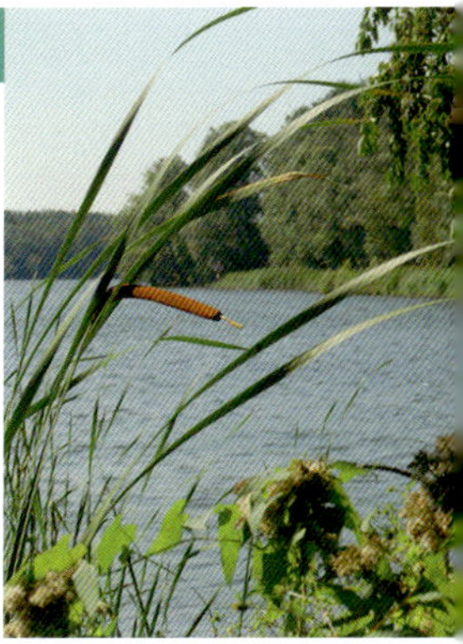

Der Berliner Wald hat rund um die Uhr geöffnet, ... Eintritt frei ... zu jeder Jahreszeit:

- **1840 km Waldwege**
- **278 km markierte Wanderwege**
- **214 km Reitwege**
- **14 Waldspielplätze**
- **19 km Badestrände**
- **12 Hundeauslaufgebiete**
- **13 Wildschaugehege**
- **7 Waldlehrpfade**

29 000 Hektar Wald ...

... gehören zu Berlin. Auf 1840 Kilometer Waldwegen kann die Vielfältigkeit der Berliner Wälder erkundet werden. Mit diesem Buch möchte ich Sie einladen, die heimischen Wälder einmal auf Wegen zu erkunden, die nicht vom Großteil der Waldbesucher begangen werden. Sind Sie mit offenen Ohren und Augen auf Försters Wegen unterwegs, werden plötzlich Sinne berührt, die in der Großstadt selten eine Rolle spielen.

Wie in diesem Buch schnell festzustellen ist, gibt es auch gerade nördlich von Berlin zahlreiche Wiesen, Wälder und Seen, die außerhalb der Berliner Stadtgrenze liegen, aber trotzdem zu den Berliner Forsten gehören. Etwa 13 000 Hektar liegen größtenteils in Brandenburg. Auch dort gibt es, mit Hilfe dieses Wanderführers, zahlreiche Möglichkeiten, diese Wälder zu durchstreifen.

Dass Berlin heute so viel Wald besitzt, ist dem Dauerwaldvertrag von 1915 zu verdanken. Damals wurde schnell erkannt, dass die immer weiter wachsende Reichshauptstadt dringend Wälder „... aus Gründen der öffentlichen Gesundheitspflege ..." benötigt. Es war wichtig, „... der Bevölkerung der Reichshauptstadt für die fernere Zukunft die Gelegenheit der Erholung und Erfrischung im Freien und in Wäldern zu sichern". Um einer Umwandlung in Bauland vorzubeugen, wurden große Flächen Wald aufgekauft und unter Schutz gestellt.

Seit 1909 kümmern sich die Berliner Forsten darum, dass unsere Berliner Wälder weiter wachsen und geschützt werden. Seit 2002 entsprechen wir den hohen Schutzkriterien des internationalen Forest Stewardship Council (FSC) und des Naturlandverbandes. Durch unsere ökologische und nachhaltige Forstwirtschaft sichern wir so dauerhaft attraktive und vielfältige Erholungswälder (▸ Seite 160).

Zu meinen persönlichen Highlights in diesem Buch gehört zum Beispiel die Tour am Biesenthaler Becken, vom Bahnhof Rüdnitz über Lobetal zum Hellsee. Auch rund um den Müggelsee und die Müggelberge liegen zahlreiche schöne Touren. Und auf der Beweidungsfläche Schönower Heide im Revier

Achtung!
Die Wanderwege sind meistens unmarkiert. Betreten auf eigene Gefahr.

Trotz aktueller Recherchen können Wege und Markierungen aufgrund der Schnelllebigkeit der Natur abweichen.

Noch mehr Ausflugstipps finden Sie auf der Internetseite der Berliner Forsten: www.forsten.berlin.de

Gorin kann man mit ein bisschen Glück das Wild beobachten ist, das in der freien Wildbahn nur selten so zu sehen ist.

Ich lade Sie ein, mit Hilfe dieses Buches, Ihrer eigenen Entdeckerfreude und offenen Augen viele einzigartige und unvergessliche Touren in den Berliner Wäldern zu erleben. Ein kleiner Tipp am Rande: Jede Tour hat zu jeder Jahreszeit ihren Reiz. Eine Landschaft, die im Sommer durch ihre üppige Vegetation beeindruckt, kann im Winter durch bizarre Eis- oder Schneestrukturen verzaubern.

Vergessen Sie bitte trotzdem nie, dass auch unsere Wälder Lebensraum und Rückzugsgebiet vieler großer und kleiner Tierarten sind. Sowohl diese als auch unsere Mitmenschen sind auf Ihre Rücksicht und Vernunft angewiesen.

Nehmen Sie sich die Zeit, aus dem Alltag entführt zu werden und auf interessanten Touren in unseren abwechslungsreichen und teils geschichtsträchtigen Wäldern unterwegs zu sein.

Thorsten Wiehle
Berliner Forsten

Thorsten Wiehle von den Berliner Forsten erwanderte, beschrieb und fotografierte alle Touren dieses Buches

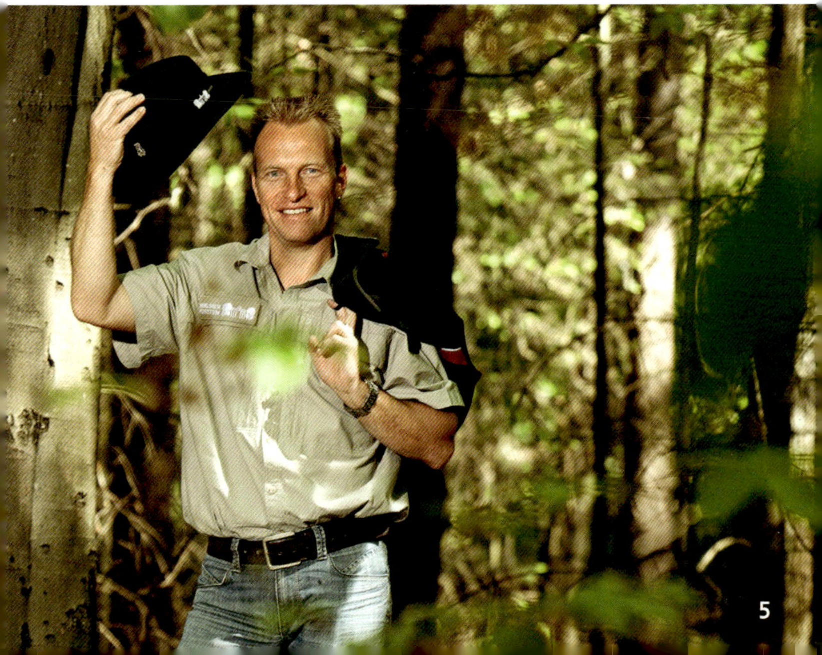

Vor einem Waldbesuch – Allgemeine Vorbereitungen

1. Ausrüstung für einen Waldausflug zusammenstellen

Hierzu können gehören: Mobiltelefon, Notrufnummern, Geländekarten, Verbandszeug, Trillerpfeife, Sonnenschutz, Mülltüten, wetterfeste lange Kleidung und wasserdichtes widerstandsfähiges Schuhwerk, Dosen zum Aufbewahren von gesammelten Materialien, Bestimmungsbücher für Pflanzen oder Tiere, Zecken- und Insektenschutz, Trinkwasser und Proviant

2. Gemeinsame Verhaltensregeln vereinbaren, insbesondere:

- Tote bzw. zahme Wildtiere und Kot bitte nicht anfassen.
- Das Spielen und der Aufenthalt im Bereich von Waldarbeiten ist gefährlich und deshalb verboten.
- Unbekannte Waldfrüchte wie Beeren, Pilze oder Pflanzenbestandteile bitte nicht essen.
- Tierbauten, Höhlen und Ameisenbauten dürfen nicht zerstört werden.
- Das Besteigen von jagdlichen Einrichtungen wie Hochsitzen ist verboten.
- Ein Aufenthalt unter abgestorbenen Bäumen und Ästen ist gefährlich und sollte vermieden werden.
- Im Wald lagernde Holzstapel dürfen nicht bestiegen werden.
- Im Wald darf ganzjährig nicht geraucht werden und das Entzünden von Feuer ist nicht gestattet.

Die hübschen Fliegenpilze darf man gern bewundern – aber bitte nicht berühren oder essen!

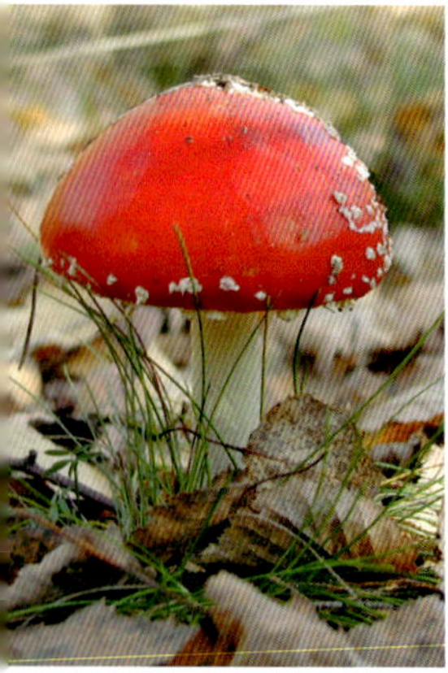

Während eines Waldbesuchs – das sollten Sie berücksichtigen

- Achten Sie auf tote Bäume und morsche Stämme. Berliner Forsten übernimmt keine Haftung für waldtypische Gefahren wie zum Beispiel abbrechende Äste oder umstürzende Bäume.
- Das Betreten des Waldes geschieht auf eigene Gefahr, Waldwege werden weder geräumt noch gestreut.
- Bei plötzlich einsetzendem Gewitter sollten Sie einzelne hohe Bäume, Waldränder und gewässernahe Gebiete meiden. Einen ausreichenden Schutz können Freiflächen mit Bodenmulden oder besonders junge, niedrige und dichte Baumbestände bieten. Auch nach einem Sturm besteht noch die Gefahr von herabfallenden Ästen.
- Bitte nehmen Sie Ihren Müll mit nach Hause.
- In Eichenwäldern tritt ab Mai vermehrt der Eichen-

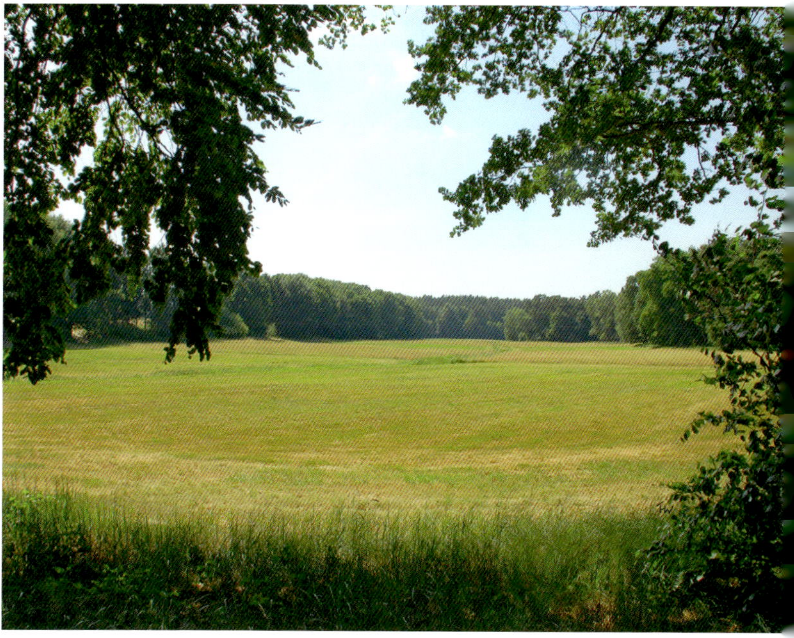

Bei Gewitter sollte man Aufenthalte an Waldrändern vermeiden

prozessionsspinner auf, eine Raupe, die allergische Reaktionen wie Hautausschläge und Atemnot beim Menschen hervorrufen kann. Achten Sie deshalb auf Hinweisschilder und meiden Sie Waldbestände, die aktuell gefährdet sind.

- Unverhoffte Begegnungen zwischen Mensch und Wildschwein kommen vor. Bewahren Sie in jedem Fall Ruhe und Gelassenheit. Langsame Rückzugsbewegungen, Stehenbleiben und ein ausreichender Abstand sind wichtige Grundregeln. Eine Bache mit Frischlingen muss in großem Abstand umgangen werden.
- Zecken leben in niedrigem Buschwerk, Sträuchern und Gräsern und sind vorwiegend in den Monaten März bis Oktober aktiv. Sie können unbemerkte Bisse mit problematischen Folgen (FSME, Borreliose) verursachen. Schützen Sie sich deshalb mit langer Kleidung.

Bei Begegnungen mit Wildschweinen: Ruhe bewahren!

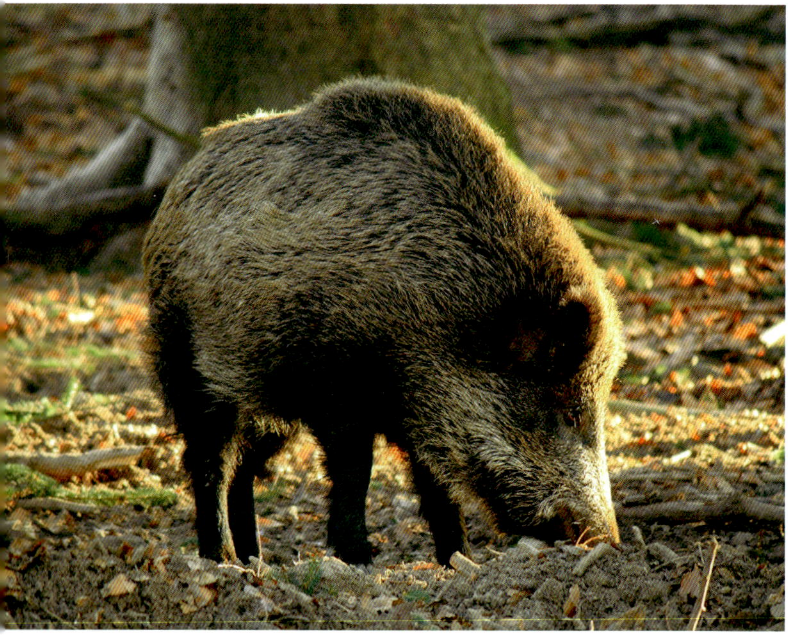

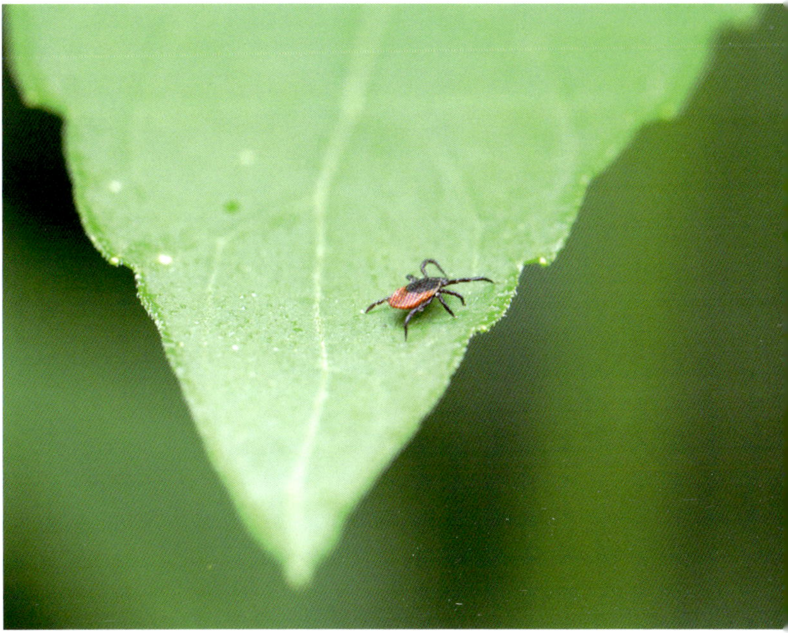

Zecken leben auf Sträuchern und Gräsern

Nach einem Waldbesuch – daran sollten Sie denken

- Untersuchen Sie Ihren Körper sorgfältig auf Zecken. Insbesondere auf heller Kleidung lassen sich die nur langsam krabbelnden blutsaugenden Parasiten leicht entdecken.
- Trinken Sie ausreichend Wasser, um den Flüssigkeitsverlust durch Schwitzen während der Wanderung oder Radtour wieder auszugleichen.
- Reinigen Sie Ihre Schuhe mit einer weichen Bürste von anhaftender Erde und Schmutz. So werden die Materialien geschont und Ihre Schuhe können Sie noch viele weitere Wanderkilometer tragen.
- Schließen Sie Ihre Augen, denken Sie an die schöne Zeit im Wald zurück und besuchen Sie ihn bald wieder.

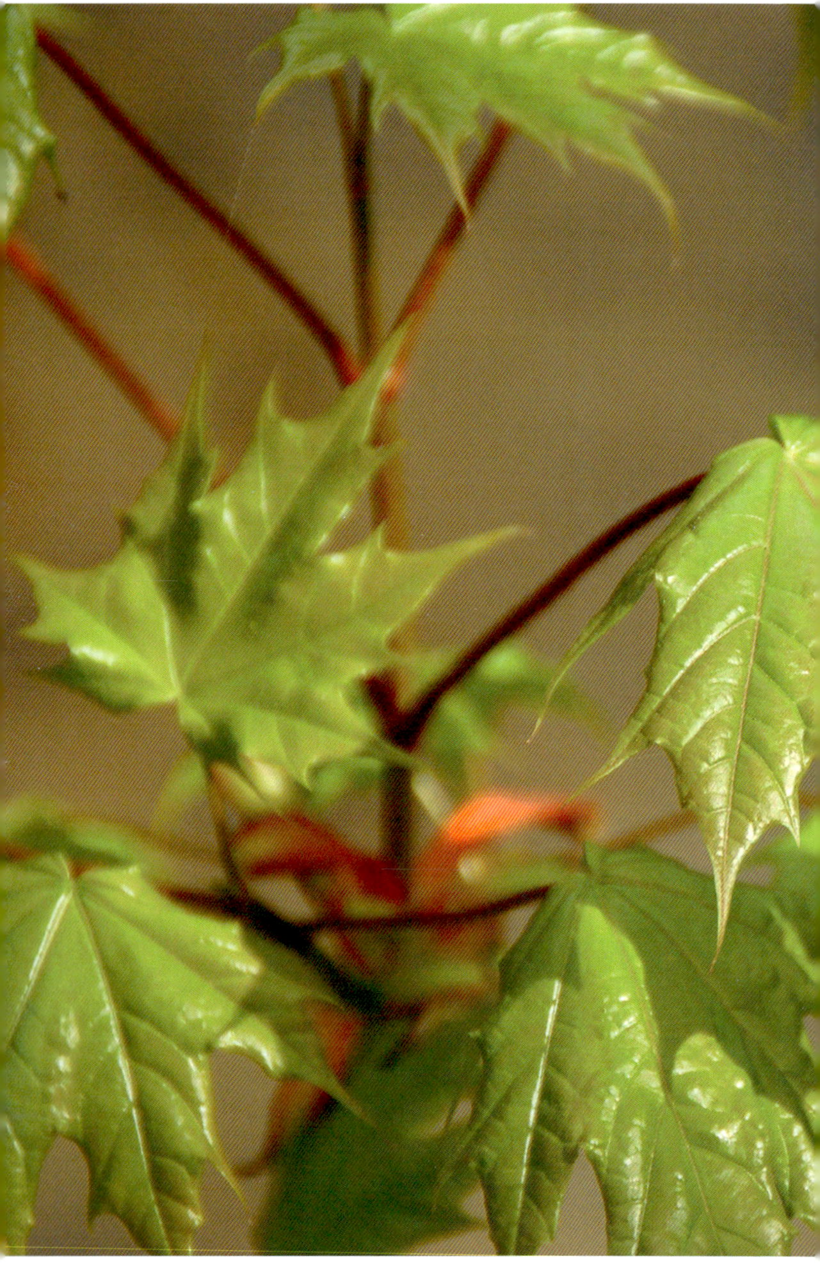

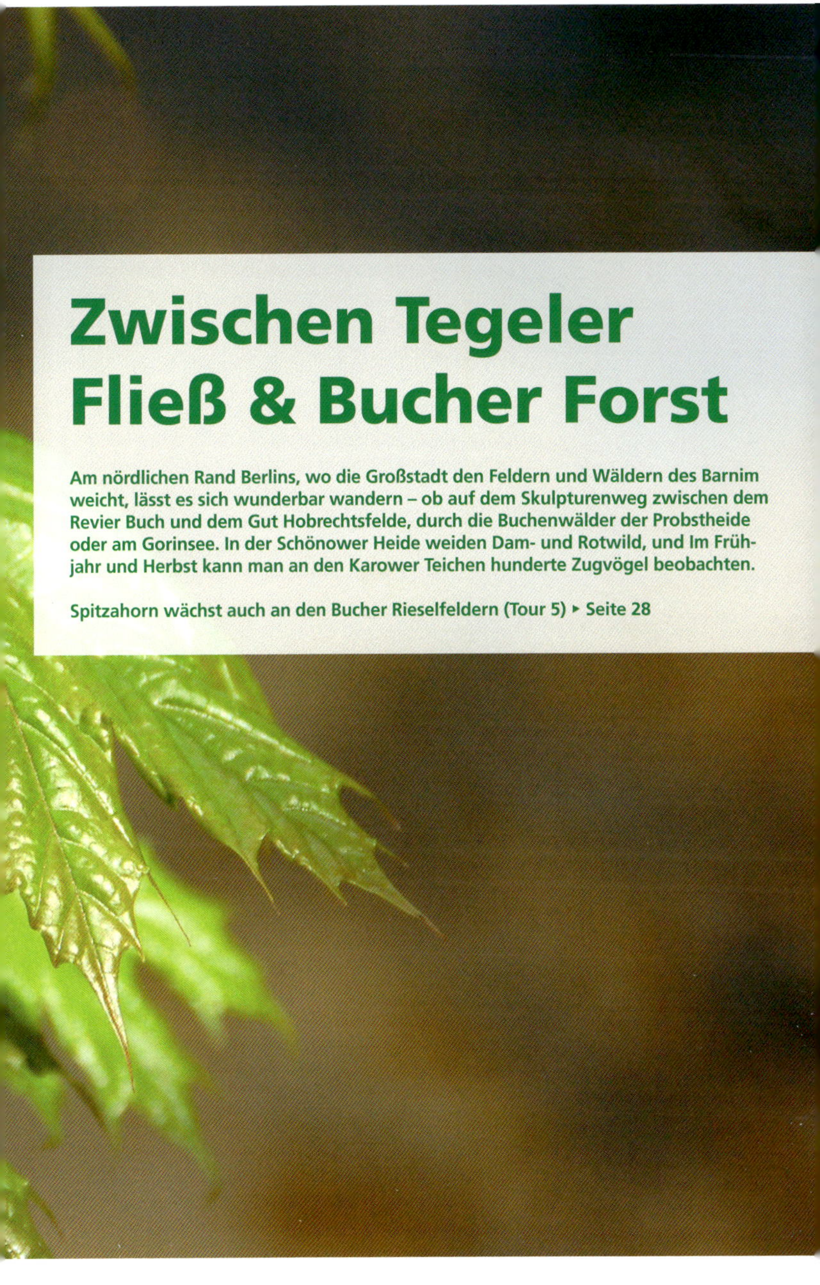

Zwischen Tegeler Fließ & Bucher Forst

Am nördlichen Rand Berlins, wo die Großstadt den Feldern und Wäldern des Barnim weicht, lässt es sich wunderbar wandern – ob auf dem Skulpturenweg zwischen dem Revier Buch und dem Gut Hobrechtsfelde, durch die Buchenwälder der Probstheide oder am Gorinsee. In der Schönower Heide weiden Dam- und Rotwild, und Im Frühjahr und Herbst kann man an den Karower Teichen hunderte Zugvögel beobachten.

Spitzahorn wächst auch an den Bucher Rieselfeldern (Tour 5) ▸ Seite 28

Wanderung

Start
Bus 222
Haltestelle Alt-Lübars

Länge
ca. 11 km

Dauer
ca. 4,5 Stunden

Rückfahrt
S-Bhf. Mühlenbeck-Mönchmühle

Lübars – Arkenberge

Von Alt-Lübars nach Arkenberge

Ausgangspunkt dieser Wanderung ist Berlins einziges noch erhaltenes Dorf, Lübars. Diese über 760 Jahre alte Ortschaft mit dem slawischen Namen hat seit über 150 Jahren nicht mehr ihr Aussehen verändert. Der idyllische Charakter des Dorfes fängt noch heute seine Besucher ein.

Die Wanderung startet auf dem Dorfanger ❶ an der **Lübarser Dorfkirche**, die 1793 im klassizistischen Stil (nach Langhans) wieder aufgebaut wurde. Von hier aus geht es in südöstlicher Richtung, also vorbei an der Kirche, bis zum Schildower Weg. Auf diesem Weg geht es hinein in die Ausläufer des Tegeler Fließtals und man folgt dem Barnimer Dörferweg in Richtung Blankenfelde. Kurz nach dem Zusammentreffen mit dem Berliner Mauerweg betritt man das seit 1995 unter Schutz gestellte Naturschutzgebiet **Niedermoorwiesen am Tegeler Fließ**.

Auf dem Schildower Weg durchquert man das Naturschutzgebiet und erreicht nach einiger Zeit die Überquerung der Eisenbahngleise. An der nächsten Abzweigung, an der auch noch eine inzwischen be-

Lübarser Dorfkirche

Der Vorgängerbau aus Fachwerk wurde im Jahre 1790 bei einem Brand zerstört. Der Kanzelaltar wurde von Friedrich Wilhelm I. gestiftet. Ursprünglich stand er erst in der Gertraudenkirche am Spittelmarkt und kam nach dem Abriss der Kirche in den Betsaal des St. Gertraudenstifts in Kreuzberg. Als wiederum der Gertraudenstift umgebaut wurde, ist der Altar 70 Jahre lang auf einem Dachboden vergessen worden. Erst nach der Renovierung der Dorfkirche Lübars 1954 bis 1956 kam der Kanzelaltar wieder ins Gespräch und wurde in der Dorfkirche aufgestellt, wo er heute besichtigt werden kann.

Gasthof
Alter Dorfkrug Lübars
Ausflugsgaststätte und Veranstaltungsort.
Alt-Lübars 8
13469 Berlin
Tel. (0 30) 92 21 02 30
www.gasthof-alter-dorfkrug.de
Do–So 12–21 Uhr

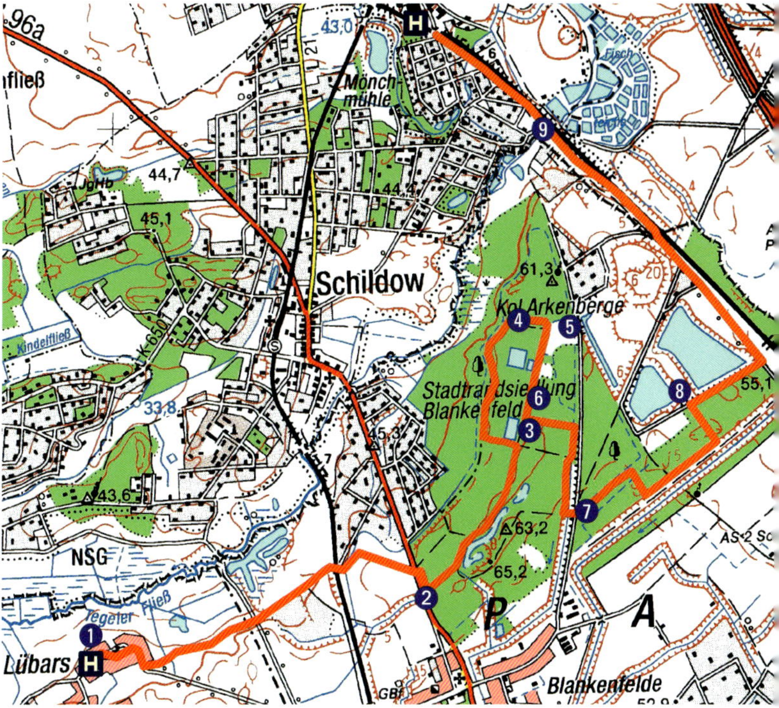

Niedermoorwiesen am Tegeler Fließ

Auf der 57 Hektar großen Fläche sind heute zahlreiche gefährdete und seltene Tier- und Pflanzenarten zu finden. Der in diesem Gebiet liegende Köppchensee entstand durch den intensiven Torfabbau. Dieses Gebiet gehört bereits zum Naturpark Barnim. Durch immer wieder erfolgte Eingriffe von Menschenhand, zum Beispiel Mauerbau und Bau der Niederbarnimer Eisenbahn, wurde dieses Gelände in seinen Strukturen verändert. Heute ist es so bedeutend, dass es Bestandteil des Schutzgebietssystems NATURA 2000 der Europäischen Union geworden ist.

wachsene Schranke zu finden ist, geht es weiter auf dem **Barnimer Dörferweg** nach Südosten (rechts). Dem Dörferweg folgend erreicht man die Schildower Straße. Nach der Überquerung geht es ein kurzes

Stück parallel nach Süden, bis auf der linken Seite ein durch eine rot-weiße Schranke ❷ markierter Weg nach Osten (links) abgeht. Auf diesem erreicht man den **Schwarzwassersee**.

Schwarzwassersee

Der Schwarzwassersee wird aus den Mühlenbecker Teichen versorgt, führt aber mitunter kaum Wasser. Dafür spielt sein Baumbestand für die Vogelwelt eine große Rolle. Von den 40 Vogelarten, die das ca. 10 Hektar große Gebiet zum Brüten nutzen, sind auch einige vom Aussterben bedrohte Arten dabei. So zum Beispiel Rohrweihe und Beutelmeise.

Ein Stück des Weges geht es links in nördliche Richtung, entlang des Schwarzwassersees, bis zu einem Erholungsbereich mit überdachtem Rastplatz. Dort befindet sich auch ein Kinderspielplatz mit Holzfiguren ❸. Weiter geht es an der Kreuzung nach Westen (links) bis zum **Heidekrautgraben.**

Dorfkirche Alt Lübars

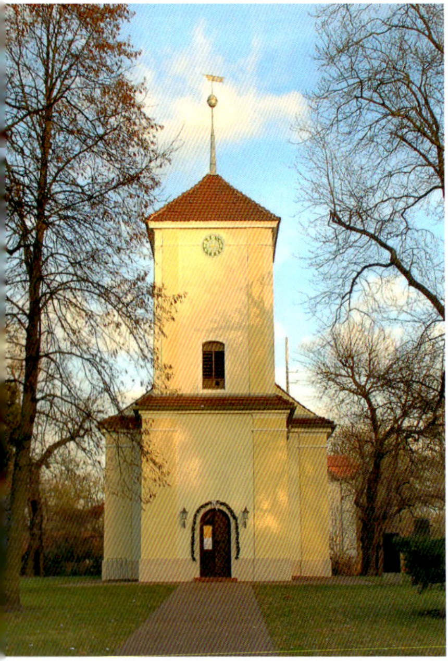

Der Weg endet dort auf einem Weg direkt an der Böschung des Grabens. Dort folgt man nicht dem ausgefahrenen Weg nach Südwesten (links), sondern geht nach Norden (rechts) zwischen dem Graben und einem kleinen Erdwall. Nach einiger Zeit findet man linker Hand ein umfriedetes Naturschutzgebiet. Erst einige Zeit später gelangt man an einen Abzweig nach Osten (rechts) ❹, der an einem Graben verläuft. In diesen Weg zweigt man ab und geht nun direkt auf einen künstlich aufgeschütteten hohen Berg zu. Bei diesem „Berg" handelt es sich um die Bauschuttdeponie **Arkenberge** ❺, die im unteren Bereich bereits wieder begrünt wurde. Werktags kann man als kleine Punkte die dort arbeitenden Planierraupen und LKWs auf dem „Berg" beobachten. Nach wenigen Metern biegt der Weg nach

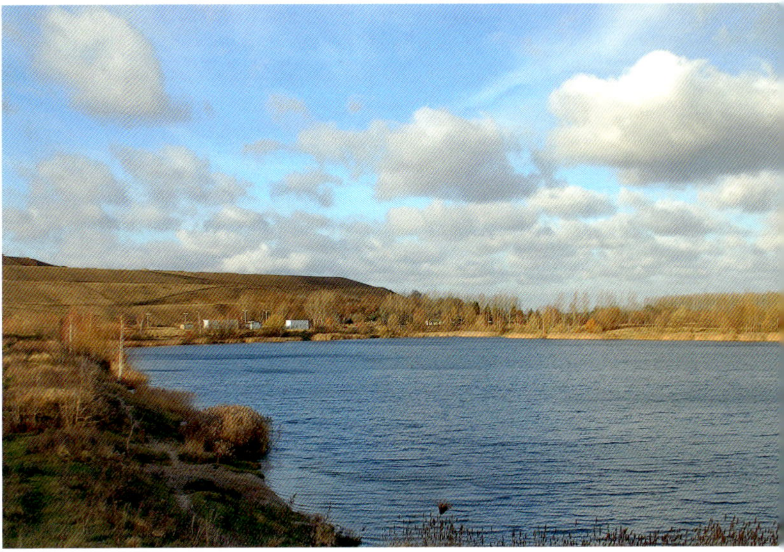

Baggersee an den Arkenbergen

Süden ab und quert einen Reitweg. In südlicher Richtung geht es jetzt auf dem gerade verlaufenden Weg bis zu einer Kiefernwaldschonung.

Direkt nach diesem schmalen Waldstreifen **6** biegt man nach Osten (links) ab und stößt schon bald auf einen zugewachsenen Wassergraben an der „Hauptstraße". Dem Weg neben dem Graben folgt man nun ein gutes Stück, bis auf der anderen Straßenseite ein Parkplatz **7** mit Schranke und überdachtem Tisch zu sehen ist. Hier werden der Graben und die Straße überquert. Hinter einer 50 cm hohen Umfriedung aus Stöcken führt der Weg weiter nach Nordosten (links).

Auf diesem schmalen Pfad geht es parallel an einem Graben entlang, der jedoch nicht so leicht zu erkennen ist. An der nächsten Möglichkeit zweigt man nach Südosten (rechts) ab. Dieser Verbindungsweg bringt einen zu einem breiten Weg, an dem parallel ein weiterer Reitweg verläuft. Dort führt die Tour weiter nach Nordosten (links) und verläuft zwischen dem Reitweg und einem auf der rechten Seite verlaufenden breiten Graben. Auf der anderen Seite des Grabens befindet sich ein großes Hundeauslaufgebiet.

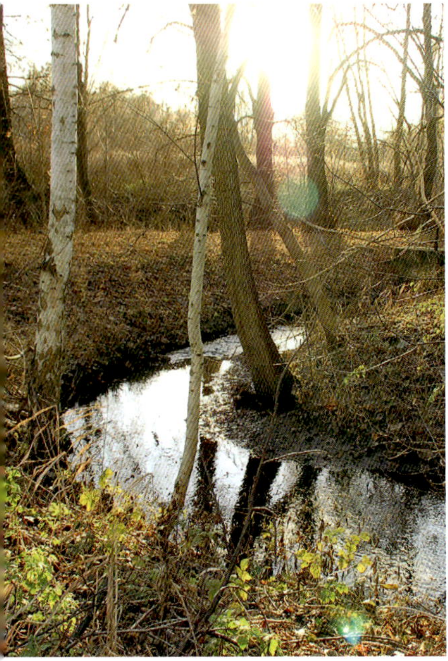

Ablauf der Mönchmühler Teiche 9

Dieser Weg wird an der zweiten Einmündung wieder nach Nordwesten (links) verlassen. Am Ende dieses neuen Weges läuft man durch einen Zaundurchgang und steht vor dem **Biotopgebiet Arkenberge** 8, in dessen Hintergrund wieder der bereits erwähnte „Berg“ zu sehen ist. An der Stelle geht es weiter nach Nordosten (rechts) und nach der Umrundung einiger Betonquader öffnet sich der Blick auf den großen **Baggersee**.

Auf dem Uferweg gelangt man auf die Zufahrtsstraße zur Deponie. Auf dieser muss man nun ein gutes Stück nach Nordwesten (links) laufen, bis man in einer Linkskurve hinter dem „Berg“ ein einzeln stehendes Gebäude sieht, dessen Zufahrt mit einem Tor versperrt ist. Hinter diesem Haus führt rechts ein kleiner Trampelpfad direkt an die Bahngleise. Dort verlässt man wieder die breite Straße und folgt nun dem Weg immer am Fuße des Bahndammes der S-Bahn entlang.

Hier kommt man wieder zurück in besiedeltes Gebiet und erreicht hinter dem Ablauf der **Mönchmühler Teiche** 9 die ersten Ausläufer der brandenburgischen Ortschaft **Mönchmühle.** Wie beschrieben, bleibt man stets auf den Wegen direkt am Bahndamm und kommt so an den S-Bahnhof Mühlenbeck-Mönchmühle, wo die ca. 11 Kilometer lange Wanderung ihr Ende findet.

Baggersee

An der Stelle, an der sich heute die Baggerseen befinden, standen früher einmal die 70 Meter hohen Arkenberge. Durch den Bau der Autobahn A 114 wurde der Kies, der an dieser Stelle zu finden war, abgetragen und es entstand der 13 ha große Baggersee. Der 450 Meter lange und 350 Meter breite See ist an seiner tiefsten Stelle 6 Meter tief.

TOUR 2

Wanderung

Start/Rückfahrt
S-Bhf. Karow

Länge
ca. 6 km

Dauer
ca. 2,5 Stunden

Karower Teiche

Mit den Zugvögeln in das Naturschutzgebiet Karower Teiche

Die etwa 130 Hektar große Fläche der Karower Teiche liegt im Nordosten Berlins und ist über die S-Bahn-Station Karow oder über die Autobahn 114, Abfahrt Bucher Straße, leicht zu erreichen. Das 1994 zum Naturschutzgebiet erklärte Gelände ist idealer Rastplatz für Zugvögel und Kinderstube für über 60 Vogelarten.

Die Teiche verdanken ihre Entstehung dem Torfstechen zum Ende des 19. Jahrhunderts und wurden dann für die Fischzucht ausgebaut.

Vom S-Bahnhof Karow erreicht man über die Pankgrafenstraße nach ca. 600 Metern die Bachsenke der Panke ❶. In nordöstlicher Richtung (nach rechts) gelangt man auf dem Pankeweg nach 500 Metern an den Abzweig in das Gebiet der **Karower Teiche.** Dieser Abzweig nach Nordwesten (links) ❷ befindet sich an einem aus roten Klinkern gemauerten Bacheinlauf.

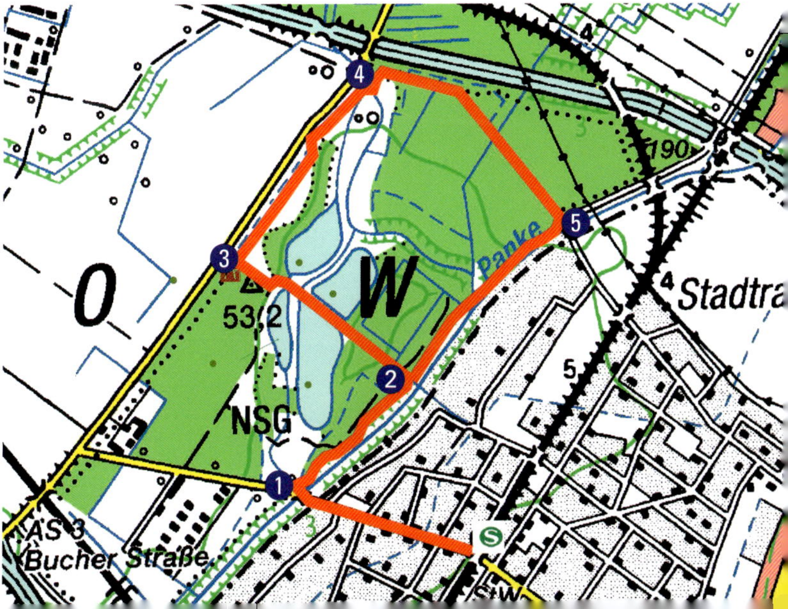

Schon nach wenigen Metern öffnet sich die Landschaft und man schaut auf die **Gänsewiesen.** Die Freiflächen werden von Zugvögeln auf ihren langen Reisen als Rastplatz genutzt. Um den Vögeln eine ungestörte Ruhepause zu gönnen, wurden diese Wiesen eingezäunt. Vorbei an einer Informationstafel gelangt man auf diesem Weg in das Herzstück der Teiche. Südlich (links) des Weges befindet sich der stark zugewachsene Schilfteich und nördlich (rechts) der **Ententeich.** An der nordwestlichsten Ausdehnung dieser beiden Teiche befindet sich eine **Aussichtsplattform,** von der aus man einen freien Blick auf die Teiche hat. Es lohnt sich, ein gutes Fernglas dabeizuhaben.

Nach einer ausgiebigen Pause folgt man dem Weg weiter vorbei an den Weiden- und Inselteichen. Der Weidenteich erstreckt sich südlich (links) des Weges und der Inselteich nördlich (rechts). Der Wanderweg knickt erst nach Süden (links) ab, um wenige Meter weiter wieder nach Westen (rechts) abzuzweigen. Auf der rechten Seite befindet sich erneut ein eingezäuntes Gelände, das ca. 20 Meter vor der Bucher Straße aufhört.

Wanderweg Bucher Straße

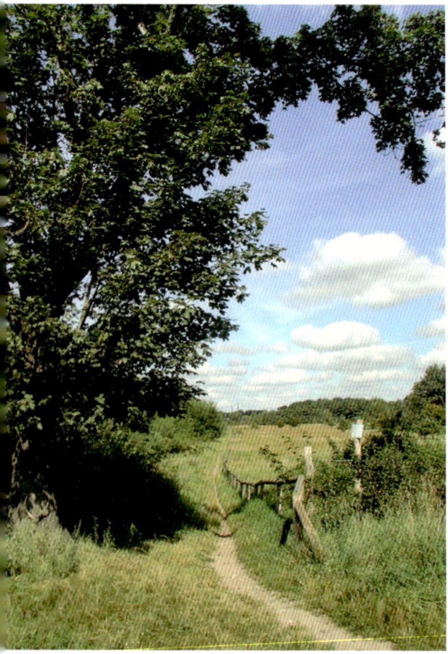

Dort, wo der Wanderweg auf die **Bucher Straße** trifft ❸, ist auch ein Parkplatz zu finden, von wo aus die Besucher starten, die mit eigenem Fahrzeug anreisen. Der Wanderweg geht weiter entlang des Zaunes nun in nördliche Richtung. Unterhalb der Bucher Straße vereinigt sich nach einiger Zeit der Dörferweg mit diesem Weg. Immer weiter nach Norden gelangt man auf eine kleine Holzbrücke ❹, die über den **Lietzengraben** führt.

Kurz danach führt der Weg in einem Rechtsbogen nach Osten, ein kurzes Stück neben der Autobahn A 10, bis man nach ca. 250 Metern schon wieder den Weg verlässt. Man folgt dem Dörferweg nach Südosten (rechts), bis man erneut an einer Kreuzung auf die **Panke** trifft. An dieser Kreuzung ❺ führt der

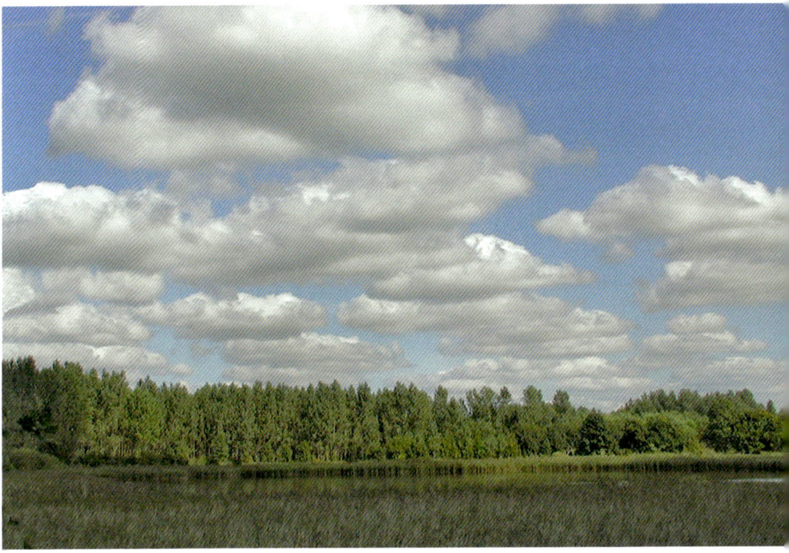

Blick über den Ententeich

nördliche (linke) Weg über die Autobahn heraus aus dem Gebiet der Berliner Forsten zum S-Bahnhof Buch (ca. 10 Min. Fußweg).

Auf dem Weg über die Brücke erreicht man den Schönerlinder Weg in Karow-Nord und nach Süden (rechts) vorbei an der Schranke geht die Wanderung entlang der Panke weiter. Auf dem **Pankeweg** überquert man erneut den Lietzengraben. Von der kleinen Brücke ist die Mündung des Lietzengrabens in die Panke gut zu sehen. Diesem Weg weiter folgend erreicht der Wanderer nach einiger Zeit die Stelle, an der er das Gebiet der Karower Teiche betreten hat.

Diejenigen, die ihr Fahrzeug auf dem Parkplatz an der Bucher Straße abgestellt haben, zweigen in den nach Westen (rechts) verlaufenden Weg ab. Die weitere Beschreibung zurück zum Parkplatz ist identisch mit der Wegbeschreibung ab ❶.

Der Rückweg zur S-Bahn verläuft nun auf dem bekannten Hinweg. Weiter entlang an der Panke nach Südwesten bis zur Pankgrafenstraße und von dort nach Osten (links) bis zum S-Bahnhof Karow.

Wanderung

Start
S-Bhf. Buch

Länge
ca. 10 km

Dauer
ca. 4 Stunden

Rückfahrt
Bahnhof Schönerlinde
alle 30 Min. nach
S-Bhf. Karow

Kombinierbar mit
Revier Buch
▸ Seite 24
Bucher Rieselfelder
▸ Seite 28

Weitere Informationen zum **Beweidungsprojekt Rieselfelder** findet man auf www.naturimbarnim.de/projekte/rieselfeldlandschaft-hobrechtsfelde/beweidung-hobrechtswald.html

Bucher Forst

Von den Karower Teichen nach Schönerlinde

Der S-Bahnhof Buch ❶ ist der Startpunkt für diesen Ausflug, der vom Naturschutzgebiet Karower Teiche durch Wiesen und Feuchtgebiete bis in den kleinen Ort Schönerlinde mit seiner hübschen Dorfkirche führt.

Steigt man aus der S-Bahn, verlässt man den Bahnsteig gleich nach Süden in Richtung Sportplatz. Durch den westlichen (rechten) Ausgang gelangt man direkt auf eine Straße, die parallel zur Bucher Moorlaake nach Südwesten verläuft. Dieser Straße immer folgen, bis man erst die Autobahn überquert und ein wenig weiter eine Bahntrasse unterquert. Ab dort betritt man das **Naturschutzgebiet Karower Teiche.**

An der nächsten Kreuzung ❷ biegt man nach Nordwesten (rechts) auf den Barnimer Dörferweg in Richtung Blankenfelde ab. Hinter dem Gatter geht es über eine Beweidungsfläche schnurgerade bis zur Autobahn A 10, die kurz gestreift wird. Dann biegt man im leichten Bogen nach Westen ab. An der nächsten Möglichkeit wird das Naturschutzgebiet verlassen und auf die Bucher Straße ❸ gewechselt. Hier befindet sich auch eine Informationstafel über die umfangreiche Flora und Fauna in diesem Gebiet.

Bitte vorsichtig am Straßenrand nach Norden über die Autobahnbrücke gehen. Weiter an der Straße erreicht man bald nach dem Bahnübergang und der Unterquerung der Hochspannungsleitungen auf der rechten Seite einen Parkplatz. Genau gegenüber von diesem Parkplatz führt ein Weg ❹ in den Wald zu den **Karpfenteichen**.

An der Straße befindet sich erneut ein Tor, durch das man eine Beweidungsfläche betritt. Dieses Areal gehört ebenfalls zum Beweidungsprojekt Rieselfelder. Hat man das Tor passiert, läuft man geradewegs auf die Teiche zu. Auf einem schmalen Damm, der den See in zwei Gewässer teilt, überquert man den „2. Karpfenteich“. Am Ende stößt man auf ei-

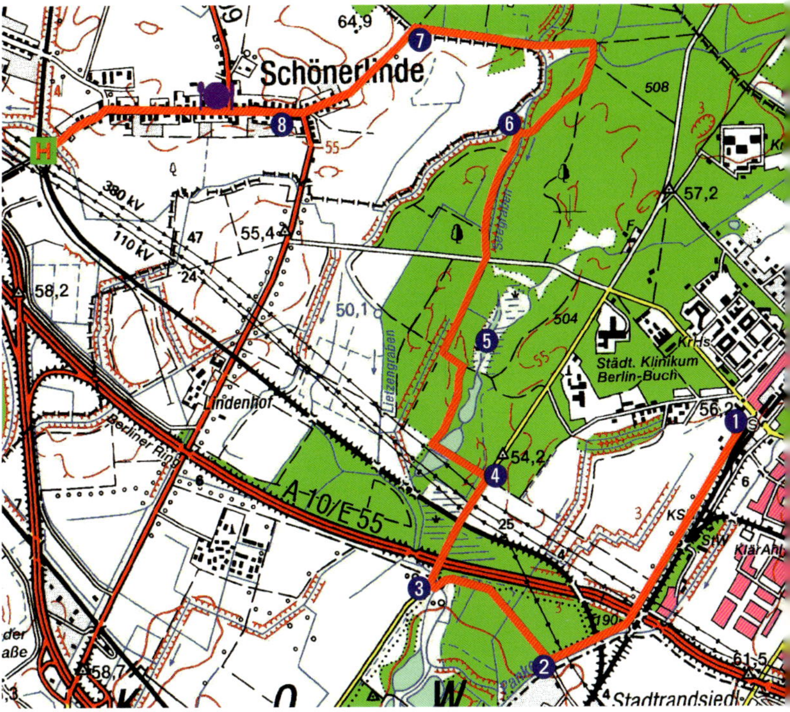

nen Weg, dem man nach Norden (rechts) folgt. Dieser Weg führt entlang des „1. Karpfenteiches“ und man folgt diesem bis zum Ende. Dort quert erneut ein Weg, der zwischen dem **Bogensee** ❺ und dem „1. Karpfenteich“ verläuft. Auf diesem nach Westen (links) abbiegen und durch das Gatter wenige Meter weiter auf einer breiten Trasse nach Norden (rechts) bis zur Schönerlinder Chaussee weiterlaufen. Nach der Überquerung der Chaussee und eines kleinen Parkplatzes bleibt man am westlichen (linken) Ufer des Grabens und folgt der geschotterten Wegeführung nach Norden.

Nach einiger Zeit kommt man an eine Wegbiegung, an der der geschotterte Weg nach Osten (rechts) über den **Seegraben** abbiegt. Dort befindet sich auch ein stark verwitterter hölzerner Wegweiser mit den Aufschriften „Gorinsee“, „Schönerlinde“ und „S-Bahn Buch“ ❻.

Hier zweigt man nach rechts ab und hält sich an den folgenden Gabelungen immer links, bis man auf einer Holzbrücke einen Entwässerungsgraben überquert. Nach wenigen Metern quert ein Schotterweg und man folgt dem Wegweiser Richtung Schönerlinde nach links (Westen). Vorbei an einer jungen Pflanzung gespendeter Rotbuchen mit Informationstafel führt der Weg zwischen Waldrand und Feldern entlang bis zur nächsten großen Kreuzung 7. Dort steht ein weiterer hölzerner Wegweiser, der in zahlreiche Richtungen zeigt. Unter anderem auch nach Schönerlinde.

Diesen Weg namens „Hobrechtsfelder Weg“ geht man nun bis nach Schönerlinde. Jetzt befindet man sich im Land Brandenburg. Im Ort gelangt man auf die „Berliner Allee“ und folgt ihr nach Westen (rechts). Man läuft direkt auf die **Schönerlinder Dorfkirche** 8 zu. Schönerlinde, das 1242 seine erste Erwähnung durch die Übereignung an das Kloster Lehnin fand, gehört zu den ältesten Lehniner Klosterdörfern in dieser Region.

Solitär

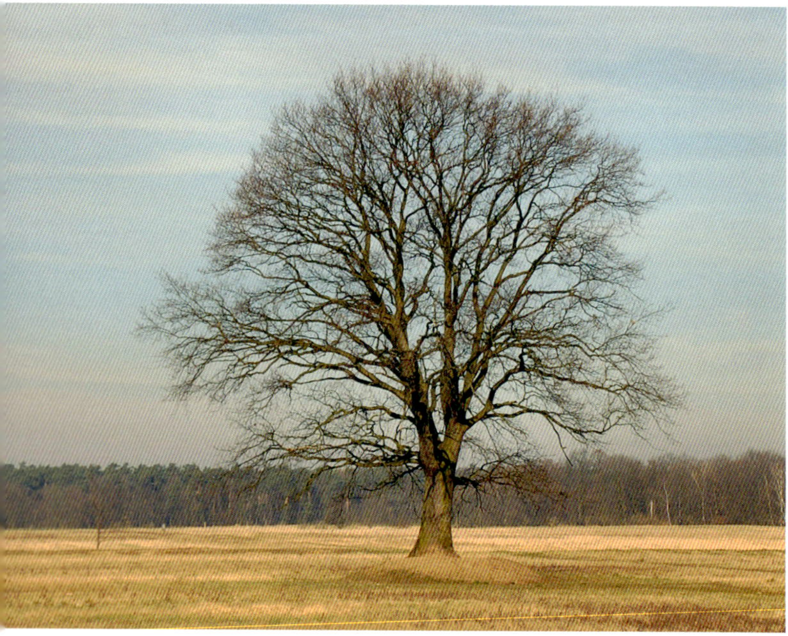

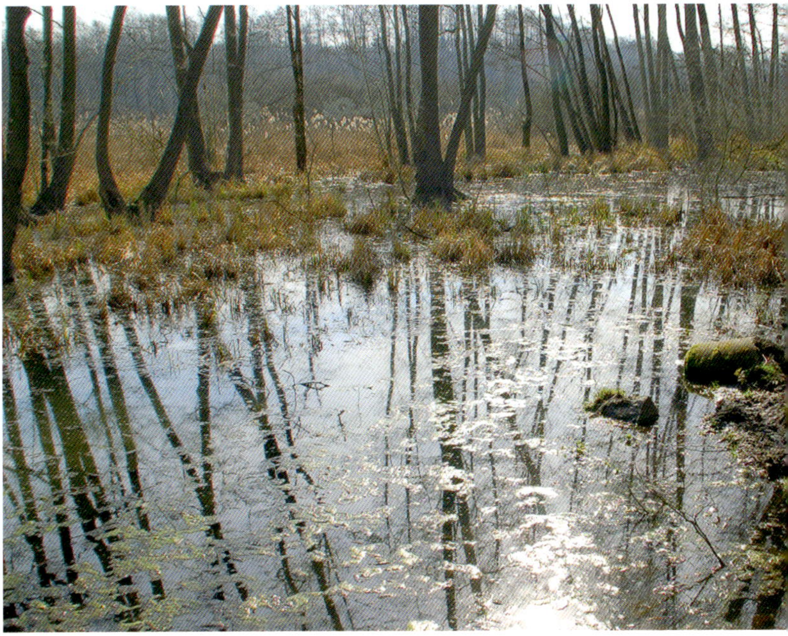

Feuchtgebiet am Bogensee

Die Wanderung geht weiter vorbei an der Kirche bis zur abknickenden Vorfahrtsstraße. An dieser Ecke befindet sich der Gasthof „Zur Linde". Dort verlässt man die Hauptstraße und biegt in die Bahnhofstraße ein. Wie der Name der Straße verrät, führt diese direkt zum Bahnhof Schönerlinde. Dort geht es mit der Niederbarnimer Eisenbahn, auch „Heidekrautbahn" genannt, wieder zurück nach Berlin.

Schönerlinder Dorfkirche

Die Schönerlinder Dorfkirche, in der bis 1541 ein Mönch die Messe las, ist in der ersten Hälfte des 14. Jahrhunderts erbaut worden. Dieses mittelalterliche Gebäude im Stil des spätgotischen Feldsteinbaus gehört heute zu den bedeutendsten Bauwerken dieser Epoche in Brandenburg. 1975 musste die Turmspitze abgetragen werden, 1992 wurde die Kirche mit Unterstützung der Deutschen Stiftung Denkmalschutz komplett restauriert.

Gasthof Zur Linde
Pension und Restaurant mit deftiger deutscher Küche und Außenterrasse.
Dorfstraße 31
16348 Wandlitz-Schönerlinde
Tel. (0 30) 94 79 60 26
www.gasthof-zur-lin.de
Tgl. ab 16 Uhr,
Mi/Sa geschlossen

Wanderung

Start/Rückfahrt
S-Bhf. Buch

Länge
ca. 9,5 km

Dauer
ca. 3 Stunden

Kombinierbar mit
Bucher Forst
▸ Seite 20

Revier Buch

Steine ohne Grenzen

Eine Wanderung über die Bucher Rieselfelder ist einmal eine ganz andere „Waldwanderung". Auf dieser Tour wechselt das Landschaftsbild vom bekannten Hochwald zu einer vielfältigen Freilandfläche mit stets wiederkehrenden Baumgruppen: eine ideale Deckung für Rehwild und andere Tierarten.

Die ehemaligen Rieselfelder werden in mühseliger Kleinarbeit zu einem attraktiven Ausflugsgebiet umgewandelt. Wer sich über diese Arbeit ein Bild machen will und mehr Informationen erhalten möchte, kann sich schon im Vorfeld auf der Internetseite www.berlin.de/senuvk/forsten/hobrechtswald einlesen.

Da es auf dieser Tour keine Möglichkeit der Einkehr gibt, wird empfohlen, eigene Marschverpflegung mitzunehmen. Die Wanderung beginnt am **S-Bahnhof Buch ❶**. In nordwestlicher Richtung erreicht man auf der Wiltbergstraße nach ca. 600 Metern den Zugang in den Wald. Dieser befindet sich einige Meter hinter der Bushaltestelle „Wiltbergstraße" (Natürlich könnte diese Strecke auch mit der dort verkehrenden Buslinie 251 zurückgelegt werden. Aber warum fahren, wenn man doch laufen kann!). Schon nach wenigen Minuten erscheint auf der rechten Seite das Gelände der **Waldschule Bucher Forst ❷**.

Waldschule Bucher Forst
Ein Besuch der Waldschule lohnt sich, bedarf aber unbedingt telefonischer Voranmeldung, damit das freundliche und fachkundige Personal für den Interessierten zur Verfügung steht.
Hobrechtsfelder Chaussee 110
13125 Berlin
Tel. (0 30) 94 11 47 33

Der Wanderweg führt weiter nach Nordosten, bis auf der rechten Seite ein Weg abzweigt, über den man die Trasse der früheren **Feldbahn** erreicht. Über die ehemalige Schmalspurbahn, die mit Pferden gezogen wurde, brachte man die Erzeugnisse der Stadtgüter zum Bahnhof Buch. Außer dem schnurgeraden Verlauf des Weges durch den Wald ist vom Gleisbett nichts mehr zu erkennen. Am Ende trifft man auf die Kreuzung Hobrechtsfelder Chaussee/Pölnitzweg ❸. Auf der gegenüberliegenden Seite ist eine Straße zu sehen, die als Sackgasse gekennzeichnet ist. Dieser Straße ist zu folgen und man erreicht schon bald das Gebiet des **ehemaligen Krankenhau-**

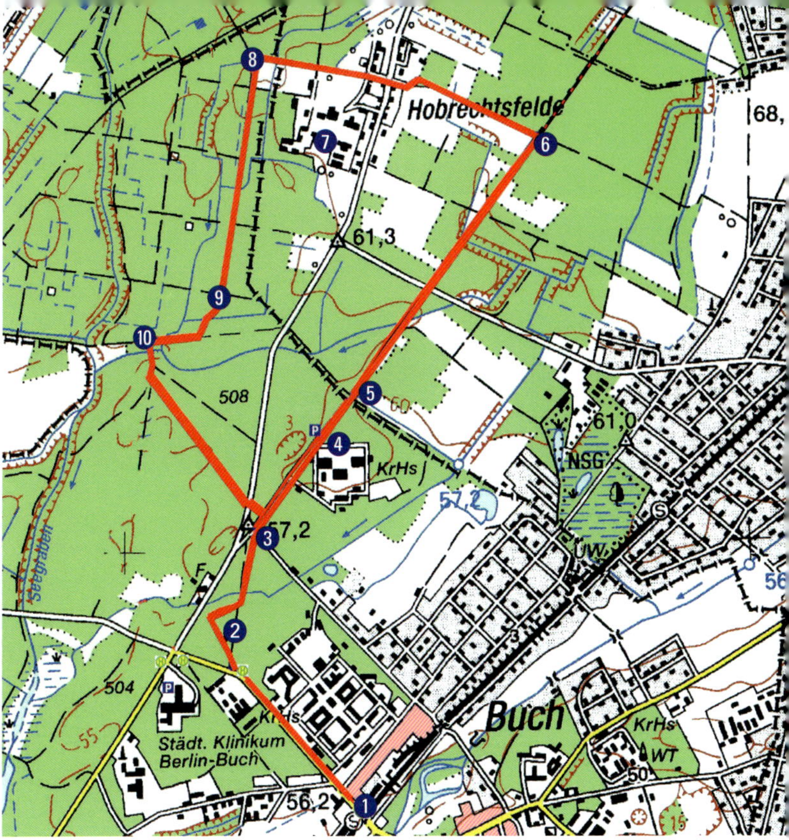

ses **„Dr. Heim“** ❹, das inzwischen zu einer Wohnsiedlung umgestaltet wurde. Vorbei am Haupteingang führt die Straße schnurgerade und direkt hinein in das Gebiet der Rieselfelder. Hat man die Wohnsiedlung hinter sich gelassen, öffnet sich der Wald und der Blick fällt auf eine etwa 20- bis 30-jährige Blaufichtenschonung. Ab hier ❺ beginnt das Gebiet der **Bucher Rieselfelder.**

Dem Weg weiter geradeaus folgend kreuzt man den ein oder anderen geradlinigen Weg. Auf dieser Strecke sind bereits die ersten **Steinskulpturen** zu sehen. Im weiteren Verlauf sind am Wegesrand eine Vielzahl von Skulpturen und Objekten teilweise aus Stein und Holz zu besichtigen („Steine ohne Grenzen“-Ausstellung). An der Kreuzung, an der ein Wegweiser ❻ nach links „Hobrechtsfelde“ und nach rechts „Zepernick“ anzeigt, geht man nach links in Richtung Hobrechtsfelde. Dort überquert man

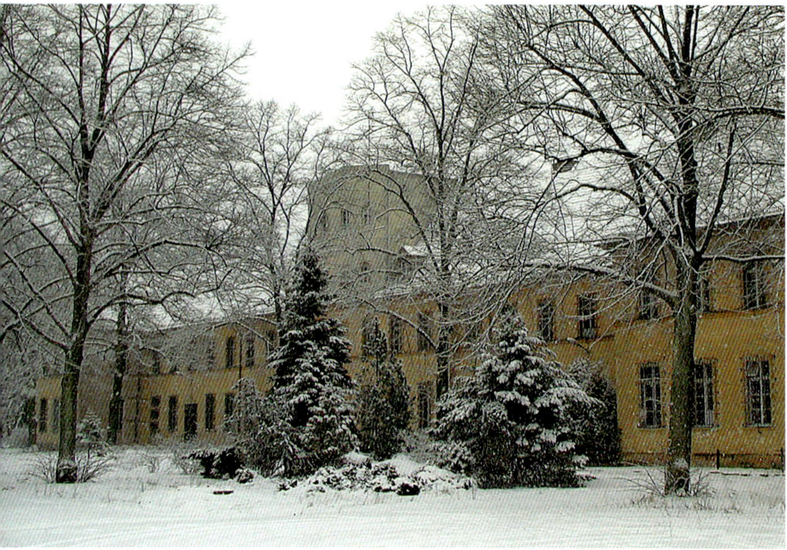

Ehemaliges Krankenhaus „Dr. Heim"

die Hobrechtsfelder Dorfstraße und geht gegenüber weiter in die Rieselfelder. Nach dem Verlassen des Ortes ist auf der linken Seite der ehemalige **Getreidespeicher** ❼ zu sehen. In diesem Speicher wurde das Getreide mit Hilfe eines Fahrstuhles unter das Dach transportiert, von wo aus das Korn über sogenannte Schüttböden nach unten fiel. Durch die entstandene Thermik wurde das Getreide getrocknet. Heute beherbergt der Speicher das **Besucherzentrum Gut Hobrechtsfelde.**

Der Weg stößt auf eine Kreuzung ❽, an der die Wegeführung für diese Wanderung nach Süden (links) abzweigt. Vorbei an weiteren Skulpturen führt der Weg an Schonungen entlang. Diese größeren Bäume sind aus dem Bestand der Erstaufforstung Mitte der 80er-Jahre, bei der etwa 4 Millionen Pflanzen gesetzt wurden. Nach einiger Zeit verändert der Weg seine Struktur und aus dem schnurgeraden wird ein geschwungener Weg ❾, der weiter nach Südwesten (schräg rechts) führt. Ein weiterer Weg geht nach Osten (links) ab. Die Wanderung geht weiter nach Südwesten (schräg rechts), bis der Weg auf einem breiteren endet. Dort wird nach Westen (rechts) abgebogen. Hier ist die Trennung zwischen den Rieselfeldern und dem beginnenden Hochwald noch deutlich zu erkennen.

Ca. 300 Meter weiter trifft man auf einen Wegweiser ⓾ mit fünf Richtungspfeilen (Schönow, Gorin, S-Bahn, Hobrechtsfelde, Schönerlinde) und einer Informationstafel „Alles Zufall?". An der Kreuzung geht ein schmaler Weg nach Süden (links) in Richtung „Buch und Bogenseekette" durch ein Tor direkt in den Hochwald hinein.

Beim Durchqueren des Tores betritt man eine der zahlreichen Beweidungsflächen. In diesem Gebiet laufen Konik-Ponys und Englische Parkrinder frei herum. Kurz nach dem Tor wird eine Brücke namens **Willis Brücke** überquert. Über diese quert man einen der vielen Bewässerungsgräben. Nun führt der Wanderweg durch ebenso interessanten Hochwald. Nach kurzer Zeit hat man die Beweidungsfläche durchlaufen und verlässt diese durch ein weiteres Tor. Anschließend läuft man in südöstliche Richtung zurück bis zur Hobrechtsfelder Chaussee. Diese wird überquert und auf der anderen Seite schließt sich diese Rundwanderung. Für das letzte Stück zurück wird der gleiche Weg gewählt, auf dem man die Tour begann.

Weitere Informationen zum **Beweidungsprojekt Rieselfelder** findet man auf www.naturimbarnim.de/projekte/rieselfeldlandschaft-hobrechtsfelde/beweidung-hobrechtswald.html

Weg auf der Trasse der ehemaligen Feldbahn

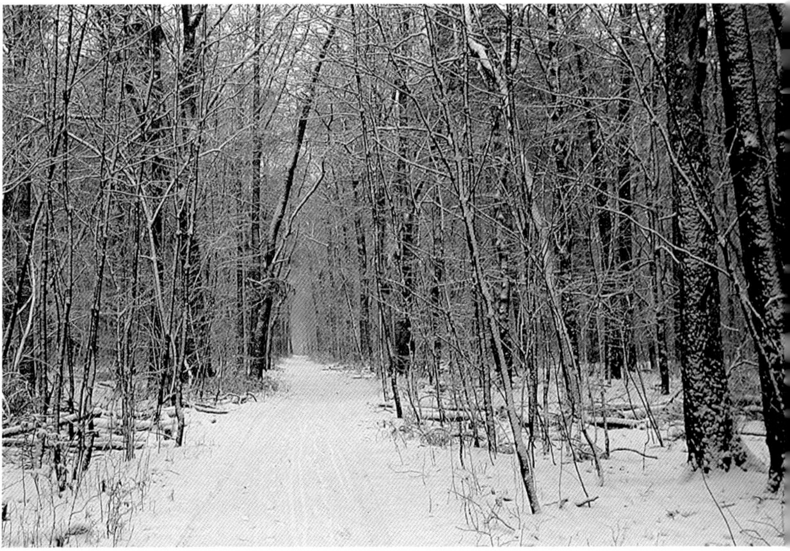

Wanderung
Baden

Start
Bhf. Schönerlinde
alle 30 Min.
ab S-Bhf. Karow

Länge
ca. 11 km
bis Schönwalde 15 km

Dauer
ca. 4 Stunden
bis Schönwalde 5 Std.

Rückfahrt
Bus 891 (nur Mo–Fr)
Gorinsee Dorf,
sonst: Bhf. Schönwalde

Kombinierbar mit
Bucher Forst
▸ Seite 20

Bucher Rieselfelder

Aktive Rieselfelder – eine Entdeckungsreise

Eine Wanderung durch aktive Rieselfelder? „Das stinkt doch! Nein danke!" wird der eine oder andere denken. Falsch gedacht. Seit 1985 sind die Zeiten, in denen ein unangenehmer Geruch über die Felder zog, Vergangenheit.

Heute wird die Landschaft durch eine üppige Flora und Fauna geprägt und lädt zu ausgedehnten Spaziergängen und Wanderungen ein. Schon die Anreise ins brandenburgische Schönerlinde mit der **Heidekrautbahn** gibt einem das Gefühl einer kleinen Urlaubsreise.

Der Bahnhof liegt einige Meter außerhalb der Ortschaft. Folgt man der Schönerlinder Bahnhofstraße, wird diese zur Schönerlinder Dorfstraße und führt auf die Berliner Allee. Quer durch den Ort geht es vorbei an der schönen Feldsteinkirche bis zum Abzweig Hobrechtsfelder Weg. Dort wird die Berliner Allee verlassen. Nach einigen hundert Metern verlässt man Schönerlinde und geht auf einem begrünten Weg zwischen weiten Feldlandschaften hindurch. Nach der Überquerung der nächsten Kreuzung wechselt das Landschaftsbild. Nun dominieren hohe Bäume, dichte Vegetation und der eine oder andere Wassergraben das Erscheinungsbild.

Doch kaum hat man die **Rieselfelder** ❶ erreicht, öffnet sich der Blick und man bekommt die Vielfältigkeit dieses Gebietes zu sehen. Weiter des Weges geht es bis zu einer großen Kreuzung ❷, an der ein Wegweiser nach Norden (links) in Richtung Gorinsee weist und ein anderes Schild nach Süden (rechts) in Richtung Hobrechtsfelde. Zu diesem Zeitpunkt bitte nach Süden (rechts) abbiegen. Später kommt man noch einmal an diesem Punkt vorbei. Jetzt aber ist Hobrechtsfelde der nächste Etappenpunkt.

Immer wieder sieht man nun links und rechts des Weges Skulpturen aus Stein und Holz stehen. Diese Kunstwerke wurden in den letzten Jahren von Steinmetzen und Bildhauern gefertigt und können

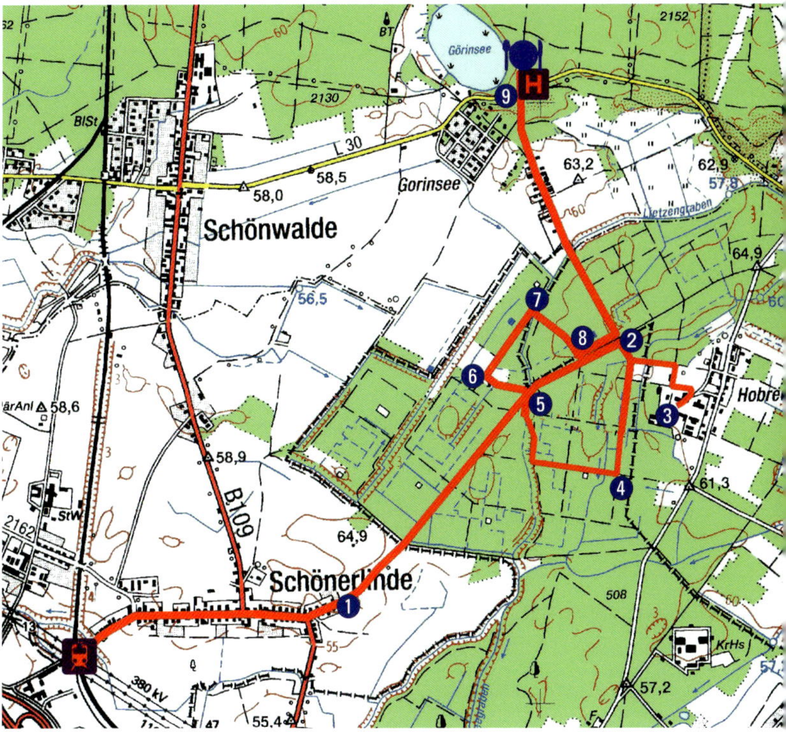

nun auf einem Teilstück der Wanderung bewundert werden. An der nächsten Gabelung folgt man der Ausschilderung nach Hobrechtsfelde zum **Speicher** ③. Dazu wählt man den Weg, der nach Osten (links) abgeht. Nach einer großen Schranke weiter auf dem ausgewiesenen Weg nach Süden (rechts) Richtung Speicher. Nur wenige Minuten weiter den Weg entlang befindet sich der Wegweiser zum weithin sichtbaren, alten Speicher, heute Teil des **Besucherzentrums Gut Hobrechtsfelde.** Über den Hof des Gutes gelangt man zum Speicher, in dem sich das Besucherzentrum befindet. Dort ist eine sehr interessante, interaktive Ausstellung über die Entstehung und Entwicklung von Hobrechtsfelde und der Rieselfelder zu bewundern.

Nach diesem Abstecher in das Besucherzentrum Hobrechtsfelde geht es auf dem gleichen Weg, auf dem man den Speicher erreicht hat, wieder zurück

Besucherzentrum Gut Hobrechtsfelde
Sa/So 12–16 Uhr
Aktuelle Angebote des Besucherzentrums unter: www.gut-hobrechtsfelde.de

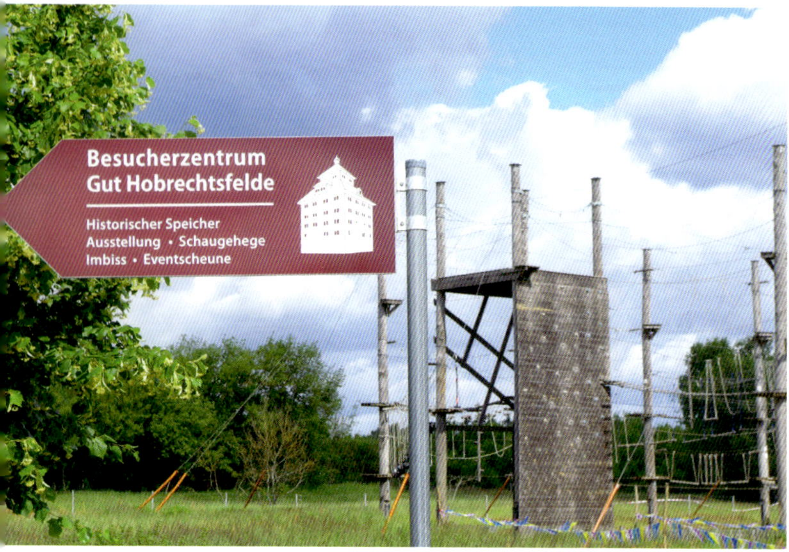

Wegweiser zum Besucherzentrum und der leider geschlossene Kletterpark

auf den Skulpturenweg. Steht man wieder an der Gabelung, an der der erste Hinweis auf den Speicher zu finden war, folgt man dem breiten Weg Richtung Buch nach Süden (links) und kann weitere Skulpturen betrachten. Erst an einem Abzweig, an dem eine verwitterte **Skulptur aus Sandstein** ❹ steht, wird der Weg nach Westen (rechts) verlassen. Diese Skulptur wurde von der Künstlerin Elke Albers geschaffen und trägt den Namen „Unter Sandstein“. Zusätzlich findet man an diesem Abzweig auch einen hölzernen Wegweiser nach „Schönow, Zepernick und S-Bahn Buch“.

Weiter des Weges befindet sich rechter Hand der **kleine Reinigungsteich.** Man kann von einem kleinen Wall, der hinter dem Teich liegt, direkt auf ihn sehen. (Dieser Teich trägt nicht immer Wasser.) Die Wanderung geht weiter bis zur südwestlichsten Ecke des Teiches. Dort steht, ebenfalls auf dem Wall, eine Informationstafel über die Rieselfelder und die heutige Aufgabe des kleinen Reinigungsteiches. Am Fuße dieses Walls ist eine weitere Kreuzung. Hier folgt man weiterhin dem Weg nach Westen, bis man an ein mit Weidezaun eingezäuntes Gebiet kommt.

Dort betritt man das Gelände durch ein Tor und folgt dem Weg. Nun durchläuft man ein Gebiet, auf dem in einem Projekt die Rieselfeldlandschaft beweidet wird. Auf 825 Hektar können sich Konik-Ponys und Englische Parkrinder frei bewegen. Mit etwas Glück können auf dieser Wanderung die Tiere beobachtet werden. Auch zu diesem Projekt kann man sich entweder vorher im Internet oder auf einer der zahlreichen Informationstafeln, die überall auf dem großen Areal zu finden sind, informieren.

In diesem Gebiet wird als nächstes ein Wassergraben überquert, der den Namen **Lietzengraben** trägt. Auf der anderen Seite des Grabens gabelt sich der Weg nach Südwesten (links), geradeaus und nach Norden (rechts). Auf dem geschotterten Weg nach Norden (rechts) 5 geht es weiter parallel zum Wassergraben.

Der wildromantische, teilweise zugewachsene Weg stößt nach einiger Zeit, nachdem das eingezäunte Gebiet wieder verlassen wurde, auf einen breiteren Weg. Dem aufmerksamen Wanderer wird der Weg bereits bekannt vorkommen. Es ist wieder der „Alte Bernauer Heerweg“. Also bitte nur den Weg kreuzen und weiter dem Graben folgen.

Steinskulpturen stehen am Wanderweg

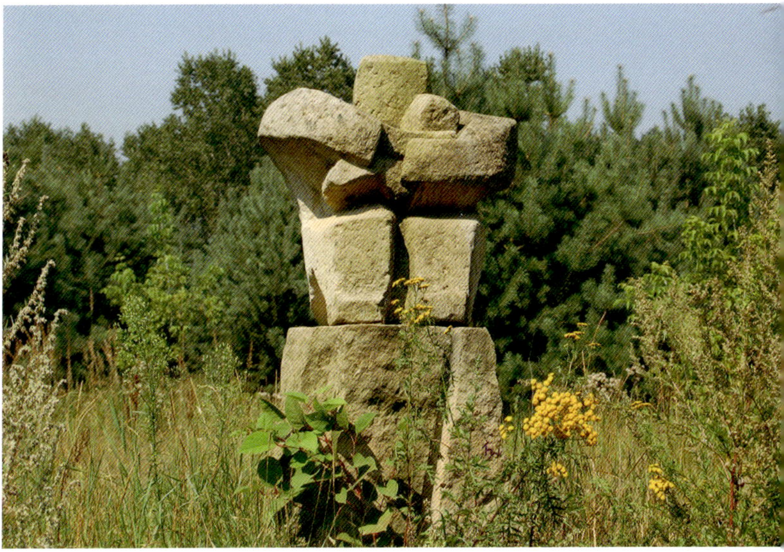

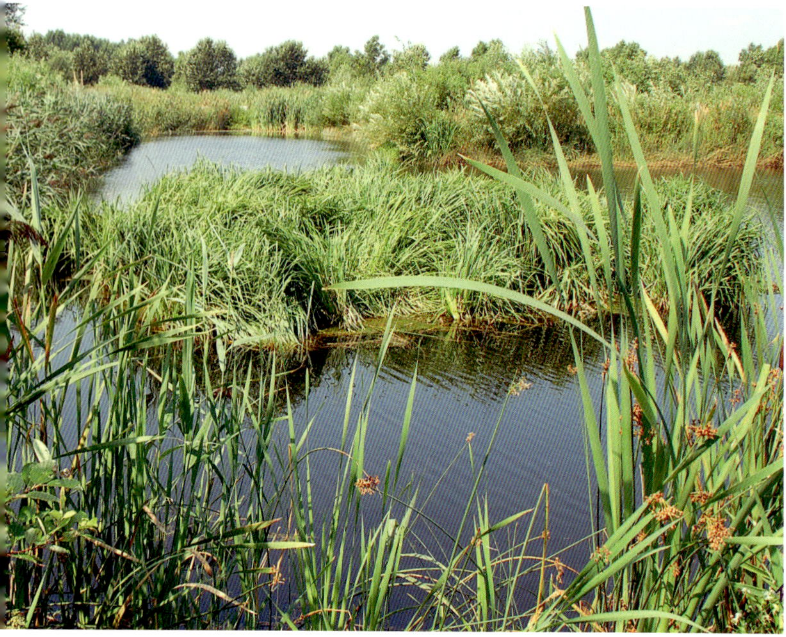

Am kleinen Reinigungs-teich

Nach einer lang gezogenen Linkskurve gelangt man in den Bereich des **großen Reinigungsteiches** ❻. Einfach dem Weg bis zur nächsten großen Kreuzung folgen und schon befindet man sich direkt an den Teichen. Von dem kleinen Aussichtspunkt direkt auf dem Hügel hat man einen hübschen Blick. Ach ja, und wie war das noch mit dem Stinken in den Rieselfeldern?!

Weiter geht es nun in nordöstliche Richtung (rechts). Erneut wird eine beweidete Fläche durch ein Tor betreten. Nach einiger Zeit knickt der Weg nach Südosten (rechts) ab ❼ und man überquert ein weiteres Mal den Lietzengraben und folgt weiter dem Weg. Schon geht es wieder zurück auf den „Alten Bernauer Heerweg“ ❽, an dem die Beweidungsfläche wieder verlassen wird.

Von dort folgt man dem Heerweg erneut nach Nordosten (links), bis man wieder die Kreuzung in Richtung Gorinsee erreicht hat ❷. Diesmal geht es jedoch nicht nach Hobrechtsfelde, sondern in Richtung Gorinsee (links). Wieder schnurgerade zieht sich dieser Weg durch die Landschaft. Erneut wird der Lietzengraben überquert. Nach ca. einem Kilometer verlässt man die Bucher Rieselfelder und streift die Ortschaft **Gorinsee**. Nach weiteren 700 Metern auf der Hobrechtsfelder Straße gelangt man an die Bernauer Straße ❾ und damit an das Ende der Wanderung. Von dort fährt der Bus Montag bis Freitag in Richtung S-Bahnhof Zepernick oder in Richtung Bahnhof Schönwalde, wo man mit der Heidekrautbahn zurück nach Berlin fahren kann.

Da die Busse auf dieser Linie nicht allzu häufig verkehren, kann man die Zeit am Gorinsee auch bei sehr gutem Essen und Erfrischungen im Gasthaus „Am Gorinsee“ (mit Biergarten) überbrücken. Oder aber man sucht bei warmem Wetter die Erfrischung im Nass des Gorinsees.

Auf jeden Fall sollte man sich vorher erkundigen, wann die Busse fahren. Und am Wochenende heißt es sowieso: Wanderung durch den Wald zum Bahnhof Schönwalde (ca. 4 Kilometer).

Gasthaus Am Gorinsee
Diese gemütliche Wirtschaft mit großem Wintergarten bietet auch Wildspezialitäten aus den Wäldern der Berliner Forsten. Schöner Biergarten, Gästezimmer.
Am Gorinsee 1
16348 Wandlitz-Schönwalde
Tel. (03 30 56) 7 42 46
www.gasthaus-am-gorinsee.de
Di–So ab 12 Uhr

Gasthaus am Gorinsee

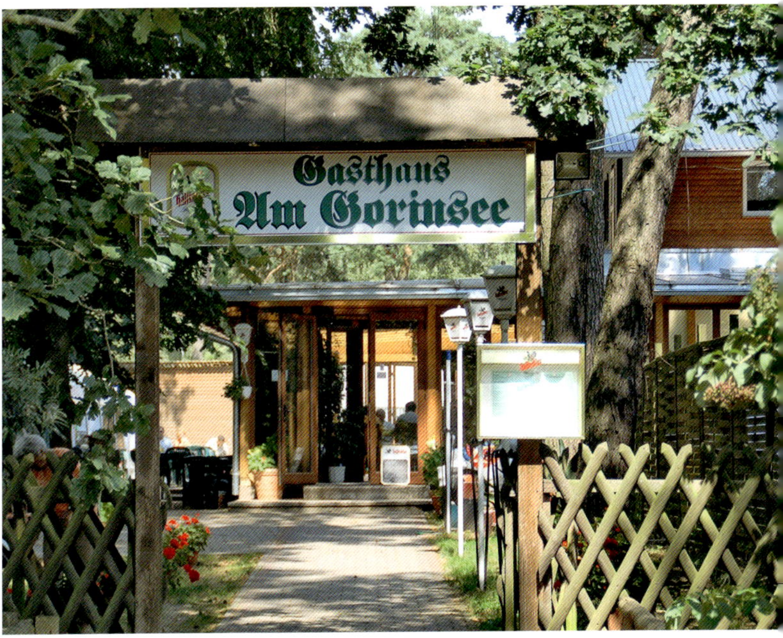

Wanderung
Baden

Start
Bus 894, 897
Haltestelle Bernau, Anglersruh
(von S-Bhf. Bernau)

Länge
ca. 14 km

Dauer
ca. 5,5 Stunden

Rückfahrt
Bhf. Basdorf
alle 30 Min. bis S-Bhf. Karow

Gorinsee

Zum Alexanderplatz durchs Revier Gorin

Gestartet wird auf der Landstraße 304, an der Haltestelle Anglersruh, zwischen Bernau und Wandlitz. An diesem Ausgangspunkt befindet sich nicht nur die Hundehalterschule „Bello Inn“, sondern auch eine markante große Freifläche, die durch den massiven Sturm im Jahre 2002 entstand.

In dem **Buchenwald** wurden damals große stattliche Buchen nur durch die Kraft des Windes umgerissen. Vor einiger Zeit pflanzten Forstleute auf der Fläche neue kleine Bäume, die durch einen Zaun vor Wildverbiss geschützt werden. Direkt südlich des Zauns geht es, vorbei an einer Schranke, hinein in die **Probstheide**.

Nach etwa einem Kilometer kreuzt man eine Stromleitungs-Trasse ❶. Diese Trasse wird nur mit kleinen Kiefernbäumchen bepflanzt, damit eine Annäherung an die 110 000 Volt führenden Stromkabel

Probstheide

Besonders auffällig ist, dass in der Probstheide neben den typischen Kiefern viele Buchen zu sehen sind. Gerade dieser Mischwald macht diese Wanderung interessant. Wer im Sommer dort wandern geht, wird die schattenspendenden Laubkronen zu schätzen wissen.

Auf dem Weg in westlicher Richtung kann man immer wieder große, freigelegte Wurzelteller und gesplitterte Bäume sehen. Bei genauerer Betrachtung kann man auch erkennen, wie dieses Totholz durch die Natur belebt und zersetzt wird. Pilzarten wie zum Beispiel der Zunderschwamm, der hauptsächlich an Buchen und Birken zu finden ist, posiert mit seinen Fruchtkörpern beeindruckend an den Stämmen. Weiter hinein in den Wald sieht man linker Hand kleine Douglasienansammlungen, die sich dort gegen die Kiefern behaupten.

durch Bäume ausgeschlossen bleibt. Der Weg führt automatisch auf einen neuen Weg, dem in südöstlicher Richtung weiter gefolgt wird. Nach der Querung des „Postweges", der die Ortsteile Waldfrieden und Basdorf miteinander verbindet, kommt man schon bald an einem Rastplatz vorbei. Weiter geht es geradeaus bis zu einem ehemaligen Feuchtgebiet – den **Pütten** ❷.

Die Pütten waren früher wassergefüllte Senken. Die Stilllegung der Rieselfelder in der Region führte zu einer leichten Grundwasserabsenkung, was zur Trockenlegung dieser Pütten geführt hat.

Die Pütten werden in südlicher Richtung umrundet. Auf der anderen Seite der Senke befindet sich ein weiterer Wegweiser in Richtung Gorinsee. Diesem Weg wird nun gefolgt, er trägt den Namen „Lehmbahn" und wurde im Revier Gorin vor vielen Jahren als erster befestigt. Nach einiger Zeit erreicht man den **Alexanderplatz** ❸.

Der „Alex" trägt seinen Namen seit den 1970er-Jahren und wurde von dem früheren Förster Ulrich Korn so benannt. Der Sammelpunkt für Führungen, Wanderungen und andere Aktionen wurde mit dem Sammelpunkt im Herzen Berlins verglichen und bekam so seinen Namen.

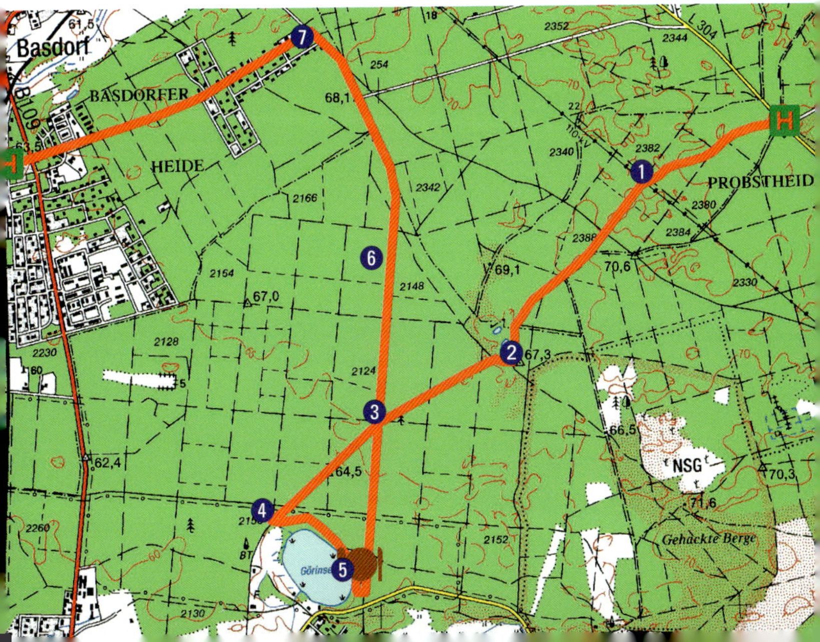

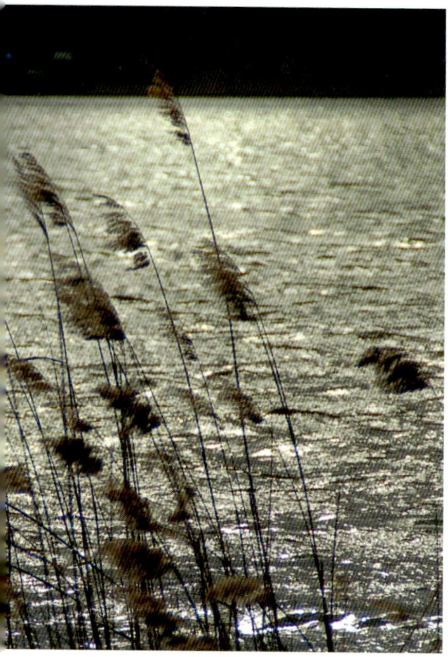

Abendstimmung am Gorinsee

Die Tour führt weiter geradeaus nach Südwesten und man gelangt bald an eine weitere **Trasse** quer durch den Wald, die mit kleinen Kiefernbäumen bepflanzt ist ❹.

Auch diese Trasse wird nur überquert und schon nach wenigen Metern geht ein Weg nach Osten (links) ab. An diesem Weg befindet sich ein Wegweiser mit dem Hinweis auf ein Gasthaus in 900 Metern Entfernung. Das ist das nächste Ziel. Der Weg schlängelt sich durch den Wald, bis er zum Uferweg des **Gorinsees** wird.

Die erste malerische Bucht, an der dieser Weg vorbei führt, war bereits Drehort für einige Filme. In den Sommermonaten ist diese Bucht auch eine beliebte FKK-Badestelle. Am Ufer des Gorinsees geht es weiter bis zum Gasthaus „Am Gorinsee". Dies ist auch der Punkt, an dem die Wanderung mit dem Ausflugstipp Bucher Rieselfelder (▸ Seite 28) verbunden werden kann.

Die Wanderung geht hinter dem Gasthaus ❺ wieder zurück in nördlicher Richtung. Dazu ist es am einfachsten, bis auf den dort befindlichen Parkplatz zu gehen und dann auf dem Zubringerweg hinter dem Gasthaus weiterzulaufen. Schon nach wenigen Metern gelangt man an eine Schranke, die umrundet wird. Nun befindet man sich auf dem Gelände eines Campingplatzes, der aber nur in den wärmeren Monaten genutzt wird. Nach der Umrundung einer weiteren Schranke geht es wieder in den Wald, schnurgerade nach Norden zurück zum Alex (❸). Dieser wird erneut überquert und man geht weiter nach Norden auf dem Weg **Naturpark Barnim Meridian.** Dieser 44 Kilometer lange Radwanderweg führt von Berlin-Blankenburg hinein in den Naturpark Barnim bis nach Marienwerder.

Auf dem Meridian gelangt man nun in die **Basdorfer Heide.** Im Gegensatz zur Probstheide, in der die Buchen sehr dominant sind, beherrschen hier

Gasthaus Am Gorinsee
Diese gemütliche Wirtschaft mit großem Wintergarten bietet auch Wildspezialitäten aus den Wäldern der Berliner Forsten. Schöner Biergarten, Gästezimmer.
Am Gorinsee 1
16348 Wandlitz-Schönwalde
Tel. (03 30 56) 7 42 46
www.gasthaus-am-gorinsee.de
Di–So ab 12 Uhr

Trasse

Wie die erste überquerte Trasse, hat auch diese Trasse einen schützenden Sinn. Doch bei dem Blick in die Höhe sind keine Stromleitungen zu sehen. An dieser Stelle befinden sich nämlich Gasrohre unter der Erde. Damit die Rohre nicht durch das Wurzelwerk großer Bäume beschädigt werden, dürfen auch hier nur kleine Bäume stehen. Auf dieser Fläche finden zur Weihnachtszeit Weihnachtsbaum-Aktionen statt. Zu diesen jährlichen Veranstaltungen kommen über 1 000 Menschen, um sich bei Lagerfeueratmosphäre mit Genehmigung des Försters einen Weihnachtsbaum aus dem Wald in die gute Stube zu holen.

nun neben den Kiefern die Eichen das Waldbild. Dieses veränderte Bild wird einen Kilometer nach dem Alex deutlich. Man steht an einer Wegkreuzung, an der auf der rechten Seite ein dichter Nadelwald beginnt und auf der linken Seite sich der Blick auf eine Fläche mit sehr alten Eichen öffnet ❻.

Dort zwischen den Eichen und dem Totholz kann man mit scharfem Auge auch einen der **Wächter von Fangorn** sehen. Die eingefleischten „Herr der Ringe“-Fans wissen, welche langlebigen Wesen damit gemeint sind. Wer einen kleinen Abstecher an dieser Wegkreuzung nach Westen (links) machen möchte, steht nach ca. 100 Metern vor einer bizarren alten Eiche, bei der man leicht das Gefühl bekommen kann, in „Mittelerde“ zu sein.

In der Mitte der Lichtung wurde eine Streuobstwiese angelegt. In einigen Jahren werden dort Apfel-, Pflaumen- und Birnbäume zu mehr Biodiversität des Waldes beitragen.

Die Wanderung geht an der Kreuzung geradewegs weiter nach Norden. Nach einem leichten Linksknick gelangt man auf eine asphaltierte Straße, der man nach Norden folgt. Die Straße geht an einer Schranke über in den Bernauer Weg. Dort verlässt man den Wald und läuft weiter bis zur Basdorfer Hauptstraße ❼. An der wird nach Westen (links) abgebogen und von da ab geht es 2,5 Kilometer geradeaus, über die Prenzlauer Straße, bis zum Bahnhof Basdorf.

Mit scharfem Auge entdeckt man ihn: den Wächter von Fangorn

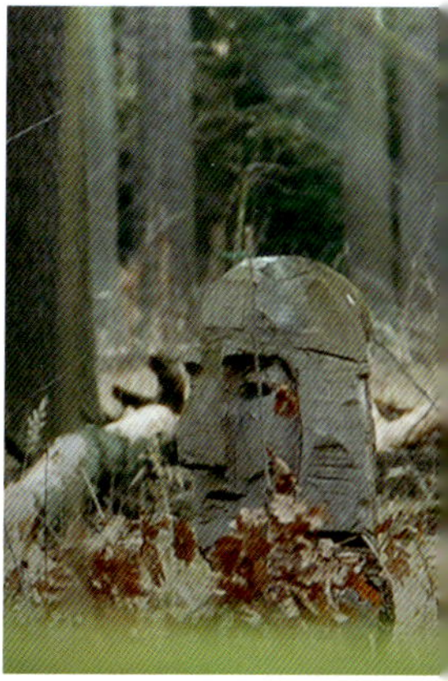

Wanderung

Start/Rückfahrt
Buslinie 868, 891, 901
Haltestelle Schönow (BAR), Kirche
Bis zum Startpunkt 1 km Fußweg

Länge
ca. 6 km

Dauer
ca. 2 Stunden

Revier Gorin

Wo das Wildtier weidet

Naturschutzgebiet Schönower Heide: Im Jahre 2009 wurde das 443 Hektar große Areal für Spaziergänger und Wanderer attraktiver als zuvor. Das Ganze ist eigentlich nur ein Nebenprodukt ...

Der Rundweg beginnt am Parkplatz und Eingangsportal an der **Schönwalder Chaussee.** Betritt man das Naturschutzgebiet Schönower Heide durch das Portal, folgt man dem Weg bis zur Gabelung. Dort geht es nach Westen (links), bis zum Zaun der **Wildtierbeweidungsfläche**. Direkt am Zaun steht ein Schild, auf dem noch einmal erklärt wird, wozu diese Fläche dient.

Man wendet sich nach Norden (rechts) und läuft dann immer entlang des Zaunes. Die detaillierte Beschreibung des Weges entfällt auf dieser Wande-

Muffelwild? Nein! – Rotwild? Nein! – Damwild? Jaaa!

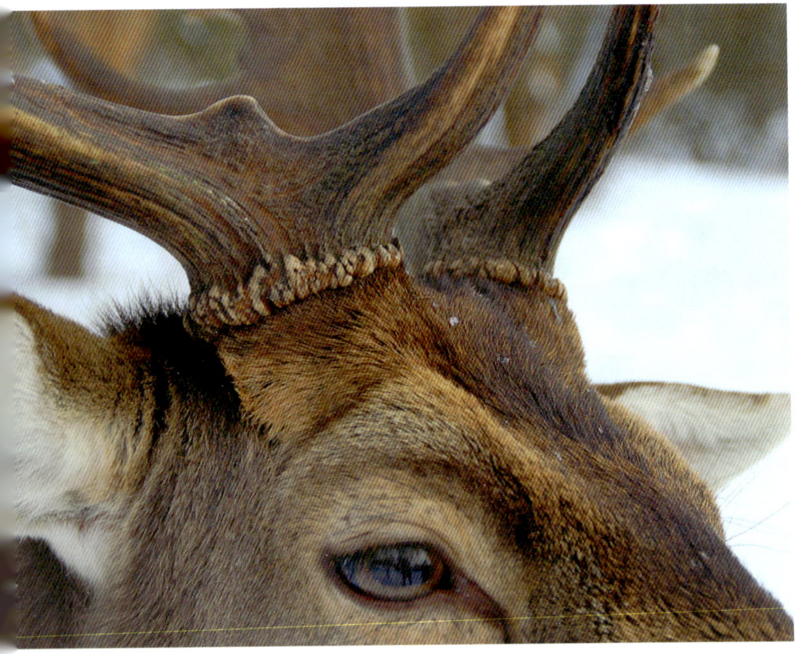

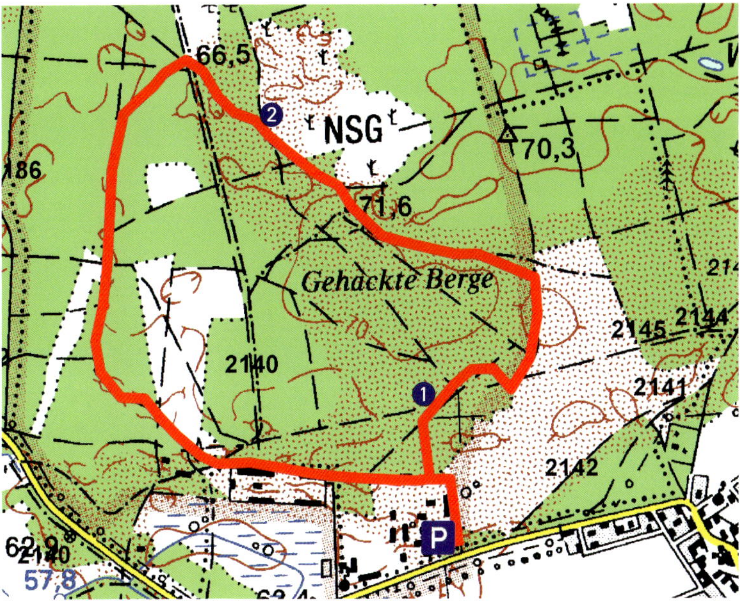

Beweidungsfläche

Um auch weiterhin diese wertvolle Heidelandschaft offen zu halten, wurde in den letzten Jahren das Wildtierbeweidungsprojekt ins Leben gerufen. Ziel war es, auf dieser Fläche Wildtiere anzusiedeln, die durch ihre Nahrungsaufnahme verhindern, dass die Heide zuwächst. Im Juni 2009 wurden zwölf Damwild-, zwölf Muffelwild- und acht Rotwildtiere auf 140 Hektar ausgesetzt. Damit die Wildtiere ihre Aufgabe überhaupt bewältigen können, haben sie im Jahr 2010 Verstärkung bekommen. Durch ein schrittweises Aussetzen der Tiere kann kontrolliert werden, wie viele Tiere für die Fläche verträglich sind. Maximal werden es aber nur 140 Tiere sein, sodass (rechnerisch) jedes Tier 1 Hektar zur Verfügung hat. Um zu verhindern, dass die Tiere abwandern und womöglich an anderer Stelle „arbeiten" gehen, wurde die Fläche eingezäunt.

Auf dem 6 Kilometer langen Rundweg entlang des Zaunes lassen sich immer wieder interessante Dinge entdecken. Wer glaubt, dass die scheuen Tiere versteckt im Inneren der Fläche stehen, irrt sich. Die Tiere sind sehr gut und oft auch direkt am Zaun zu beobachten. Es lohnt sich, viel Zeit, ein Fernglas und den Fotoapparat mitzunehmen. Wichtig ist nur, dass die Besucher nicht vergessen, warum die Tiere dort sind. Deshalb hier noch einmal die Bitte, die Tiere nicht zu füttern, da sie sonst die Heidefläche nicht freifressen. Die vom Aussterben bedrohten Vogelarten wie zum Beispiel der Brachpieper und das Schwarzkehlchen sowie andere seltene Tierarten können nur in dieser Heidelandschaft überleben.

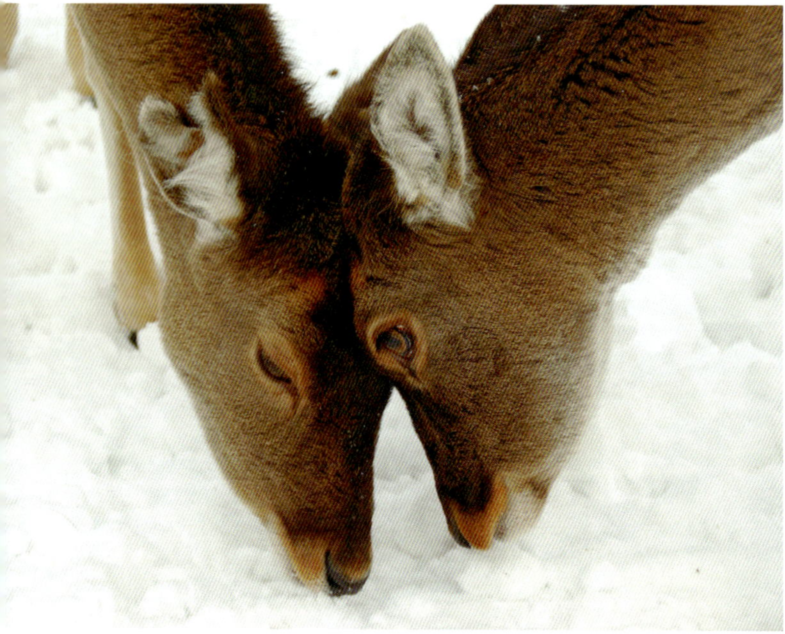

Damhirsche sind Rudeltiere mit einem ausgeprägten Sozialverhalten

rung, da man auf dem gesamten Rundweg direkt am Zaun entlangläuft.

Nach wenigen Schritten sieht man bereits einen hölzernen **Aussichtsturm** ❶. Von diesem kann man weit über die Heidelandschaft blicken. Rechter Hand (östlich) des Turmes befindet sich eine große Senke, die den Tieren in trockenen Jahreszeiten als Tränke dient. Auf dem Weg erreicht man kurz vor der Hälfte des Rundweges einen **überdachten Rastplatz** ❷, von dem aus man nicht nur einen schönen Blick in das eingezäunte Gebiet hat, sondern auch in die andere Richtung über die Freifläche. Ein weiterer Rastplatz befindet sich rechter Hand in der wieder nach Süden führenden zweiten Weghälfte.

Am Ende der 6 Kilometer langen Wanderung verlässt man den Rundweg wieder über den Weg zurück zum Parkplatz. Wer mit dem Bus angereist ist, läuft noch den Kilometer zurück nach Schönow.

Foto rechts: Winterspaziergang am Wildgehege

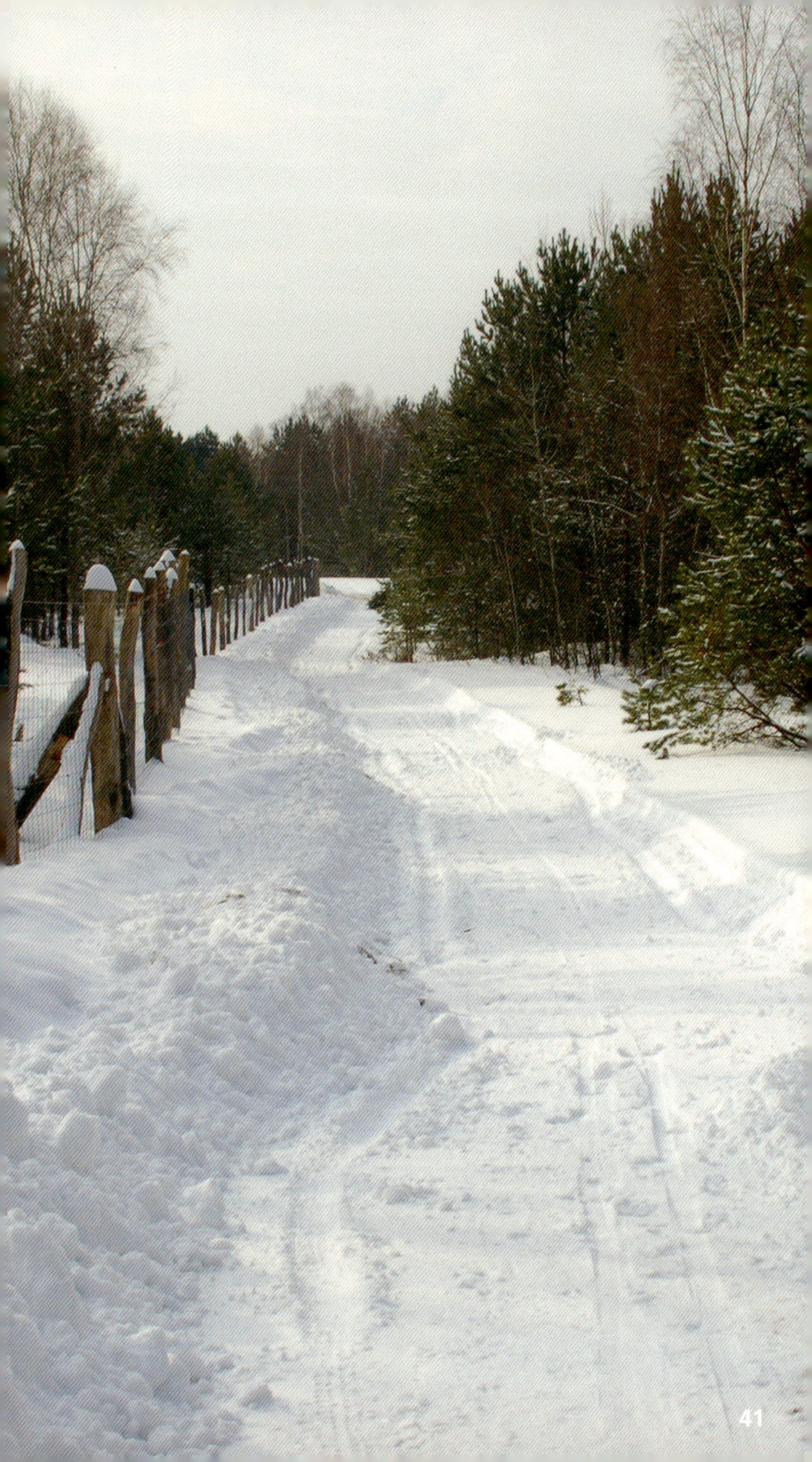

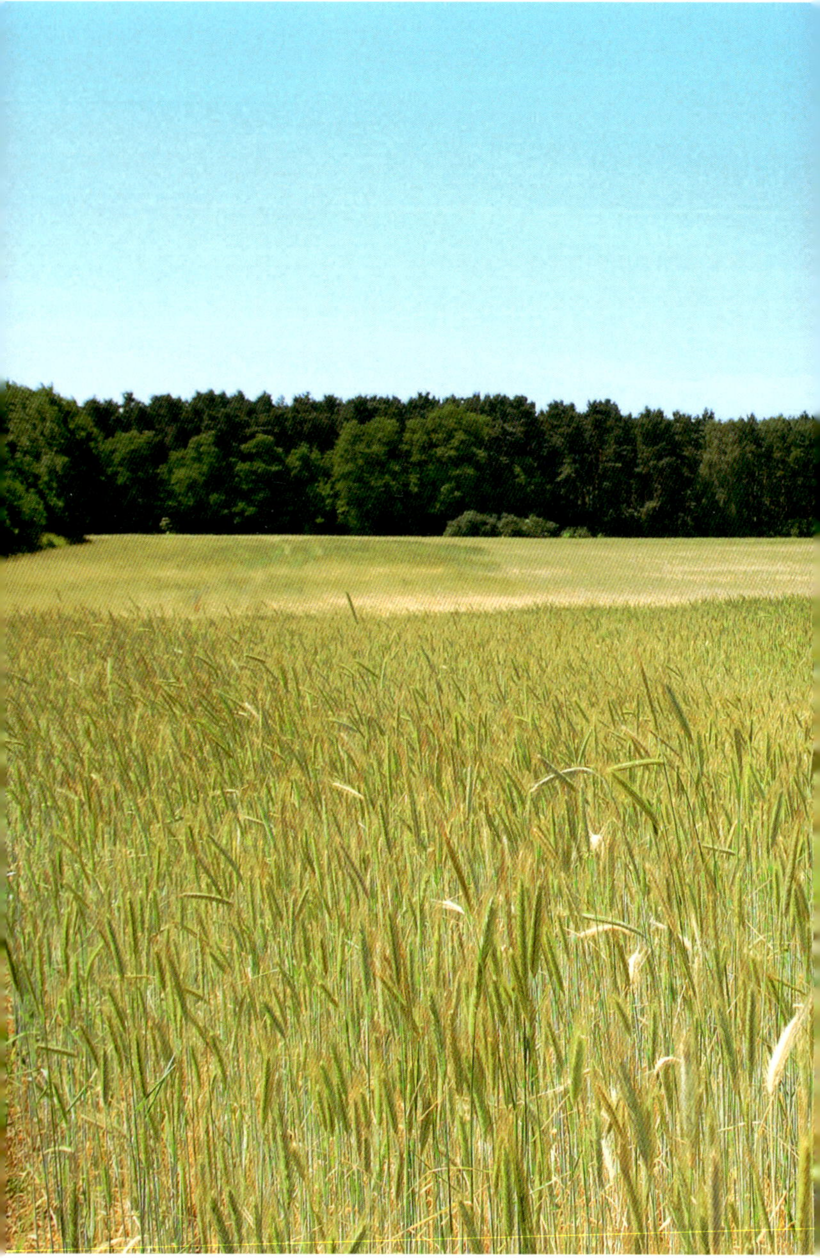

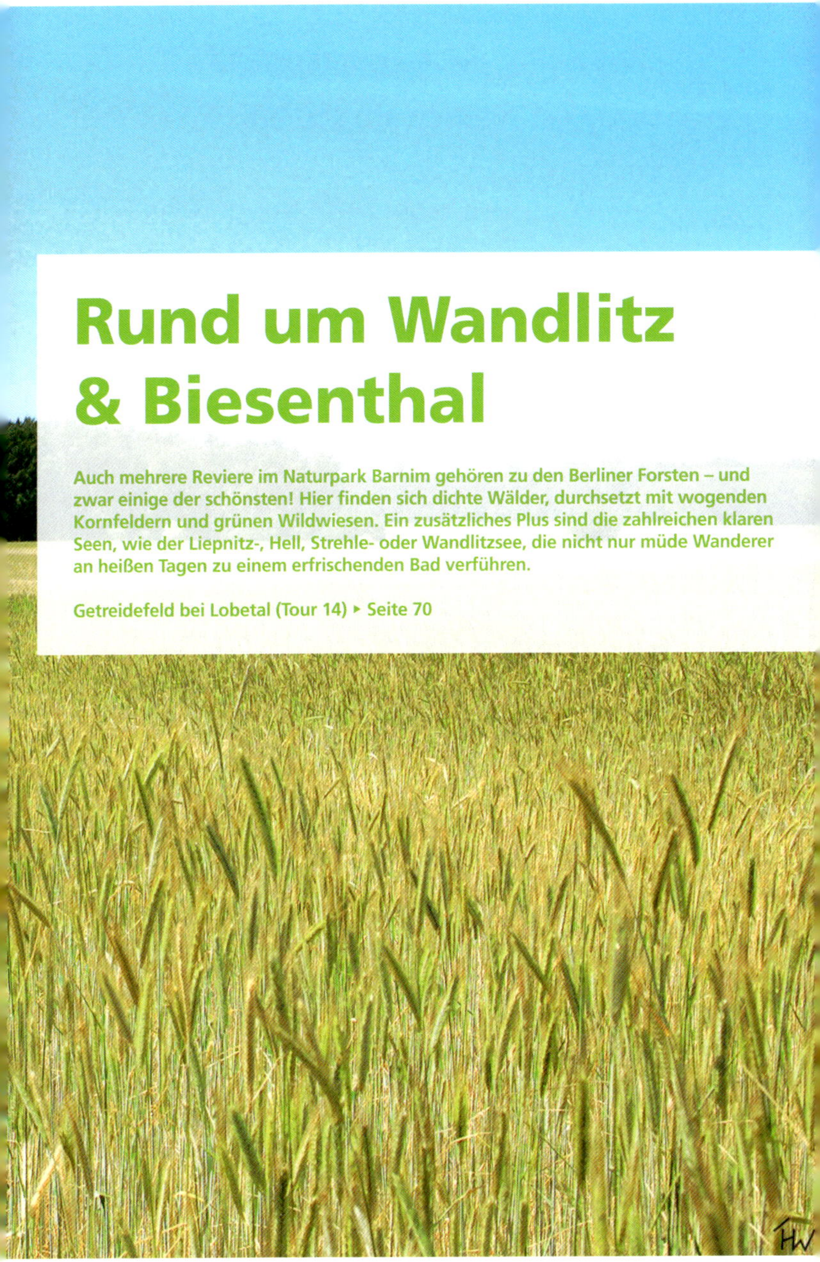

Rund um Wandlitz & Biesenthal

Auch mehrere Reviere im Naturpark Barnim gehören zu den Berliner Forsten – und zwar einige der schönsten! Hier finden sich dichte Wälder, durchsetzt mit wogenden Kornfeldern und grünen Wildwiesen. Ein zusätzliches Plus sind die zahlreichen klaren Seen, wie der Liepnitz-, Hell, Strehle- oder Wandlitzsee, die nicht nur müde Wanderer an heißen Tagen zu einem erfrischenden Bad verführen.

Getreidefeld bei Lobetal (Tour 14) ▸ Seite 70

Wanderung
Radtour

Start
Bhf. Wandlitzsee
Stündlich ab
S-Bhf. Berlin-Karow

Länge
ca. 9,5 km
(nur Wanderung)

Dauer
ca. 4 Stunden
(nur Wanderung)

Rückfahrt
Bhf. Klosterfelde

Kombinierbar mit
Revier Arendsee
▸ Seite 48
Prendener Bauernheide
▸ Seite 52
(jeweils als Radtour)

Drei-Seen-Tour

Drei-Seen-Wanderung im Revier Prenden

Dieser Ausflugstipp führt weit vor die Tore der Stadt, in den Bereich der nördlichsten Berliner Försterei: Prenden.

Die Anbindung an den öffentlichen Personennahverkehr ist fast gar nicht gegeben. Deshalb ist diese Wanderung optimalerweise durchzuführen, wenn man mit dem eigenen Fahrzeug anreisen kann. Sollte dieser Tipp mit dem Ausflug ins Revier Arendsee (▸ Seite 48) kombiniert werden, kann man die Tour als Radtour vom Bahnhof Wandlitzsee oder Klosterfelde beginnen (Karte ▸ Seite 49). In Prenden gibt es auf der Ruhlsdorfer Straße die einzige Möglichkeit, das Fahrzeug auf einem kleinen Parkbereich abzustellen. Vor der ehemaligen Schlachterei beginnt die „Drei-Seen-Tour".

In nördlicher Richtung geht es entlang der Ruhlsdorfer Straße bis zum Ortsausgangsschild, an dem man nach Nordosten (rechts), auf dem Sophienstädter Weg, in den Wald abbiegt. Schon nach ca. 350 Metern teilt sich der breite Weg und es geht auf dem rechten Weg weiter entlang des Zaunes. Der Weg schlängelt sich bis zur Böschung des **Pregnitzfließes** ❶. Parallel an diesem Fließ geht es in nördlicher Richtung bis zur **Bullerbrück**.

Direkt nach der Brücke geht es weiter auf dem nach Südosten (rechts) abzweigenden Weg. Diesem Weg wird immer gefolgt, bis man, vorbei an einer Dreieckskreuzung ❷, auf einen geschotterten Weg stößt. Auf dem wiederum läuft man nach Nordosten (links) ❸. Nach einigen Minuten steigt die Straße

Bullerbrück

Die Brücke bestand in früherer Zeit aus Rundhölzern. Beim Überqueren mit Pferde- oder Handwagen entstand ein „bullerndes" Geräusch. So bekam die Brücke von den Bewohnern aus der Region den Namen „Bullerbrück".

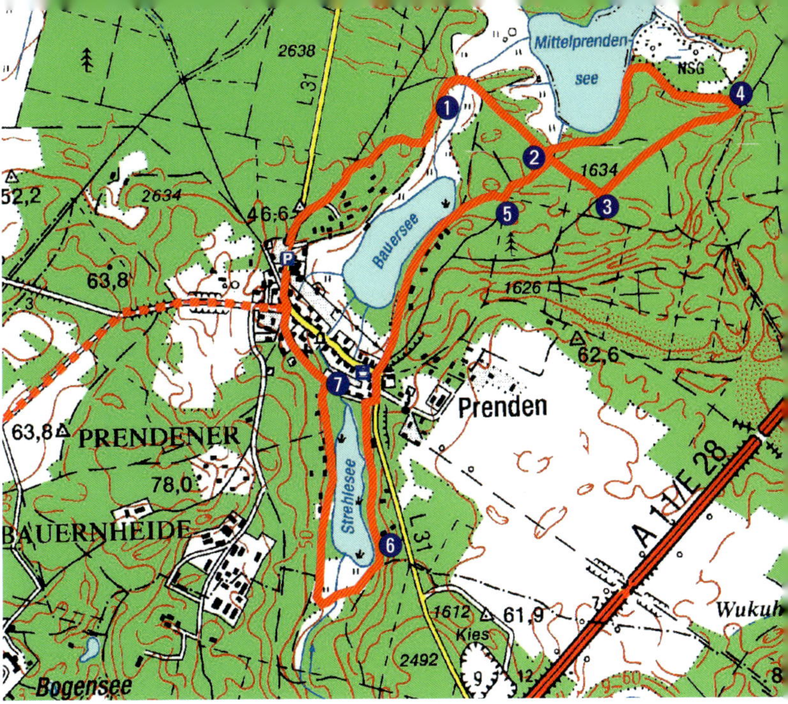

leicht an auf einen kleinen Hügel. Direkt nach dem Hügel geht es am nächsten beschrankten Waldweg wieder links ab ❹. Der Weg verläuft oberhalb des Mergelluchs zum **Mittelprendensee.**

An dieser Seeseite trifft man auf den traditionellen Nudistenbereich, an dem man sich gern in den Fluten des Sees erfrischen kann. Auf dem Weg oberhalb des Sees kommt man an einigen schönen Badestellen vorbei, bis man wieder auf den breiten Wanderweg stößt, den man bereits zuvor schon genutzt hat. Diesem breiten Weg folgt man noch einmal ca. 60 Meter nach Südosten (links), wo man ein weiteres Mal die Dreieckskreuzung (❷) erreicht. Diesmal zweigt man nach Süden (rechts) ab. Dieser Weg führt durch eine leichte Dünung bis zu einer Stelle, an der es leicht bergab geht und der Blick sich zwischen den alten Bäumen öffnet. Auf dem Weg nach unten geht der Wanderweg nach Westen (rechts) ab ❺. Nun gelangt man ohne Umwege direkt an den **Bauersee.** Der schattige Weg liegt inmitten einer dichten Vegetation, die sich immer wieder zum See hin öffnet und herrliche Ausblicke bietet. Am

Ende wird der Weg eine befestigte Straße, auf der man wieder auf die Dorfstraße in Prenden gelangt.

Nun gibt es endlich die Möglichkeit, sich zu stärken. Auf der Dorfstraße nach Westen (rechts) ist 20 Meter weiter das „Jagdhotel am Strehlesee“.

Jagdhotel am Strehlesee
Gemütliche Wirtsstube, Kegelbahn und Biergarten.
Prendener Dorfstraße 48
16348 Wandlitz-Prenden
Tel. (01 74) 2 79 03 61
www.jagdhotel-strehlesee.de
Di–So 12–21 Uhr

Für die Wanderung wird der Hauptstraße in südlicher Richtung (links) etwa 50 Meter gefolgt, bis man in die nächste nach rechts abgehende Straße wieder einbiegt. Die Zufahrt kreuzt die Mühlenstraße und führt direkt auf einen weiteren beschrankten Waldweg. Es ist der Uferrundwanderweg um den **Strehlesee,** dem man auch komplett um den See folgt. Auch an diesem See gibt es attraktive Orte. So befindet sich links oberhalb des Weges eine markierte Stelle, an der ein großer **Findling** liegt.

Nach weiteren Metern entlang des Uferweges kommt man an eine schöne **Badebucht** ❻, an der man sich ein weiteres Mal erfrischen kann. Doch diesmal ist es kein textilfreier Bereich.

Über den Uferweg kreuzt man am südlichen Ufer des Sees das **Strehlefließ.** Auf der westlichen See-

Badestelle am Strehlesee

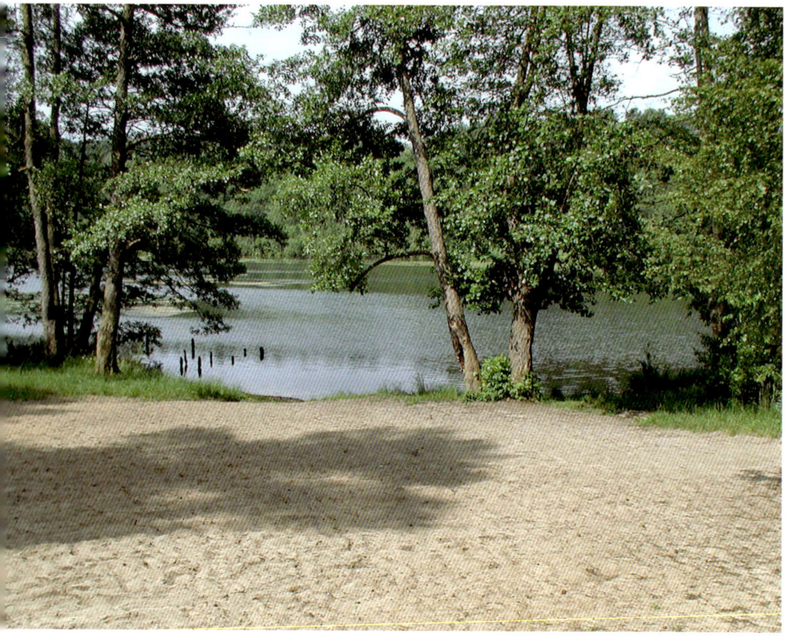

seite liegt die Strehlepromenade. Über diesen grünen, schattigen Uferweg beläuft man das Seeufer nach Norden. Nach einiger Zeit sieht man links am Hang die ersten Häuser. Am nördlichen Seeufer stößt man wieder auf die Mühlenstraße.

Dort kann man nach rechts an der nördlichsten Seespitze den dort ansässigen Fischer **Fischerei Prenden** ❼ vorfinden. Immer donnerstags gibt es dort frischen Fisch zu erwerben.

Die Wanderung geht jedoch nach Nordwesten (schräg links) auf der Mühlenstraße bis zur Ützdorfer Straße. Hier geht es zu Fuß ca. 100 Meter in die gesperrte Straße (Einbahnstraße) bis zur Klosterfelder Straße. Gegenüber führt ein Weg über die kleine „Landzunge" an eine breite Kreuzung. Nun befindet man sich wieder auf der Ruhlsdorfer Straße, auf der man nach einigen Minuten in nördlicher Richtung wieder den Parkplatz an der ehemaligen Schlachterei erreicht.

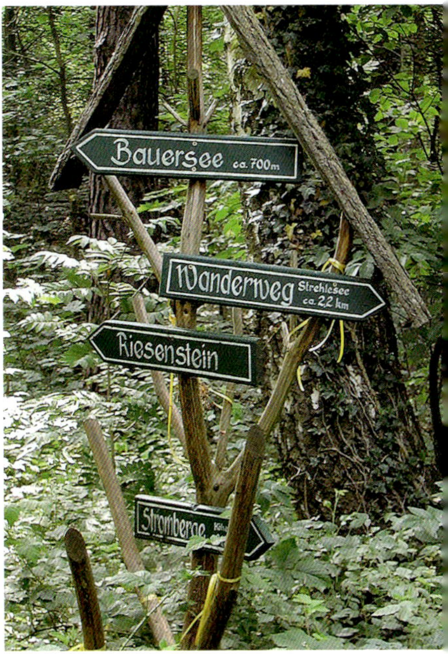

Wegweiser im Wald

Wer die Wanderung mit dem Ausflugstipp Revier Arendsee kombiniert hat, fährt an der eben erwähnten breiten Kreuzung wieder nach Westen (links) auf der Klosterfelder Straße bis zum Abzweig, auf dem man auch die Hauptstraße erreicht hat.

Findling

Dieser etwa 23 Tonnen schwere Gesteinsbrocken aus Quarz, Glimmer und Feldspat wurde von einem Riesen oder vielleicht sogar vom Teufel selbst dorthin geworfen. Schuld waren nur die so schön klingenden Glocken der Prendener Kirche. Auf dem Findling kann man noch den Handabdruck des Teufels sehen. So erzählt die Sage! Wie es sich zugetragen hat mit diesem und vier weiteren Steinen, kann ganz genau auf einer Tafel am Findling nachgelesen werden.

Radtour
Wanderung

Start
Bhf. Wandlitzsee

Länge
ca. 12,6 km

Dauer
ca. 2,5 Stunden (Radtour)
ca. 4,5 Stunden (Wanderung)

Rückfahrt
Bhf. Klosterfelde

Kombinierbar mit
Drei-Seen-Tour
▸ Seite 44
Prendener Bauernheide
▸ Seite 52
(jeweils als Radtour)

Revier Arendsee

Von Wandlitzsee nach Klosterfelde

Nordöstlich vor den Toren der Stadt befindet sich das schöne Revier Arendsee. Auf dieser Tour geht es fernab von den gut besuchten Wegen quer durch wechselnde Waldstrukturen über den Dicken Oberförster, die Menningwiese und den Bogensee.

Start ist der Bahnsteig des Bahnhofes Wandlitzsee ❶. Der Bahnsteig wird nicht durch den Bahnhof in westlicher Richtung verlassen, sondern direkt neben den Gleisen in südlicher Richtung über den unbeschrankten Bahnübergang. Folgt man der Straße namens Bahnpromenade erst in nordöstlicher und später auf der Straße „An der Bogenheide“ in östlicher Richtung, liegt der Wald schon bald vor einem.

Die Straße endet direkt am Wald und geht in einen breiten Waldweg über. Auf diesem Waldweg gelangt man an eine Weggabelung auf einer seichten Erhebung. Die Kreuzung trägt den Namen **Dicker Oberförster** ❷.

Denn dort stand einst der gleichnamige dickste Baum des Reviers. Nachdem der prächtige Baum gefällt werden musste, wurde dieser Ort zum Gedenken so benannt.

Hier führt ein Weg nach Osten weiter und der linke zweigt nach Norden ab. Auf diesem nördlichen Weg geht es weiter durch den Buchenwald. Nach einiger Zeit sieht man auf der linken Seite einen dichten Nadelwaldbestand. Ein abzweigender Weg führt auf die Spitze des Bestandes zu. Diesen Abzweig darf man nicht verpassen, denn dort geht es nun weiter bis zur Stolzenhagener Chaussee. Nach der Querung der Chaussee dem Weg immer weiter nach Norden folgen.

In einer kleinen Senke kreuzt man die **Menningwiese** ❸. Der Name Menning ist abgeleitet von „Mönchen“. Das Gebiet war früher einmal ein Moor, das durch die damals hier ansässigen Mönche trockengelegt wurde. Direkt nach der Senke biegt

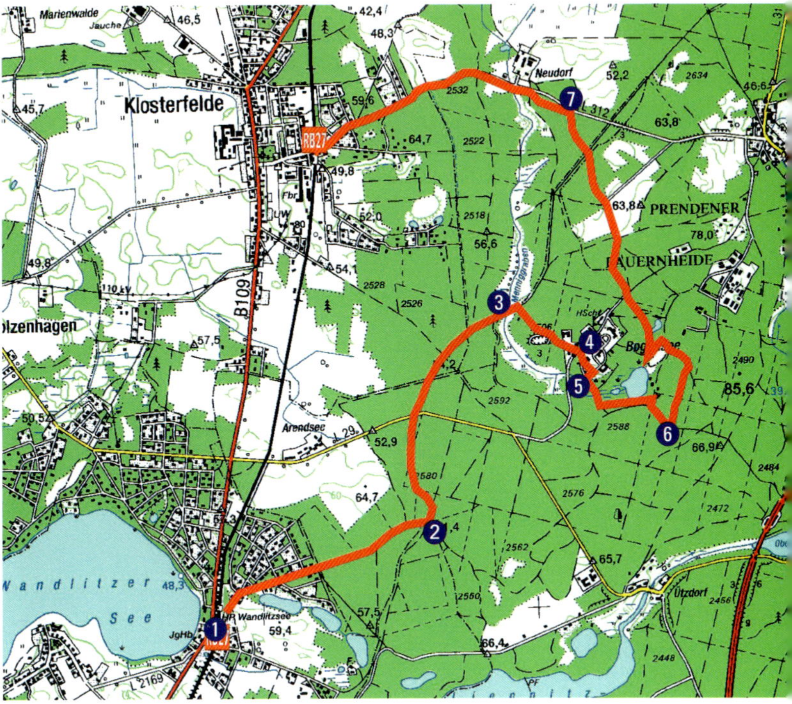

der Wanderweg nach Osten (rechts) ab, wo er erst an einer Schranke und dann am Zaun eines kleinen Klärwerkes entlangführt. Dieser Weg schlängelt sich entlang eines wilden Sportplatzes hinein nach Bogensee.

Von Mitte der 1930er-Jahre an befand sich am Bogensee der Landsitz von Joseph Goebbels. Nach 1945 wurde das Gebäude von der FDJ genutzt. In den 50er-Jahren wurde das Gelände um eine Hochschule im Stil des sozialistischen Klassizismus erweitert. Heute befindet sich hier die **Waldschule Bogensee.**

Die Straße endet im rechten Winkel auf einer weiteren Straße ❹, auf der man nach rechts abbiegt. Auf der nächsten Straße wieder nach links abbiegen und dieser im leichten Linksbogen folgen. Am Ende der Straße wieder nach rechts abbiegen. Dieser Weg läuft an einem Zaun entlang bis zu einer weiteren Straße ❺, die in den Wald und direkt durch das **Feuchtgebiet Bogensee** führt.

Waldschule Bogensee
Angebote für Schulklassen und Gruppen.
Platz der Freundschaft 1a
16348 Wandlitz-Bogensee
Tel. (03 33 97) 2 92 14

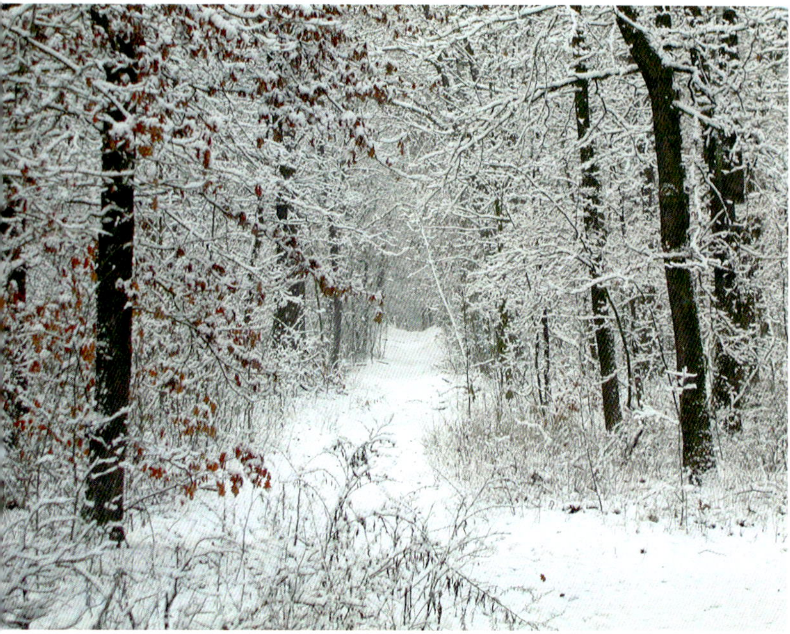

Verschneiter Winterwanderweg

Feuchtgebiet Bogensee

Dieses Gebiet wurde durch die Verlandung des Bogensees zum Moor. Vor ca. 160 Jahren wurde das Moor trockengelegt und als Weide- und Heuwiesen genutzt. Erst als in den 30er-Jahren des letzten Jahrhunderts diese Wiesen nicht mehr genutzt wurden, bildete sich erneut ein Moorbiotop. 1996 begann man gezielt, diesen Bereich wieder zu bewässern. Dem aufmerksamen Betrachter bleibt die Verwandlung des Moores nicht verborgen.

Über die Uferpromenade am Bogensee folgt man dem Weg, bis er neben einem Wildzaun verläuft. Kurz vor dem höchsten Punkt einer Erhebung ❻ knickt die Tour im spitzen Winkel nach Norden (links) ab. Auf dieser Route geht es ein wenig abschüssig zurück ins Feuchtgebiet. Ein leicht geschwungener Weg nach Westen führt in eine Senke, in der man nach Norden (rechts) abbiegt. Nun geht es die nächsten Kilometer in Richtung Norden bis zur Prendener Straße 7. Von dort kommt man entweder neben der kaum befahrenen Prendener Straße über das Feld oder direkt auf der Straße in Richtung Westen nach Klosterfelde. In **Klosterfelde** ist nach einigen hundert Metern der Bahnhof auch schon erreicht. Im Bahnhofsgebäude befindet sich das „Bistro im Bahnhof“, in dem man sich nach diesem langen Marsch stärken kann. Anschließend bringt einen die Bahn wieder zurück über Wandlitzsee nach Berlin.

Baumstuhl

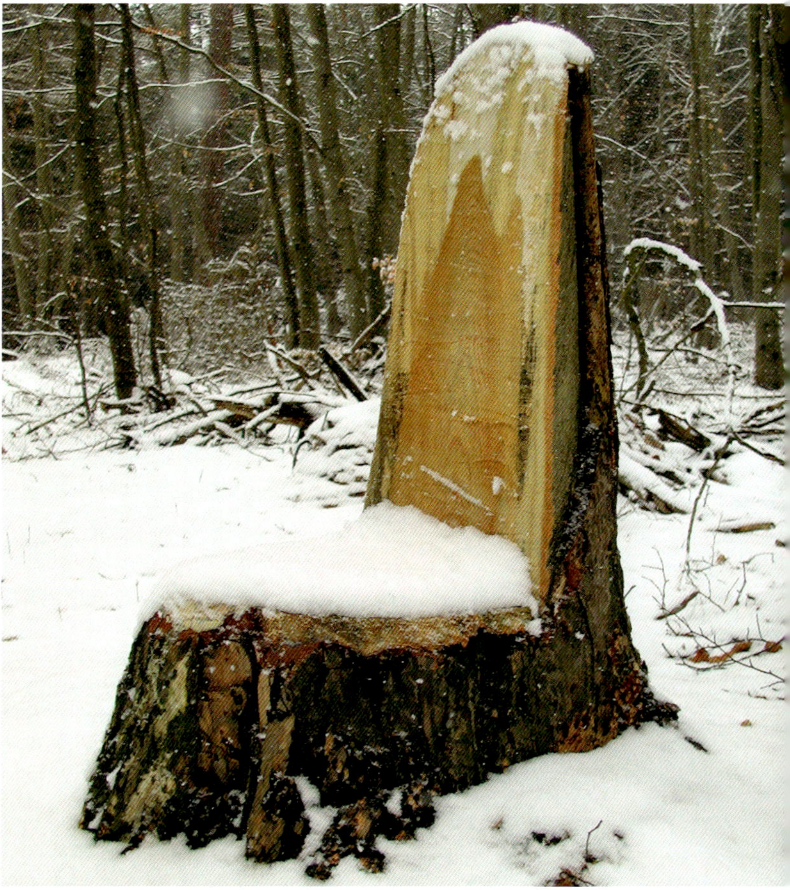

Radtour
Baden

Start
Bhf. Lottschesee
alle 2 Stunden ab
S-Bhf. Berlin-Karow

Länge
ca. 16 km

Dauer
ca. 2,5 Stunden

Rückfahrt
Bhf. Wandlitzsee
Stündlich nach
S-Bhf. Berlin-Karow

Kombinierbar mit
Drei-Seen-Tour
▸ Seite 44
Revier Arendsee
▸ Seite 48
Wanderweg Hellsee
▸ Seite 66

Prendener Bauernheide

Vom Lottschesee durch die Prendener Bauernheide

Bahnhof Lottschesee – ... nein ... Bahnhof ist übertrieben. „Bahnsteig" Lottschesee ist treffender für den Startpunkt dieser Radtour an der Strecke Berlin-Schorfheide der Niederbarnimer Heidekrautbahn.

In südlicher Richtung östlich der Bahngleise beginnt die Radtour. Dieser Weg knickt schon bald nach Osten ab und führt durch eine Campingplatz-Ansiedlung an das Ufer des **Lottschesees**. Auf dem Uferweg kommt man nach wenigen Minuten an der ersten Einkehrmöglichkeit vorbei. An der im Sommer einladenden Badestelle befindet sich das Restaurant „Haus Lottsche See". Im südlichen Uferbereich der **Badestelle** ❶ befindet sich ein interessantes Meisterwerk eines Bibers, das allerdings nicht ganz einfach zu finden ist. Parallel zum Ufer verläuft ein schmaler Pfad, gekennzeichnet durch ein grünes Schild „Richtung Prenden", der schon nach wenigen Metern auf einem breiten Uferweg endet. Auf diesem Weg namens Kastanienweg wird der **Kleine Lottschesee** zum Teil umrundet und es geht dann in östlicher Richtung weg vom See. An der nächsten Kreuzung ❷ öffnet sich bereits der Blick auf die ersten Felder, wo mit etwas Glück auch Rehe und Co. gesehen werden können. An der Kreuzung folgt man dem Wegweiser nach Nordosten Richtung Ruhlsdorf und Marienwerder. Schon an der nächsten Kreuzung wird das nächste Etappenziel ausgeschildert: „Prenden 3,6 km". Auch das erwähnte Ützdorf (8,1 km) wird noch auf dieser Tour erreicht werden.

Also an dieser Kreuzung ❸ zwischen zwei Feldern halbrechts auf einer kleinen Birkenallee nach Osten weiterfahren. Immer dem Weg und der Markierung (grüner Balken auf weißem Grund) folgend geht es vorbei an Heidelandschaften und durch sehr schöne und einsame Wälder, bis man in die Ortschaft **Prenden** einfährt. In Prenden geht es auf der Hellerstraße bis zur Prendener Dorfstraße ❹. Hier

Restaurant
Haus Lottsche See
Restaurant, Café und
Ferienwohnungen.
Zum Kleinen Lottschesee 1
16348 Wandlitz
Tel. (03 33 96) 3 64
www.haus-lottschesee.de
Mi–So 11–21 Uhr

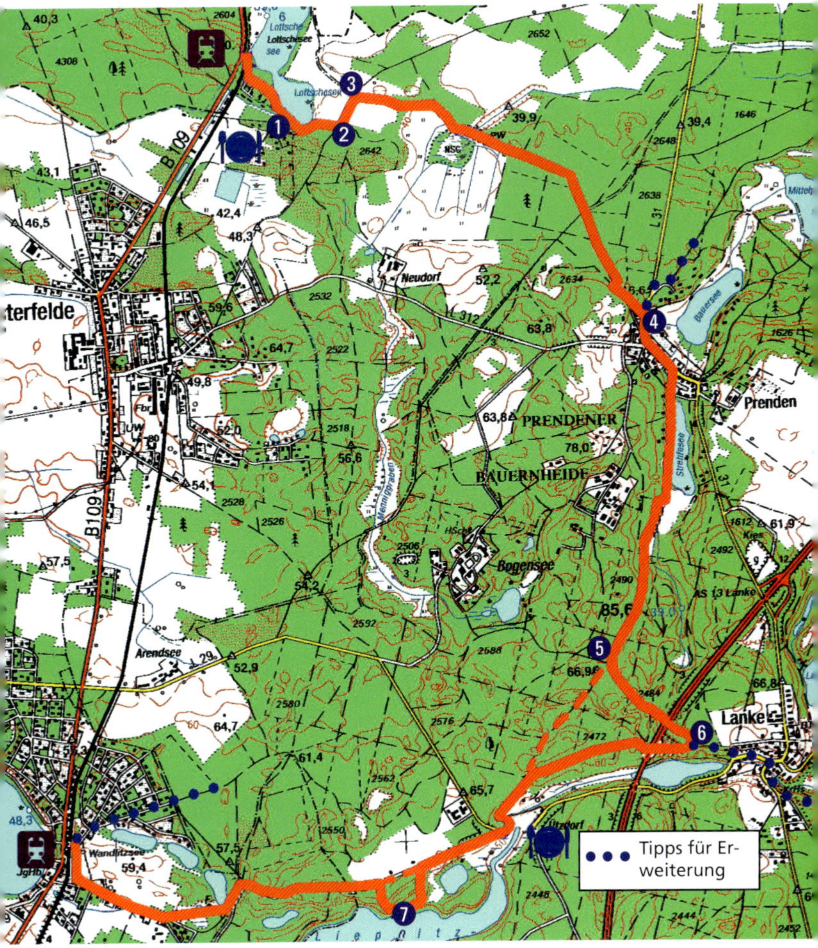

besteht die erste Möglichkeit, die Radtour mit der Drei-Seen-Tour (▸ Seite 44) zu erweitern.

Auf der Dorfstraße nach Süden erreicht man einen kleinen Platz, an dem die Hauptstraße nach Südosten abknickt. Man fährt hier nur wenige Meter auf dem Klosterfelder Damm und folgt dann der sofort wieder links abbiegenden Einbahnstraße (Ützdorfer Straße) bis zur Mühlenstraße, die nach Südosten (links) abzweigt. Auf dieser fährt man nun auf die Strehlepromenade, parallel zum **Strehlesee.** Am

Jagdhotel am Strehlesee
Gemütliche Wirtsstube, Kegelbahn und Biergarten.
Prendener Dorfstraße 48
16348 Wandlitz-Prenden
Tel. (01 74) 2 79 03 61
www.jagdhotel-strehlesee.de
Di–So 12–21 Uhr

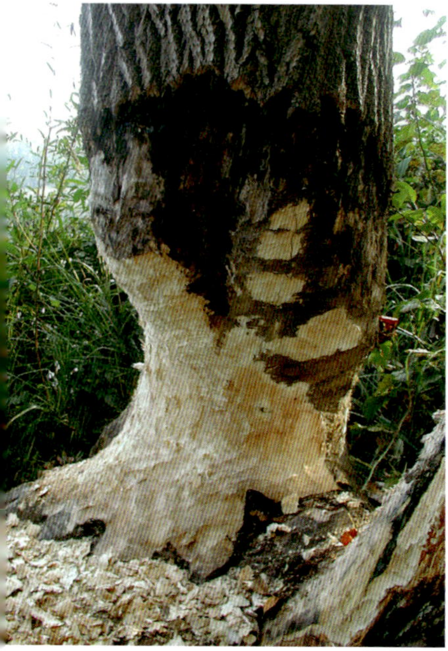

Biberkunst nahe der Badestelle am Lottschesee ❶

Ende des Sees führt der Weg eine kleine Anhöhe hinauf, oberhalb eines eingezäunten Grundstücks. Am Ende dieses Zauns trifft man auf der Anhöhe auf eine Waldkreuzung, wo man nach rechts (Westen) abbiegt. Hier geht es weiter hinauf zu einer Schranke, die umfahren wird. Auf diesem Weg radelt man nun direkt auf einen breiteren Waldweg, dem man wieder nach Süden folgt.

Nach ca. 1,5 km erreicht man eine Kreuzung ❺, auf der der Wegweiser in östliche Richtung nach Lanke (1,4 km) zeigt. Geradeaus geht es nach Ützdorf (2 km). Wer die Tour verkürzen möchte, fährt geradeaus direkt nach Ützdorf. Alle anderen biegen nach links (Osten) in Richtung Lanke ab. Auf diesem Weg unterquert man schon bald die Autobahn (A 11) und steht 300 Meter weiter an einer Böschung ❻, von der aus man über den **Obersee** blicken kann. Dort hat man die zweite Möglichkeit, die Radtour durch den Ausflugstipp Wanderweg Hellsee (▸ Seite 66) zu erweitern.

Ansonsten fährt man nach rechts (Westen). Oberhalb des Sees geht es zurück bis zur Autobahn und man fährt dann hinab zum Ufer des Obersees. Auf dem Uferweg wird erneut die Autobahn gequert. Nach einer „rasanten" Berg-und-Talfahrt kommt man oberhalb von **Ützdorf** an. Wenn man an eine Weggabelung kommt, an der man etwas unterhalb auf der linken Seite die ersten Zäune der Ortschaft sieht, biegt man dort nach links ab und fährt hinunter bis zur Schranke am „Prendener Weg". Auf diesem Weg, entlang der Trennung zwischen Wald und Privatgrundstücken, erreicht man am Ende die Wandlitzer Straße. Auf dieser Hauptstraße befindet sich das „Jägerheim Ützdorf", in dem man sich bei gemütlicher Atmosphäre täglich stärken kann.

Weiter geht es am Parkplatz auf der Wandlitzer Straße. Dort sind einige Wegweiser zu finden, die

Restaurant & Hotel Jägerheim Ützdorf
Frische Fischgerichte, Wildspezialitäten.
Wandlitzer Straße 12
16348 Wandlitz-Lanke Ützdorf
Tel. (03 33 97) 75 30
www.jaegerheim-uetzdorf.de
Tgl. ab 11.30 Uhr

in alle Richtungen zeigen. Unter anderem weist einer den Weg nach „Wandlitzsee Bahnhof 5,6 km“ aus. Diesem markierten Weg (blauer Punkt auf weißem Grund) folgt man nun ca. 700 Meter, bis nach links ein beschrankter Weg zur **Fähre Liepnitzsee** ❼ führt. Der kleine Schlenker zum Ufer des Liepnitzsees und ein Abstecher mit der Fähre auf die Insel ist lohnenswert. Nach diesem Abstecher geht es wieder zurück auf den asphaltierten Weg, der direkt in Richtung Wandlitzsee führt. Nun muss man nur noch der Wegmarkierung folgen, bis man über den „Lanker Weg“ die abknickende Bahnpromenade erreicht. Nicht die Bahntrasse überqueren, sondern der Straße ein Stück nach rechts (Norden) bis zum Bahnübergang für Fußgänger folgen, der direkt auf den Bahnsteig der **Heidekrautbahn** am Bahnhof Wandlitzsee führt.

An diesem Übergang hat man die dritte Möglichkeit, die Radtour zu erweitern. Dort startet der Ausflugstipp ins Revier Arendsee (▸ Seite 48), den man mit diesem Ausflugstipp verbinden kann.

Am Obersee

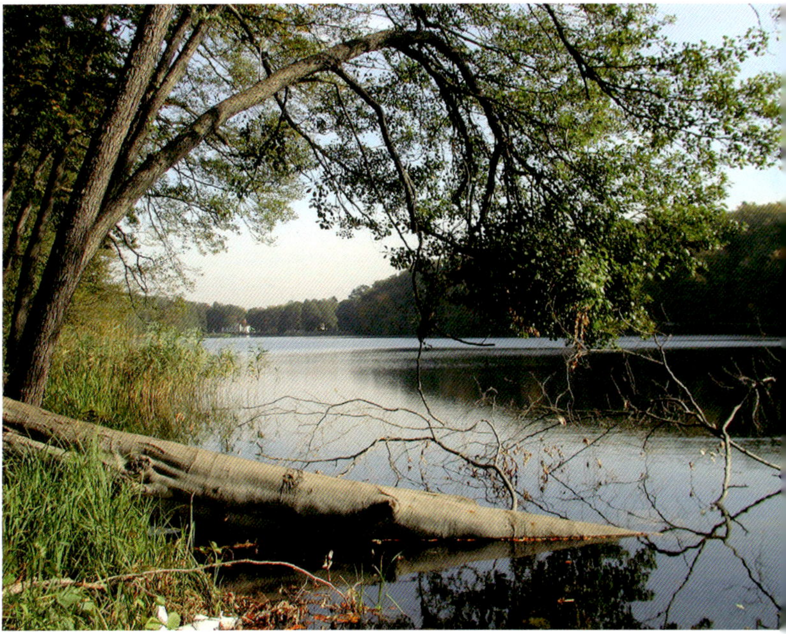

Wanderung
Radtour

Start
Bhf. Wandlitzsee

Länge
ca. 17 km

Dauer
ca. 6 Stunden (Wanderung)

Rückfahrt
S-Bhf. Bernau

Revier Ützdorf

Waldbegegnung zwischen Wandlitz und Bernau

Der Bahnhof Wandlitzsee ist der Startpunkt für diesen Ausflug. Und das ist kein Zufall, denn in dieser schönen Region gibt es viel zu erwandern und zu sehen. Die Tour kann auch mit dem Rad gemacht werden, jedoch können die Wald- und Sandwege wetterbedingt manchmal etwas schwierig zu befahren sein.

Gleich am südlichen Ende des Bahnsteiges geht man über einen kleinen Bahnübergang und erreicht die Bahnpromenade. Hier geht es nach Süden (rechts), bis man auf den Lanker Weg stößt. Dort steht der erste **Wegweiser nach Ützdorf,** wo dem Lanker Weg nach Osten (links) gefolgt und langsam die Ortschaft verlassen wird. Nach etwa 1 Kilometer biegt man nach rechts in den Liepnitzweg ein. Auf diesem geht es dann, vorbei an einer Schranke, endlich hinein in den Wald. Bei heißen Temperaturen fühlt man nun die angenehm kühle und klare Luft des Waldes. Der Waldweg endet am Ufer des **Liepnitzsees** ❶, der mit seinem klaren Wasser beeindruckt.

Auf der anderen Uferseite ist das seit 1992 für die Öffentlichkeit zugängliche **Waldbad** zu sehen. Direkt am Ufer folgt man dem Weg nach Süden (rechts) um

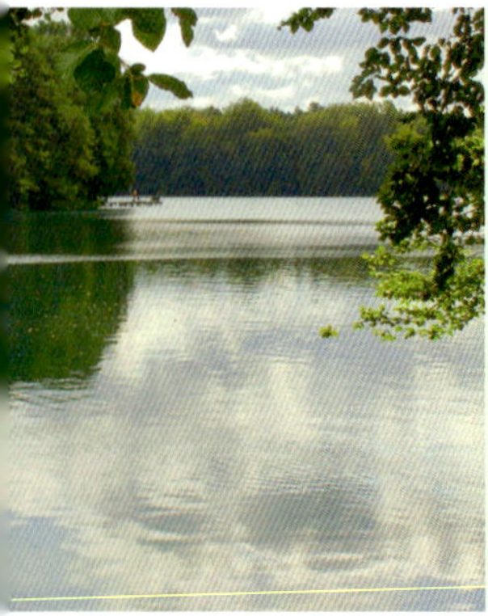

Liepnitzsee

Der Liepnitzsee hat eine maximale Tiefe von 16 Metern. Sichtweiten von bis zu 6 Metern Tiefe sind keine Seltenheit. Er gehört zum Wandlitzer Seengebiet. Dennoch sind die beiden großen Seen Wandlitzsee und Liepnitzsee nicht miteinander verbunden. Auch das Wasser der beiden Seen hat einen völlig anderen Verlauf. Während das Wasser des Wandlitzsees über die Havel in die Nordsee fließt, sucht sich das Wasser des Liepnitzsees den Weg über die Oder in die Ostsee. Der Grund dafür liegt in der geologischen Beschaffenheit der Landschaft. Genau zwischen den bei-

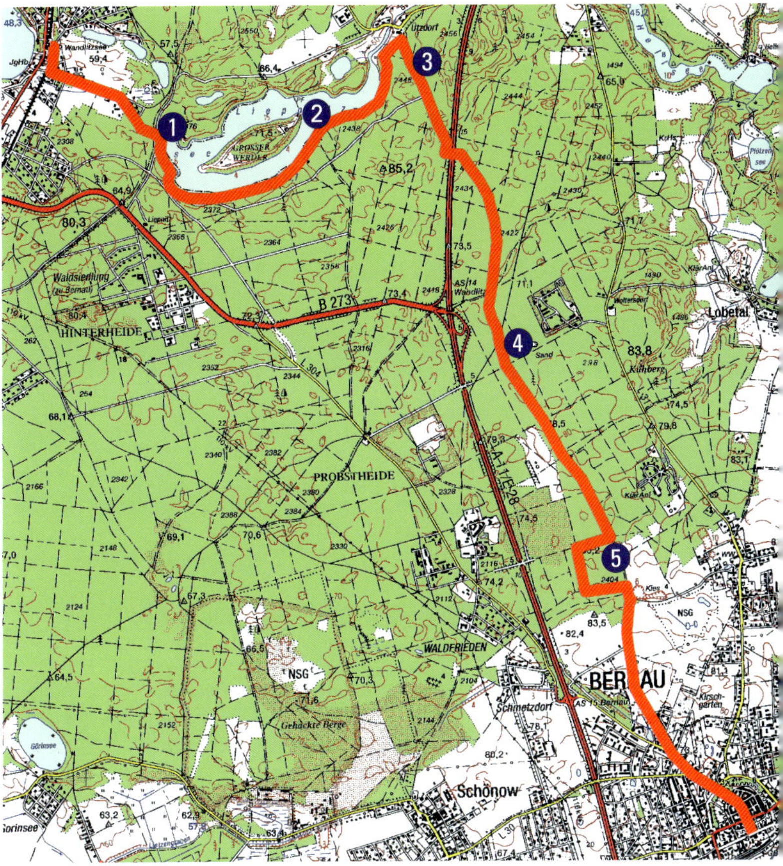

den Seen befindet sich die mitteleuropäische Hauptwasserscheide. Diese verläuft von der tschechischen Grenze bis nach Dänemark, von Südosten nach Nordwesten quer durchs Land. Dadurch fließen alle deutschen Gewässer westlich der Wasserscheide über die großen Flüsse in die Nordsee und alle deutschen Gewässer östlich der Wasserscheide über die Oder in die Ostsee. Ausgenommen sind die südlichen Gewässer, die in die Donau fließen, denn die Donau endet im Schwarzen Meer.

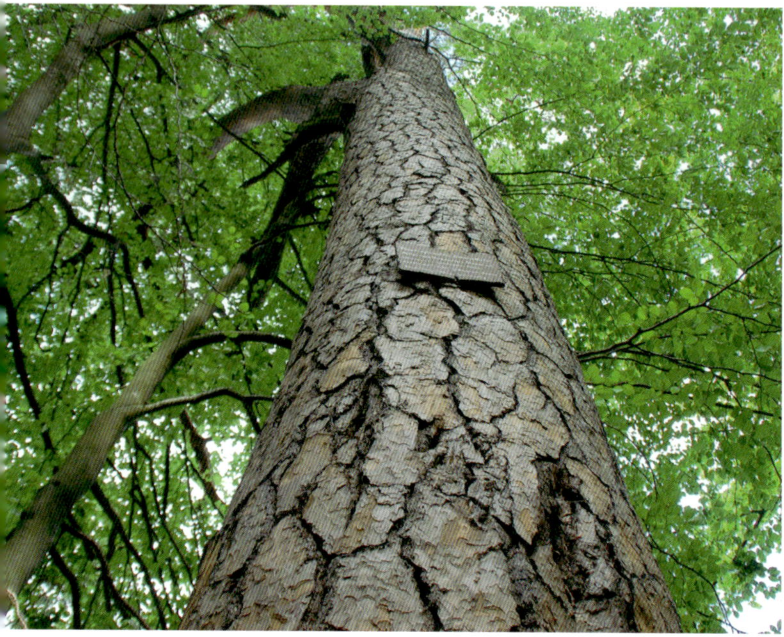

Dickste Kiefer im Revier Ützdorf

den See herum. Auf dem schmalen Weg durch einen schönen Mischwald gibt es immer wieder malerische Ausblicke zur **Insel Großer Werder.** Der Uferweg führt durch eine der zahlreichen Referenzflächen der Berliner Forsten. Diese Flächen sind überall in den Berliner Wäldern zu finden. Sie stehen im Zusammenhang mit den FSC (Forest Stewardship Council)- und Naturland-Zertifizierungen, die nachhaltige Waldbewirtschaftung auszeichnen. Dafür müssen bestimmte Auflagen erfüllt werden (▸ Seite 131).

Am südöstlichen Ufer des Sees erreicht man die **Fähre,** die die Besucher auf die Insel oder an das nördliche Seeufer bringt. Die Fähre ist das einzige zugelassene motorgetriebene Fahrzeug auf dem See ❷. Auf der 34 Hektar großen Insel, die seit 1914 der Stadt Berlin gehört, befindet sich das Ausflugslokal „Insulaner Klause“. Von Ostern bis Ende Oktober kann man hier am Wochenende unter alten Linden und Kastanien eine gute Brotzeit genießen.

Die Wanderung geht weiter auf dem Uferweg. Schon nach wenigen Metern kann man direkt am

Ausflugslokal Insulaner Klause
Gartenlokal mit kleinen Gerichte, Kuchen und Getränken.
Liepnitzsee/Großer Werder
Am Liepnitzsee 3
16348 Wandlitz
Tel. (01 72) 3 60 97 75
www.liepnitzinsel.de/insulaner.php
Apr.–Okt. Fr–So von 10 Uhr bis eine Stunde vor Sonnenuntergang

Ufer eine stattliche Kiefer bewundern. Dies ist die **dickste Kiefer des Reviers Ützdorf.** Nach einiger Zeit führt der Uferpfad weg vom See, hinein in den Wald, und endet später auf einem querenden Weg.

Links oder rechts? Das hängt davon ab, was man möchte. Ist der Wunsch nach einer Stärkung groß, weil man nicht mit der Fähre zur „Insulaner Klause“ gefahren ist, dann kann an dieser Stelle zum Restaurant „Jägerheim“ in Ützdorf nach links abgebogen werden. Ist keine Stärkung gewünscht, weil man selbst an alles gedacht hat, so geht es weiter nach Süden (rechts) in Richtung Bernau. Schon wenige Minuten später erreicht man die **WaldBegegnung** ❸. Die „WaldBegegnung“ wurde im Juni 2008 von Berliner Waldarbeitern als Begegnungsstätte erbaut. In beeindruckender Art wurde dort aus Robinien, Douglasien und Eichen ein kleines bauliches Kunstwerk geschaffen.

Bei einer Rast auf den überdachten Sitzmöglichkeiten wird man viel Interessantes an der Bauweise entdecken. An einem Infopunkt, der durch einen

Restaurant & Hotel Jägerheim Ützdorf
Frische Fischgerichte, Wildspezialitäten.
Wandlitzer Straße 12
16348 Wandlitz-Lanke
Tel. (03 33 97) 75 30
www.jaegerheim-uetzdorf.de
Tgl. ab 11.30 Uhr

WaldBegegnung

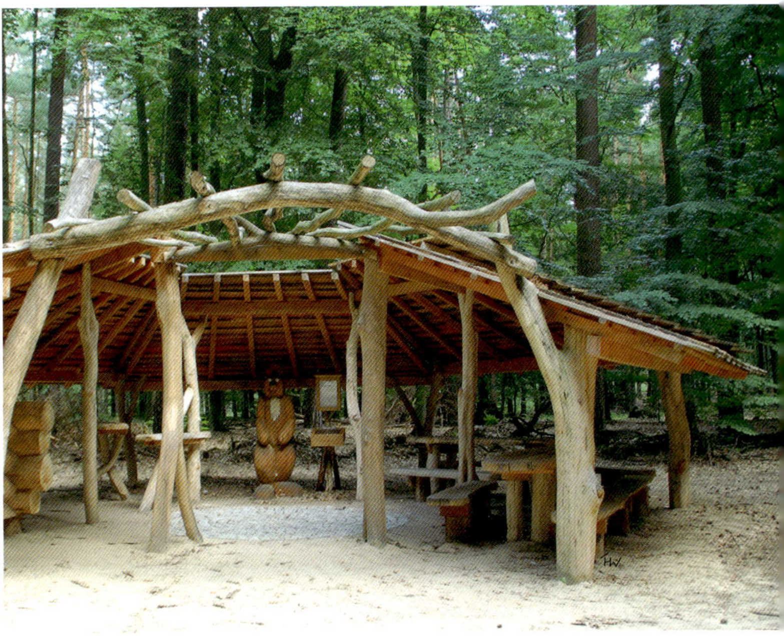

2 Meter großen Bären sofort ins Auge fällt, stehen zusätzlich Informationen rund um den Wald. Häufig kann man auch direkt neben der „WaldBegegnung“ eine Rotte junger Wildschweine beim Spielen beobachten.

Nach der Pause läuft man weiter auf dem Weg nach Südosten. Bemerkenswert sind in diesem Waldabschnitt besonders die alten Kiefern in Verbindung mit den dazwischen wachsenden Buchen. Die Autobahn A 11 wird über eine **Brücke** überquert und nach wenigen Minuten wandert man an einem Wegweiser vorbei, der nach Osten (links) auf die Ortschaft Lanke verweist.

Dort hat man ungefähr die Hälfte der Wanderung hinter sich und der Wegweiser prognostiziert, dass es weitere 8,8 Kilometer bis zum Bahnhof in Bernau sein sollen. Frischen Mutes geht es weiter nach Südosten. Einige Wegkreuzungen weiter steht der nächste Wegweiser. Dort sind es dann nur noch 7,1 Kilometer bis zum Ziel und nach Lobetal 3 Kilometer ❹.

Aktiver Kiesabbau im Revier Ützdorf

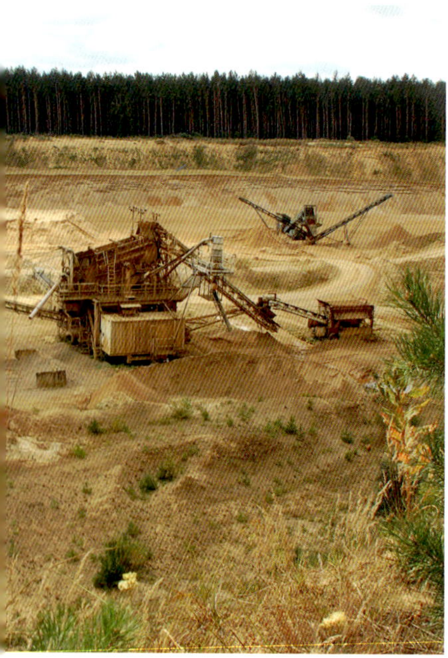

Doch das Ziel dieser Wanderung heißt Bahnhof Bernau. Nach 2,4 Kilometern wird die Strecke durch einen weiteren Wegweiser umgeleitet. Denn dort steht man am Rande einer gewaltigen **Sand- und Kiesgrube** ❺, in der noch aktiv abgebaut wird. Deshalb geht man ca. 200 Meter nach Westen und biegt an der nächsten Kreuzung mit Wegweiser nach Süden (links) ab. Von dort sollen es nur noch 4,4 Kilometer bis zum Bahnhof sein. Auf dem Waldweg wird eine Schranke passiert, um direkt dahinter nach Osten (links) zu gehen. Nach ca. 200 Metern steht man auf der anderen Seite der Grube und hat den eigentlichen Wanderweg wieder erreicht.

Nach Süden (rechts), vorbei an der Einfahrt des Sand- und Kieswerkes, läuft man auf dem schmaleren der beiden möglichen Wege weiter. Es ist sogar ein **Wegweiser**

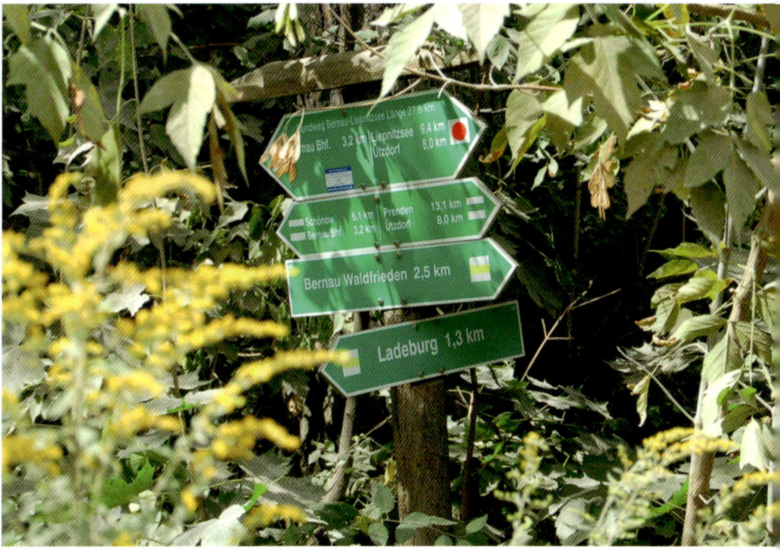

Der versteckte Wegweiser nach Bernau

vorhanden, gut versteckt zwischen dem Grün der wachsenden Sträucher steht er dort und wird kaum beachtet. Wer sich immer nach Süden orientiert, wird sich auf diesem Weg nicht verlaufen. Und so kommt der Punkt, an dem in der Ferne bereits die Kirchturmspitze von Bernau zu erkennen ist. Auf dem Weg zwischen den Feldern erreicht man den Klosterfelder Weg in **Bernau.**

Auf diesem geht es bis zur Oranienburger Straße. Dem Wegweiser zum Bahnhof wird nach Osten (links) gefolgt und vorbei an einem Kreisverkehr erreicht man das alte Zentrum von Bernau. An der gegenüberliegenden Einbahnstraße befindet sich auf der linken Seite auch ein großer gezeichneter **Plan der Altstadt.** Wer die Wahl hat, hat die Qual. Der Wanderer muss sich nun entscheiden, ob er zum Bahnhof durch die Altstadt oder lieber in einem leichten Bogen durch den Stadtpark laufen möchte. Egal, für welche Route man sich entscheidet, der Bahnhof befindet sich am südlichen Rand der Altstadt und ist nicht zu verfehlen. Vom **Bahnhof Bernau** kann die Rückfahrt entweder mit der S-Bahn oder auch mit der Regionalbahn angetreten werden.

Radtour
Wanderung

Start
Bus 890
Haltestelle Lanke, Küsterfleck

Länge
ca. 10 km

Dauer
ca. 3,5 Stunden (Wanderung)

Rückfahrt
Bhf. Basdorf

Kombinierbar mit
Biesenthaler Becken
▸ Seite 70
Probstheide
▸ Seite 76

Lanke – Basdorf

Waldruhe genießen: Von Lanke nach Basdorf

Nach der Tour ist vor der Tour. Das ist für diesen Ausflug das Motto. Denn die (Rad-)Wanderung beginnt in Lanke, und Lanke ist nicht gerade gut mit den öffentlichen Verkehrsmitteln zu erreichen. Deshalb bietet es sich an, diesen 10 Kilometer langen Ausflug an die Tour zu hängen, die dort direkt endet (Biesenthaler Becken ▸ Seite 70).

Natürlich kann diese Tour auch anschließend oder mittendrin erweitert werden. So oder so ist es sinnvoll, diese Tourenkombinationen mit dem Rad zu unternehmen.

Von der **Bernauer Straße** biegt man nach Südwesten (rechts) in den Schwarzen Weg ein. Vorbei an Gartengrundstücken knickt die Straße am Ende nach Osten (links) ab und geht über in die Waldstraße. Dort radelt man weiter geradeaus, über ei-

Mohnblumen

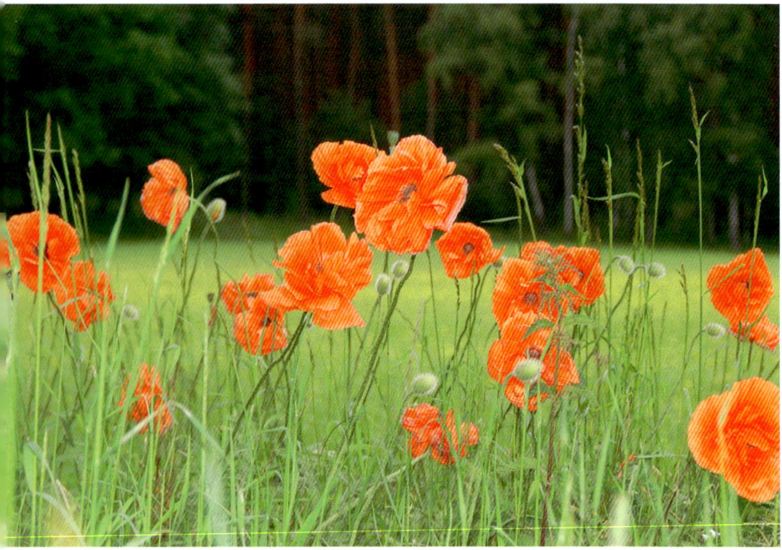

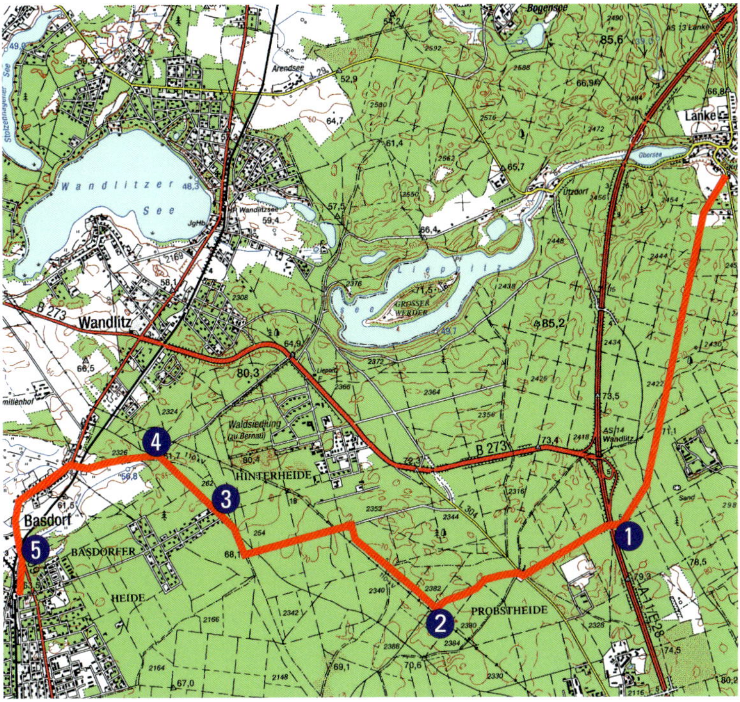

nen Feldweg direkt hinein in den Wald. Die nächsten 3 Kilometer fährt man durch einen wunderbaren Mischwald. Vorbei an zwei Wegweisern, die unter anderem nach Lobetal, Bernau und Ützdorf weisen, kann man die Landschaft links und rechts des Weges genießen und sich von der Waldruhe beeindrucken lassen. Der Waldweg geht über in einen befestigten Weg, auf dem nach 500 Metern die **Brücke** über die Autobahn A 11 erreicht wird ❶. Ein kurzer Blick auf die Autobahn genügt, um sich darauf zu freuen, dass es weiter geradeaus wieder hinein in den ruhigen Wald geht – weg von der lärmenden A 11.

Durch den Wald radelt man bis zur Wandlitzer Chaussee (L 304). Dies ist die Stelle, an der die Probstheide-Tour endet (▸ Seite 76). An der Hundepension überquert man die Landstraße und fährt in Richtung Nordwesten (rechts) weiter durch den Wald. **Achtung:** Dort den beschrankten Weg wäh-

Barnimer Busgesellschaft
Buslinie 890 ab S-Bhf. Bernau nach Lanke Küsterfleck, tgl. ca. 2-stündlich
Auskunft unter:
Tel. (0 33 34) 23 50 03
Aktuelle Fahrpläne unter:
www.bbg-eberswalde.de/index.php/fahrplan
Stand: Juli 2018

Foto rechts:
Im Wald kurz nach Lanke

len, der im 45-Grad-Winkel abgeht, und nicht direkt am Zaun entlangfahren!

Weiter geht es durch die Probstheide bis zur **Hochleitungstrasse,** und dort, direkt vor der Trasse, biegt man auf den Weg nach Nordwesten (rechts) ab ❷.

Eventuell kann die Strecke jetzt etwas sandig sein, sodass das Fahrrad ein Stück geschoben werden muss. Sobald die Tour nach Osten (links) geht, fährt man dafür nur noch auf glatten Waldradwegen, bis man an einer **rot-weißen Schranke bei Basdorf** den Wald verlässt ❸.

Jenseits der Schranke wird man langsam wieder an die Zivilisation gewöhnt. Auf dem Bernauer Weg geht es vorbei an einer kleinen Waldsiedlung. Noch ein letztes Mal führt der Weg durch den Wald, bis er auf den **Lanker Weg** stößt ❹. (Würde man der Lanker Straße nach Nordosten (rechts) folgen, käme man zum Liepnitzsee (▸ Seite 56) und von dort nach Wandlitzsee am gleichnamigen See. Diese Tour führt aber nach Westen (links) und nach wenigen Minuten sieht man das Ortseingangsschild von **Basdorf.**

Durch die angrenzende Einfamilienhaussiedlung hindurchgeradelt, endet die Lanker Straße auf der Prenzlauer Straße. Dort geht es nach Südwesten (links) durch Basdorf. Die Straße verläuft in einem Bogen nach Süden (links) und nach einiger Zeit werden **Bahngleise** überquert ❺. Kurz danach geht rechts die Bahnstraße ab und es lässt sich erahnen, wo diese Straße hinführt. Parallel zu den Gleisen radelt man dem Ende der Tour – dem **Bahnhof Basdorf** – entgegen.

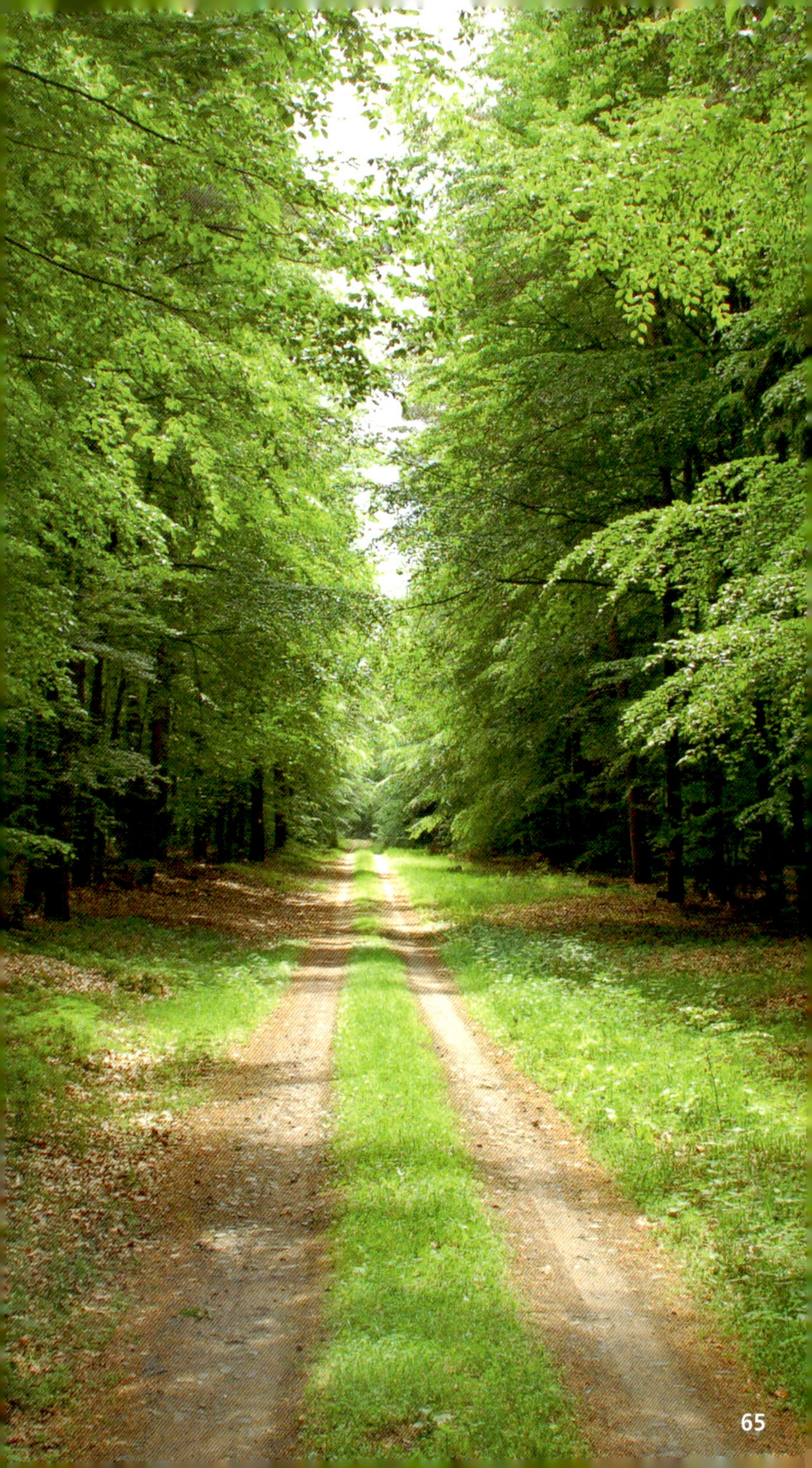

Radtour
Wanderung

Start/Rückfahrt
Bhf. Wandlitzsee
(und ca. 9 km weiter mit dem Rad)

Länge
ca. 7,3 km
(nur Wanderung)

Dauer
ca. 3 Stunden
(nur Wanderung)

Kombinierbar mit
Prendener Bauernheide
▸ Seite 52
Biesenthaler Becken
▸ Seite 70

Wanderweg Hellsee

Es klapperte die Mühle …

Das Ausflugsziel befindet sich nördlich von Berlin und ist leider nicht leicht mit öffentlichen Verkehrsmitteln zu erreichen. Die einfachste Anfahrt von Berlin erfolgt über die Autobahn A 11 in nördliche Richtung bis zur Abfahrt Lanke.

Nach dem Verlassen der Autobahn fährt man direkt in den Ort Lanke und biegt am Schloss nach rechts in Richtung Ützdorf / Wandlitz ab. Nach ca. 50 Metern erscheint auf der linken Seite ein Parkplatz, von dem aus die Wanderung beginnt. Man läuft zunächst zurück zur Kreuzung, an der die „Ruine Schlosspark" (ein zerfallenes Gebäude) steht und biegt in die Straße rechts Richtung Bernau ein, wobei man eine kleine Brücke überquert und die fortlaufende Straße bergauf läuft. Nach einigen Schritten kommt man am Restaurant „Bellevue" vorbei. Dieses bietet sich sehr gut an, um nach der Wanderung verbrauchte Energien wieder aufzufüllen. Kurz nachdem man das Restaurant hinter sich gelassen hat, biegt der Wanderweg nach links Richtung Hellmühle ab ❶. Der Wanderweg rund um den Hellsee ist zusätzlich mit einem Zeichen (grüner Punkt auf weißem Grund) an den Bäumen markiert.

Auf der linken Seite kann man durch die Bäume hindurch in einiger Entfernung den früheren **Herrensitz** (Schloss) erkennen. Der gesamte Bereich bis zum Schloss war einmal eine große Wiese, die sich bis heute zu einem Erlenbruch gewandelt hat.

Herrensitz

Der Herrensitz (das „Schloss") wurde vermutlich von der Familie van Happe (1668–1763/64) errichtet und ist nach Umbaumaßnahmen im Stil der französischen Renaissance von der Familie Redern umgestaltet worden. Das Gebäude hatte im Laufe der Zeit viele Eigentümer, wie zum Beispiel den Freiherrn Viktor von Holwede, Familie von Wülknitz, Familie von Redern und zur Zeit: die Stadt Berlin.

Restaurant & Pension Bellevue
Landgasthof mit regionaler und ungarischer Küche.
Lanker Dorfstraße 17
16348 Wandlitz-Lanke
Tel. (0 33 37) 45 09 34
www.bellevue-lanke.de
Do–Mo ab 11.30 Uhr
(So nur bis 16 Uhr)

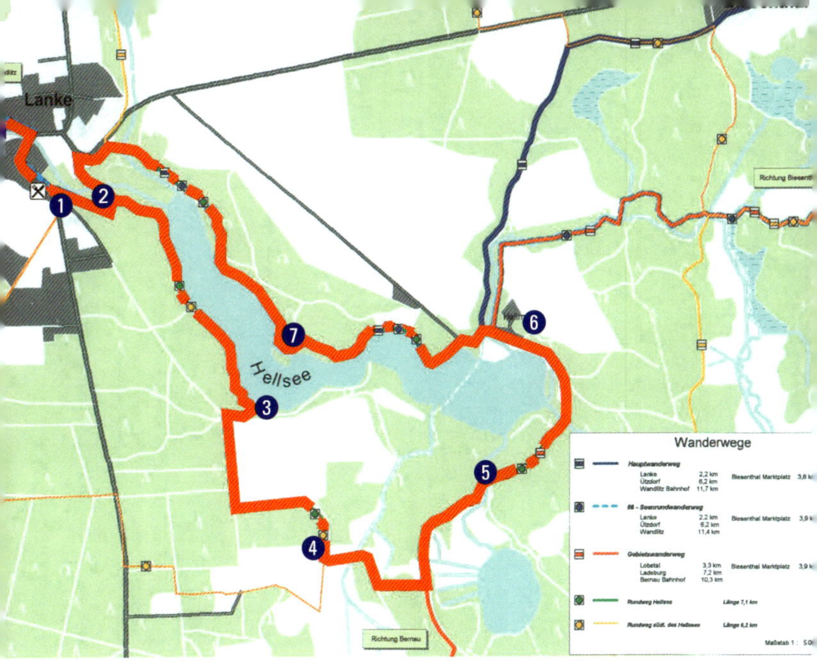

Der Wanderweg führt durch den ehemaligen Schlosspark. Nach einigen Metern liegt in einer Senke ein kreisförmiger Teich ❷ – das **Bassin.** Als das Gelände noch Schlosspark war, sprudelte in der Mitte des Bassins eine Fontäne. An dieser Stelle teilt sich der Weg. Wir gehen rechts und kommen so zum **Hellsee.**

Der Weg führt weiter rechts vom See, beschildert als „Rundweg Lanke Hellsee“, entlang. Alter Buchenwald bestimmt jetzt den Ausblick, während der Weg zunehmend bergauf verläuft. Fast an der höchsten Stelle, mit einem wunderbaren Blick auf den See ❸, gelangt man an eine Gabelung des Weges. Hier zweigt der Wanderweg, der weiter leicht bergauf führt, nach rechts ab.

Der Blick öffnet sich auf einen bewirtschafteten Acker, den man entlang der Waldkante, den Markierungen folgend, gegen den Uhrzeigersinn halb umgeht. Am Ende führt der Weg wieder zurück in den Wald. Nach einigen Minuten im Kiefernwald, wo man sich an einer Kreuzung rechts hält, öffnet sich der Wald wieder. An dieser Stelle ❹ hat man einen wunderbaren, freien Blick auf die weite, vom Wald umgebene **Lobetaler Wiese.**

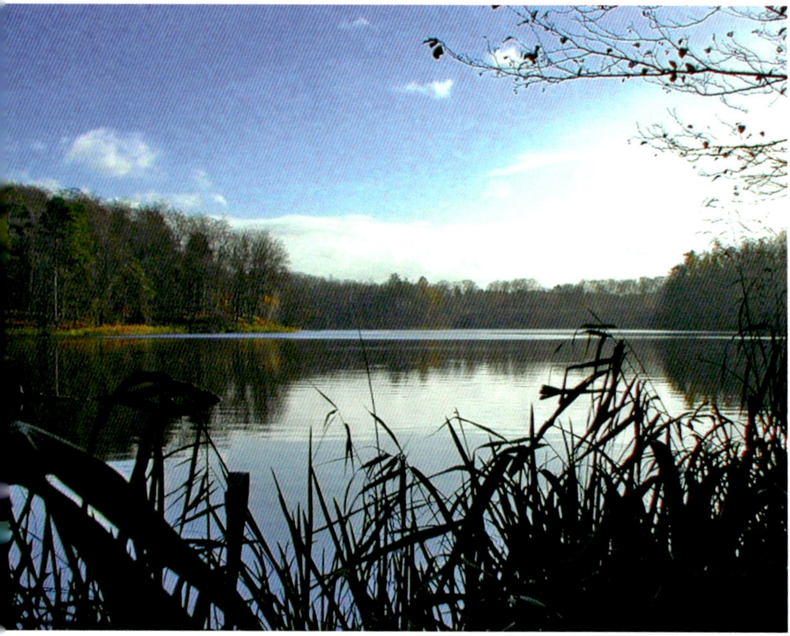

Abendstimmung am Hellsee

Die Wanderung führt direkt hinaus auf die Wiese, auf der nach einigen Metern erneut ein Wegweiser zu sehen ist. Er weist den Weg nach links in Richtung Hellmühle, dem zu folgen ist. Man kommt über ein Fließ, vorbei an einer freistehenden alten Eiche, wieder in den Wald hinein. Die folgende Strecke ist durch eine vielfältige Vegetation (wie Fichten, Pappeln, Ulmen, Buchen, Lärchen, Birken, feuchte Wiesen) gekennzeichnet.

An einer großen Kreuzung mit Schild in der Mitte angekommen, biegt man links ab (auch durch die Markierungen angezeigt). Schließlich gelangt man nach Überquerung eines Fließes zu einer überdachten Sitzmöglichkeit ❺. Auf der linken Seite ist nach einigen Metern wieder der Hellsee im Hintergrund zu erkennen. Nach einiger Zeit kommt man an dem rechts des Weges liegenden **Haus der Naturfreunde** vorbei. Ein Stückchen weiter gelangt man an die alte **Hellmühle** ❻.

Nachdem man das Mühlenfließ überquert hat, folgt man der Asphaltstraße bis zu der sich links be-

Haus der Naturfreunde
Im Sommer neben Informationen über die Natur auch Kaffee und Kuchen.
Hellmühle
Kontakt über Fr. Schmidt:
Tel. (0 33 37) 33 79
www.naturfreunde-brandenburg.de/naturfreunde-gruppen/naturfreunde-biesenthal-hellmuehle.html

Hellmühle

1347 erstmals urkundlich erwähnt, wurde der Mühlenbetrieb in den 20er-Jahren eingestellt. Der Komplex wurde zu einem Gut umgebaut und diente bis ca. 1945 auch dem Schloss und Gut Lanke als Lichterzeuger. Das Hellmühlengebäude und die Äcker wurden später im Zuge der Kollektivierung dem „Volksgut Lanke" angeschlossen, wobei die Mühle selbst als Jugendherberge genutzt wurde. Der Mühlengraben heißt heute **Mühlenfließ** und hat seinen Ursprung im nordwestlich von Lanke gelegenen Obersee.

findenden Schranke. An dieser Stelle verlässt man die Asphaltstraße und folgt dem Wanderweg direkt am Ufer des Sees entlang. Auf diesem Teil des Rundweges ist man wieder vom Buchenwald umgeben. Weiter voraus gelangt man an eine von Wülknitz künstlich angelegte Insel 7, die linker Hand liegt. Dort ist ein durch Vandalismus zerstörtes Grabmahl der Familie Wülknitz vorzufinden, allerdings ist die Insel nicht betretbar.

Weiter dicht am Ufer entlang, vorbei an einer sehr alten, dicken Eiche, steuert man auf ein ehemaliges Wasserpumpenhäuschen zu. Dieses Häuschen umgeht man rechts vom Zaun auf dem Weg, der zum Ufer führt. Ein paar Meter weiter nähert sich der Wanderer wieder dem Erlenbruch, den die Tour bereits zu Beginn streifte. Auf diesem Weg sind zahlreiche sehr alte, unter Naturschutz stehende Eichen zu entdecken.

Man gelangt an eine Kreuzung, die den Weg spaltet. Hier geht man links weiter, der Weg führt über einen Holzsteg direkt in den Erlenbruch hinein. Von hier aus kann man die feuchte Landschaft wunderbar ansehen und auch spüren. Nach dem Steg gabelt sich der Weg nach einigen Metern erneut, man geht wieder links. Schließlich führt der Weg am Bassin vorbei, das man eingangs schon vom Hang herunter betrachten konnte. Hinter dem Bassin biegt man an der nächsten Kreuzung rechts ab und geht zurück bergauf Richtung Straße.

Die alte Hellmühle

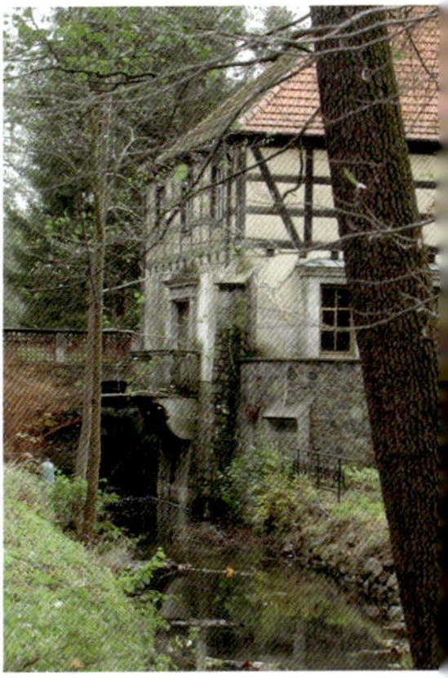

Wanderung

Start
Bhf. Rüdnitz

Länge
ca. 13 km

Dauer
ca. 4,5 Stunden

Rückfahrt
Lanke,
Haltestelle Küsterfleck
mit Bus 890

Kombinierbar mit
Lanke – Basdorf
▸ Seite 62
Wanderweg Hellsee
▸ Seite 66
Revier Albertshof
▸ Seite 79
Willmersdorfer Heide
▸ Seite 82

Biesenthaler Becken

Streifzug am Biesenthaler Becken

Bahnhof Rüdnitz: Vor den Toren der Ortschaft liegt der Bahnsteig. Die Wanderung am Biesenthaler Becken führt an herrlichen Kornfeldern und Waldstücken vorbei. Eine alte Schmiede lädt zum Rasten ein und später kann man sich aussuchen, in welchem der beiden Seen man ein Bad nehmen möchte.

Das 1999 als Naturschutzgebiet ausgewiesene Biesenthaler Becken ist eingebettet zwischen den Ortschaften Biesenthal, Lanke, Lobetal und Rüdnitz. 990 Hektar groß ist das Gebiet. Es entstand in der Eiszeit als Gletscherzungenbecken.

Doch zunächst verlässt man den **Bahnsteig 1** über den Ausgang und überquert auf dem angrenzenden Bahnübergang die Schienen in Richtung Westen (links). Schon nach wenigen Metern führt wieder links ein Weg direkt am Feldrand, parallel zu den Bahngleisen, nach Südwesten. Man läuft nun bis zum Waldrand. Dort geht es nach Nordwesten, bis man die **Bernauer Straße** erreicht hat ❶. Wieder links (im spitzen Winkel) läuft man ca. 400 Meter auf der Bernauer Straße nach Südwesten. An der nächsten Möglichkeit verlässt man die Straße nach rechts über den Sandweg, der direkt am Waldrand nach Südwesten führt. An der Stelle, wo der Weg in den Wald geht, wendet man sich nach Nordwesten (rechts) und läuft an der **Waldkante** weiter, bis der nächste Weg links den Wanderer direkt in den Wald führt ❷.

Nach dem Durchwandern der kleinen Waldzunge geht es über die offenen Felder weiter. Nach der Pferdekoppel überquert man eine wenig befahrene Straße. Auf der anderen Straßenseite taucht man wieder in den Wald ein und wandert auf einem schattigen Waldweg immer geradeaus in Richtung Osten bis zu einem **Hochsitz.** An diesem vorbei geht es bis zur nächsten Wegkreuzung. Dort nach Norden (rechts) abbiegen und weiter bis zum **be-**

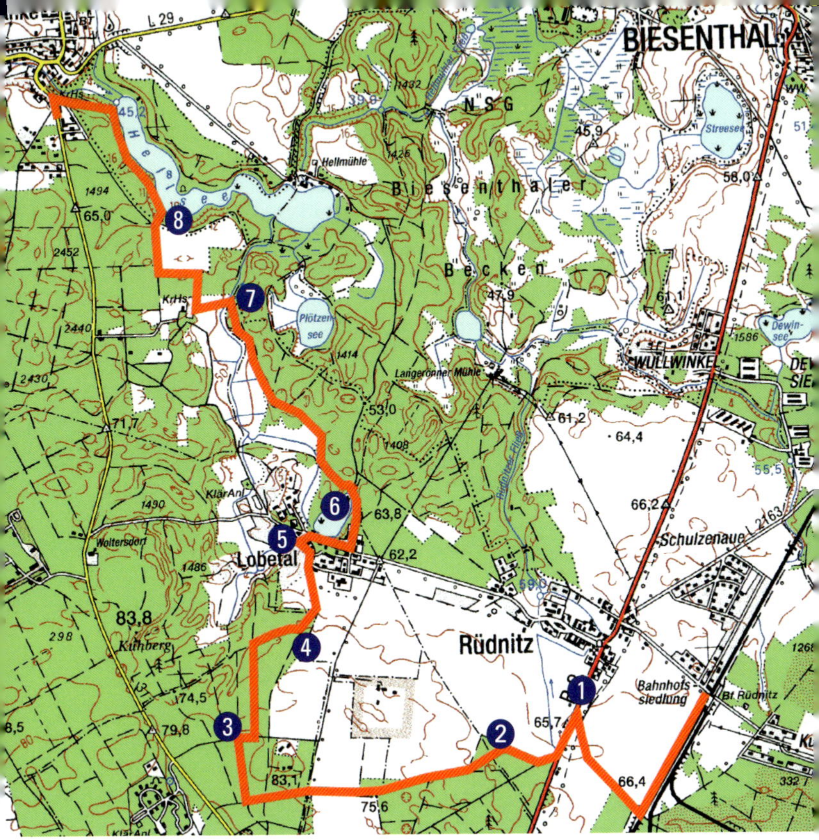

tonierten Weg laufen ❸. Auf diesem kreuzenden Weg geht es ein kurzes Stück nach Osten (rechts), direkt auf ein großes **Windrad** zu.

Gleich an der nächsten Kreuzung verlässt man den Betonweg wieder und zweigt nach Norden (links) ab. Durch abwechslungsreiche Waldstrukturen geht die Wanderung immer nach Norden. Nach einer leichten Anhöhe biegt der Weg nach Nordosten (rechts) ab und endet auf einem anderen Weg. An dieser Stelle ist ein **Jagenstein** mit den Nummern

Jagen(stein)

Jagen sind forstliche Flächeneinheiten, die zur Planung, Kontrolle und Orientierung genutzt werden. Häufig sind sie durch nummerierte Grenzsteine (Jagenstein) gekennzeichnet.

Barnimer Busgesellschaft
Buslinie 890 ab Lanke Küsterfleck nach S-Bhf. Bernau, tgl. ca. 2-stündlich
Auskunft unter:
Tel. (0 33 34) 23 50 03
Aktuelle Fahrpläne unter:
www.bbg-eberswalde.de/index.php/fahrplan
Stand: Juli 2018

82/83 zu sehen ❹. Auch hier weiter nach Nordosten laufen. Der Weg zweigt nach einiger Zeit links ab und führt aus dem Wald hinaus über zwei Felder auf eine kleine Straße. Auf dem Kirschbergweg gelangt man in Richtung Norden (links) nach **Lobetal** ❺.

Die Wanderung geht weiter hinein ins Lobetaler Zentrum bis zur großen Grünanlage im Herzen des Ortes. Dort können im Minimarkt verbrauchte Wandervorräte wieder aufgefüllt werden. Das Zentrum wird an der Grünanlage auf der Bodelschwinghstraße in Richtung Osten (rechts) verlassen. Die Straße trägt übrigens den Namen des Begründers von Lobetal: Pastor Friedrich von Bodelschwingh.

Auf der Hauptstraße geht es bis zum Bethelweg, in den man nach Norden (links) einbiegt. Das Ende der Straße ist nach wenigen Metern erreicht, aber damit längst nicht das Ende der Wanderung. Denn Lobetal hat nur wenige Minuten entfernt noch eine weitere Attraktion in den heißen Sommermonaten zu bieten. Doch zunächst geht es am Ende der Straße weiter auf einem grünen Weg, der durch ein Zauntor auf einen Waldweg führt. Diesen immer bergab (links) gelaufen, liegt die Attraktion vor einem: der

Im Juni und Juli tanzt hinter Rüdnitz das Getreide im Wind

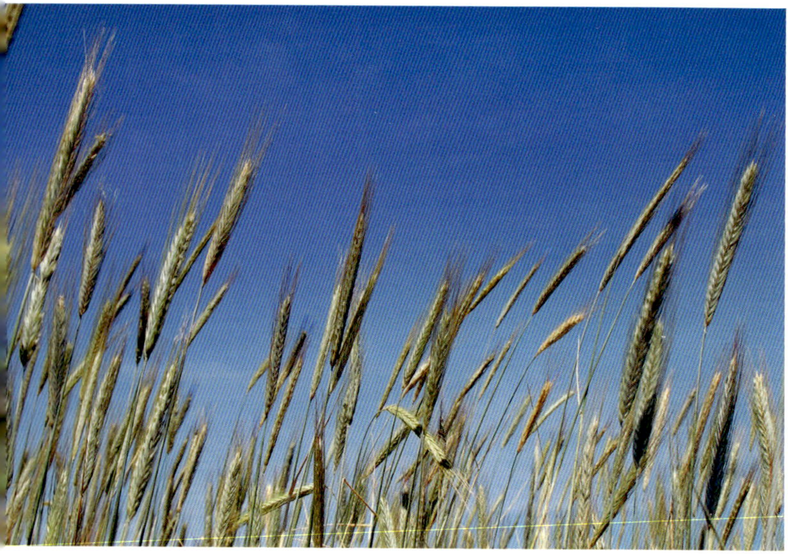

Lobetal

Lobetal wurde 1906 als Erweiterung der Berliner Arbeiterkolonie für Obdachlose gegründet. 1905 zunächst in Rüdnitz erbaut, musste die Kolonie ein Jahr später zu Lobetal vergrößert werden. Aus der Stätte für Obdachlose ist heute durch die „Hoffnungstaler Anstalten Lobetal" eine parkähnliche und gepflegte Ortschaft für ältere, behinderte und betreuungsbedürftige Menschen geworden. In den Jahren nach 1989 wurden die Infrastrukturen des gesamten Ortes modernisiert und behindertengerecht ausgebaut. Die **Alte Schmiede,** die 1926 gebaut wurde, war bis 1996 in Betrieb. Nach anschließenden aufwendigen Sanierungen ist sie in neuem Glanze 1999 als Bürgerbüro, Bibliothek und Touristentreff neu eröffnet worden. Ein Besuch lohnt sich und wer möchte, kann in dem dort befindlichen Café bei Kaffee, Kuchen und kalten Getränken die historischen Werkzeuge des Schmiedehandwerks bewundern oder sich über die Geschichte Lobetals informieren. Sollte die Schmiede noch geschlossen sein, gibt es hinter dem Haus die Möglichkeit, die rustikalen, überdachten Pausenplätze zu nutzen und den Proviant aus dem eigenen Rucksack zu genießen.

Alte Schmiede Lobetal
An der Schmiede 2
16321 Bernau
Tel. (0 33 38) 6 64 35
Mo–Fr 15–17 Uhr,
Sa/So 14–17 Uhr

Die Alte Schmiede in Lobetal lädt zur Rast ein

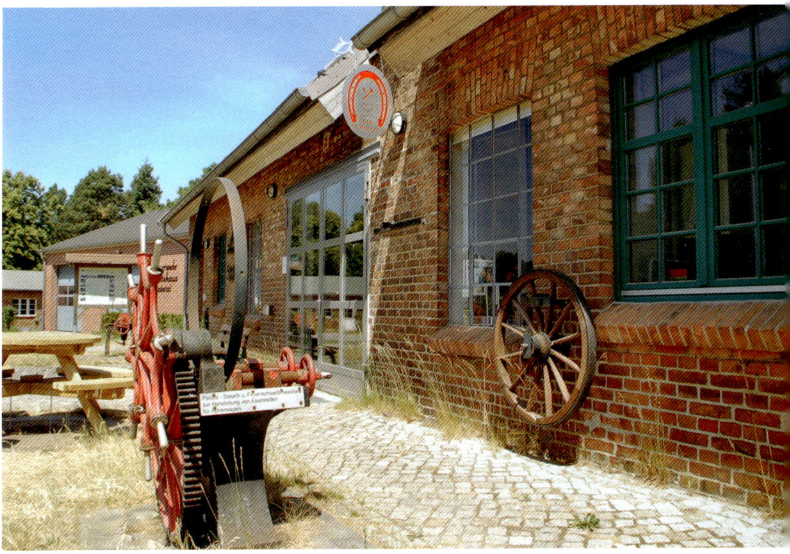

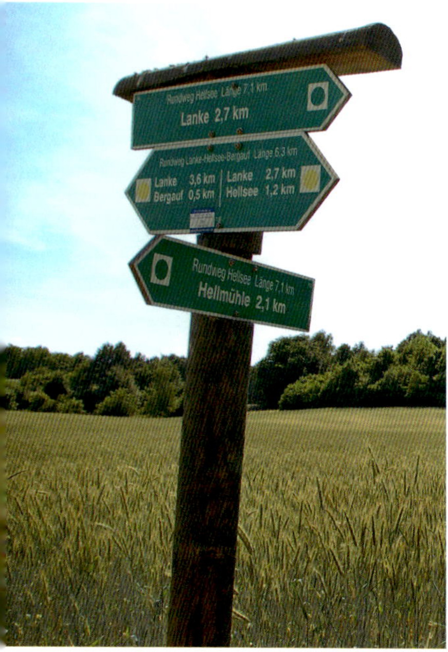

Wegweiser nach Lanke

Mechesee. Die schöne Badebucht lädt an heißen Tagen mit dem kühlen Nass zum Baden ein ❻.

Nach der Überquerung des kleinen Sandstrandes kommt man an einem Platz vorbei, auf dem eine Kiefer mit interessantem Wuchs steht. Die Wanderung geht nach Osten (links), ein kleines Stück parallel zum See. Am nächsten Abzweig steht ein großer Wegweiser. Auf diesem steht auch das nächste Ziel: Hellsee/Hellmühle 3,6 Kilometer. Der Hellsee ist das Tagesziel und so braucht man erst einmal nur der **roten Markierung auf weißem Grund** zu folgen. Der weitere Weg schlängelt sich durch den Wald und bietet immer wieder schöne Ausblicke über die Felder. Immer der Markierung nach kommt man bis zu einem Abzweig, an dem es nach Westen (links) abgeht. In der Mitte dieser Kreuzung steht ein **Wegweiser.** Geradeaus ist die Hellmühle ausgeschildert und nach Westen (links) der Hinweis auf die Ortschaft Lanke in 2,9 Kilometern. Ab dort folgt man nun der Markierung **grüner Punkt auf weißem Grund** nach Lanke ❼. Man befindet sich am südlichsten Punkt des Rundweges um den Hellsee.

Die Tour führt schon bald hinaus auf eine **freie Wiese,** auf der ein Schild den Weg nach Norden (rechts) weist. Nach kurzer Zeit kommt man nach dem Passieren einer Schranke zurück in den Schatten des Waldes. An der nächsten Weggabelung links gehen. (Nicht dem Weg rechts folgen, der in ein Naturschutzgebiet führt.)

Schon bald steht man wieder am Rande eines großen Feldes, das von dichtem Wald umgeben ist. Das Feld wird, direkt an der Waldkante, erst in Richtung Westen und dann in Richtung Norden umrundet. Hat man die nordwestlichste Ecke des Feldes erreicht, führt der kleine markierte Weg nach Nordosten hinunter zum **Hellsee** ❽. Auf dem Uferweg kommt man nun am östlichen Ufer des Hellsees bis nach Lanke. Auf den letzten Metern, vom Uferweg bis zur Lanker Dorfstraße, bitte immer links bergauf halten, damit man nicht versehentlich den Abzweig nach Lanke verpasst. Denn dann würde der Weg noch einmal um den gesamten Hellsee führen.

Hat man die Dorfstraße erreicht, ist ca. 100 Meter weiter bergab das Restaurant und die Pension „Bellevue“ zu sehen. Im Restaurant gibt es viele schmackhafte ungarische Spezialitäten. Bei schönem Wetter kann auch der Gastgarten genutzt werden. Wer die Wanderung zu einer Zwei-Tages-Tour ausbauen möchte, kann dort in der Pension übernachten und am nächsten Tag eine der weiteren, kombinierbaren Touren anschließen – zum Beispiel die Tour von Lanke nach Basdorf, von wo man mit der Heidekrautbahn zurück nach Berlin fahren kann.

Diejenigen, die direkt wieder zurück nach Hause wollen, können von der **Bushaltestelle Küsterfleck,** die ca. 150 Meter bergauf liegt, von Montag bis Freitag mit dem Bus 890 nach Bernau fahren (bitte vorausplanen: Der Bus fährt nur etwa zweistündlich!). Von Bernau hat man wieder Anschluss an die S- und Regionalbahn.

Restaurant & Pension Bellevue
Regionale Köstlichkeiten der Saison sowie ungarische Spezialitäten.
Lanker Dorfstraße 17
16348 Wandlitz Lanke
Tel. (0 33 37) 45 09 34
www.bellevue-lanke.de
Do–Mo ab 11.30 Uhr
(So nur bis 16 Uhr)

Am Hellsee

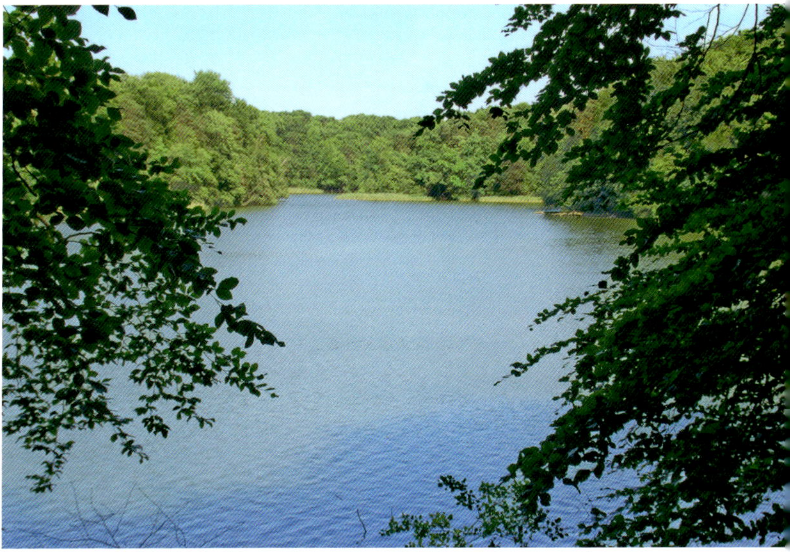

Wanderung
Radtour

Start
Bhf. Biesenthal

Länge
ca. 15 km

Dauer
ca. 5,5 Stunden (Wanderung)

Rückfahrt
Bus 894, 897
Haltestelle Bernau, Anglersruh

Kombinierbar mit
Gorinsee
▸ Seite 34
Lanke – Basdorf
▸ Seite 62

Karte ▸ Seite 78

Probstheide

Von Biesenthal in die Probstheide

Diese Tour bietet sich als schöne Wanderung oder Radtour an. Die Strecke führt über die Langerönner Mühle zum Baden am Mechesee und weiter durch Waldgebiet nach Anglersruh. Mit der Erweiterungsmöglichkeit (ab Bushaltestelle Anglersruh, Bernau) sollte man sie als Radtour planen. Die Wege sind meist zum Radeln gemacht.

Gestartet wird am etwas außerhalb gelegenen und unscheinbaren **Bahnhof Biesenthal** nordöstlich von Berlin. Man folgt zunächst der Bahnhofstraße nach Nordwesten. Bereits an der nächsten Kreuzung wird nach Südwesten (links) in die Hellwigstraße abgebogen, die kurz darauf in die Beethovenstraße übergeht. Kurz vor dem Ende der Straße geht man nach Westen (rechts) in den **Adlerweg** ❶. Auf diesem Weg wird Biesenthal verlassen und weiter geht es auf der schönen Allee bis zum Danewitzer Weg, wo man sich nach Nordwesten (rechts) wendet. Nach der Überquerung der Rüdnitzer Chaussee fährt oder wandert man auf der Berliner Chaussee vorbei am **Streesee** und einem historischen Friedhof.

Nach einiger Zeit biegt die **Berliner Chaussee** nach Norden (rechts) ab. An dieser Stelle ❷ wird die Chaussee verlassen und weiter geht es nach Süden (links) auf dem **Radfernweg Berlin–Usedom** in Richtung Lobetal. Nach etwa 400 Metern kommt man an einem Wegweiser vorbei, der auf die nächsten Etappenziele hinweist: zuerst auf die 2,8 Kilometer entfernte Langerönner Mühle und auf die danach folgende Ortschaft Lobetal mit dem Mechesee. Der folgende schöne Radweg durch das **Naturschutzgebiet Biesenthaler Becken** führt direkt zur **Langerönner Mühle,** die sich am gleichnamigen Fließ befindet ❸. Die zu DDR-Zeit hermetisch abgeriegelte Wassermühle wurde 1375 erstmalig in Büchern erwähnt. Auf der anderen Wegseite befindet sich das damalige Gutsverwalterhaus.

Vorbei an der verlassenen Mühle fährt man geradeaus weiter nach Südwesten. 1 Kilometer weiter wird an einer Kreuzung, circa 500 Meter vor der Ortschaft Lobetal, der asphaltierte Radweg nach Westen (rechts) in Richtung Mechesee verlassen. Nach etwa 600 Metern endet der Weg auf einem anderen Waldweg, der nach Süden (links) hinunter zum **Mechesee** führt. An einem Platz vor dem See hält man sich links und läuft an einer kleinen **Badebucht** vorbei. Mit dem Fahrrad muss witterungsbedingt an dieser Stelle geschoben werden. Auf der anderen Seite der Bucht geht der Weg leicht bergauf weiter bis zum nächsten Abzweig nach rechts. Vorbei an einer Wegsperrung erreicht man nach wenigen Metern den Bethelweg in der Ortschaft **Lobetal** (Informationen zur Ortschaft Lobetal ▸ Seite 73).

Auf dem Bethelweg kommt man zur **Bodelschwinghstraße,** hier wendet man sich nach Westen (rechts) ❹. Die gesamte Ortschaft ist verkehrsberuhigt. Am Dorfplatz steht das Haus der Haupt-

Der klare Mechesee

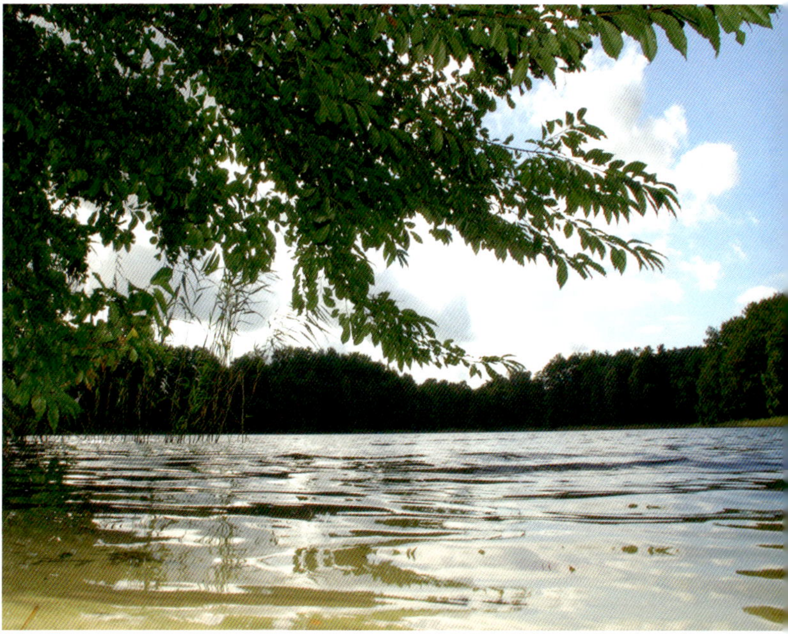

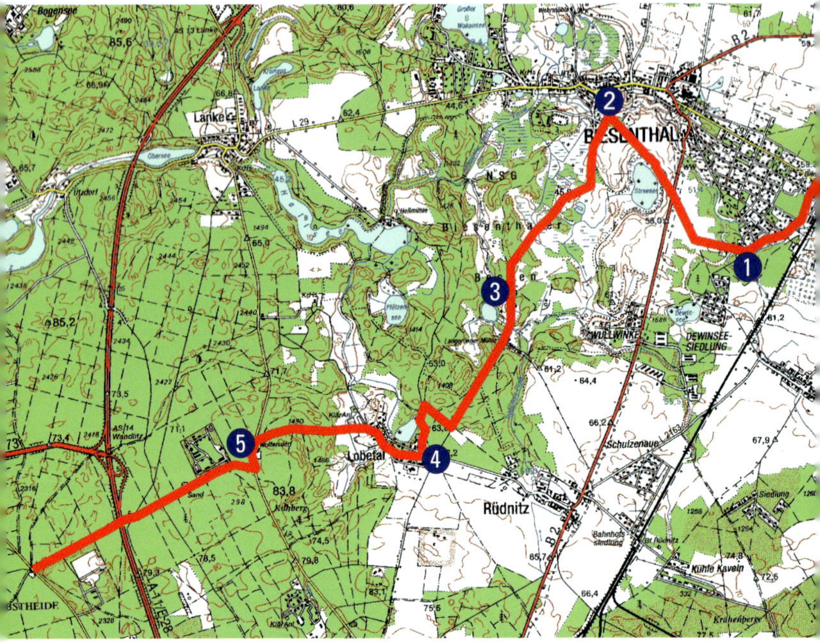

verwaltung, auf dessen Rückseite sich ein kleiner Laden befindet. Wer möchte, kann sich dort stärken. Die Tour geht weiter in der Verlängerung der Bodelschwinghstraße auf den Woltersdorfer Weg. Ein paar schöne Wiesen und Waldstücke später steht man an der Lanker Straße. Die Häuseransammlung trägt den Namen **Woltersdorf** **5**. Auf der Lanker Straße hält man sich ein kurzes Stück südlich (links), bis nach wenigen Metern, nach einer leichten Kurve, wieder ein Weg nach Westen (rechts) in den Wald führt. Hier geht es ein ganzes Stück nach Südwesten bis zur Autobahnbrücke über die A 11. Nach der Überquerung einfach dem Weg geradeaus folgen und nach weiteren 1,2 Kilometern wird die Wandlitzer Chaussee erreicht. An der Hundepension endet diese Wandertour. Eine der Buslinien bringt den Wanderer zum S-Bahnhof Bernau.

Die Radler können sich entscheiden, ob sie nach Nordwesten (rechts) auf der Wandlitzer Chaussee zum Bahnhof Wandlitz fahren oder nach Südosten (links) in Richtung S-Bahnhof Bernau radeln.

Wegweiser in Woltersdorf

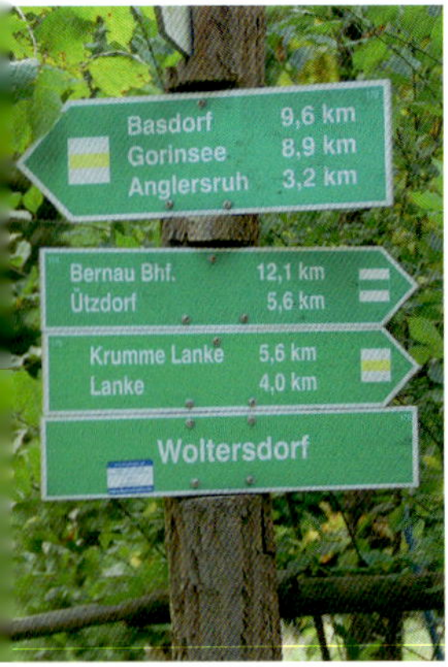

Revier Albertshof

Ein Revier zum Suhlen

Dieser etwa 13 Kilometer lange Rundgang durch das Revier Albertshof startet und endet am Bahnhof Rüdnitz. Für Wanderbegeisterte ideal, um die Touren durchs Biesenthaler Becken (▸ Seite 70) oder die Willmersdorfer Heide (▸ Seite 82) anzuschließen.

Mit dem Zug aus Berlin angereist, verlässt man den Bahnsteig in Fahrtrichtung. Auf der Bahnhofstraße wendet man sich nach Südosten (rechts). Nach etwa 40 Metern geht hinter einer rot-weißen Schranke ein Weg nach Südwesten (rechts) ab. Die ersten Meter verlaufen auf der gleichen Strecke wie auf der Wanderung durch die Willmersdorfer Heide (▸ Seite 82). Am freien **Kompostierplatz** führt ein Weg nach Südosten (links) in den Wald. Nun geht es immer geradeaus. Nach etwa 250 Metern wird ein breiter Weg gekreuzt und nach weiteren 750 Metern ist auf der rechten Seite ein etwa 2 Meter **hoher Wall** zu sehen ❶. Das ist die ehemalige Bahntrasse nach Albertshof (Feldbahn ▸ Seite 82).

Wenig später kreuzt der Weg den ehemaligen Bahndamm und endet nach einigen Metern auf einem anderen breiten Weg. Hat man die Schranke passiert, läuft man weiter nach Nordosten (links). 1 Kilometer weiter erreicht man eine **kleine, wenig befahrene Straße** ❷. Auf dieser geht es ca. 600 Meter entlang nach Süden (rechts), bis man zwischen den Feldern und Wiesen links einen Weg abgehen sieht. Dort wird die Straße verlassen und dem Weg am Waldrand bis zum nördlichsten Punkt der Feldwiese gefolgt.

Hier führt ein Schotterweg nach Osten in den Wald hinein. Vorbei an einer Birkenschonung gelangt man schließlich auf einen **querenden Weg** ❸, auf dem es weiter nach Nordwesten (links) geht. Dieses Waldgebiet trägt den Namen **Danewitzer Fichten** und an der nächsten Kreuzung stehen auf der linken Seite einige der großen Namensgeber. Wer den Wald dort genauer betrachtet, kann sehen, wie im Schutz der angrenzenden Kiefern neue Fichten wachsen.

Wanderung

Start/Rückfahrt
Bhf. Rüdnitz

Länge
ca. 13 km

Dauer
ca. 4,5 Stunden

Kombinierbar mit
Biesenthaler Becken
▸ Seite 70
Willmersdorfer Heide
▸ Seite 82

Karte ▸ Seite 80

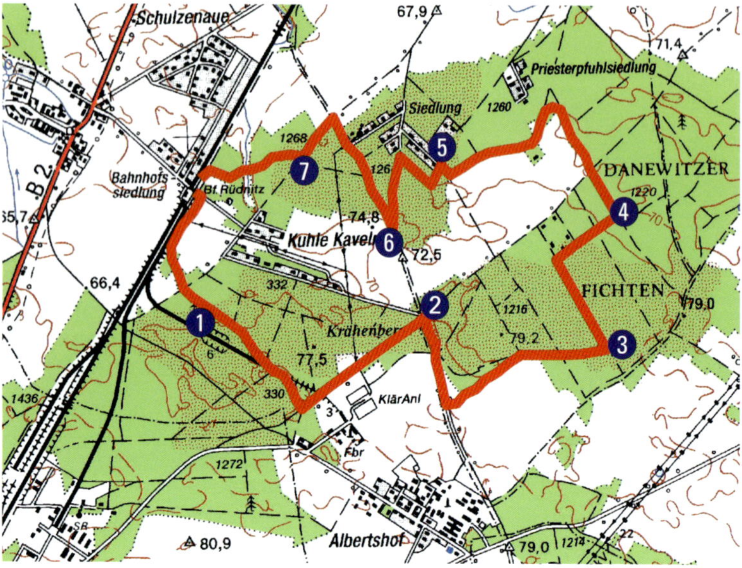

An der Kreuzung biegt man nach Nordosten (rechts) ab. Mit etwas Glück kann man auf oder neben der Strecke eine **Wildschweinsuhle** sehen ❹.

Wildschweinsuhle

Eine Suhle ist eine Bodensenke, die durch zusammengelaufenes Regenwasser eine große Schlammpfütze bildet. Darin suhlen sich die Wildschweine, um zum einen Parasiten im Fell loszuwerden und zum anderen im Sommer eine angenehme Kühlung zu erhalten.

Am Ende dieses Weges folgt man dem Weg nach links. Nach einiger Zeit (an einer Schranke) öffnet sich der Blick auf eine **große Wiese**. Am Waldrand entlang nach Nordwesten (geradeaus) verlässt man für kurze Zeit die große Freifläche. Am nächsten Abzweig wandert man in einer lang gezogenen Linkskurve auf einen Weg, der nun am nördlichen Rand der Lichtung entlangführt. Am Ende, wo der Weg entweder hinaus auf die Freifläche führt oder zurück in den Wald hinein, entscheidet man sich für den Wald. Schon wenige Meter später kommt man zu einer kleinen **Siedlung** ❺. Die Siedlung rechter Hand, geht es nach Südwesten (links) weiter. Der Waldweg biegt bald nach Nordwesten (rechts) ab. Folgt man diesem Weg, läuft man direkt auf eine große **Lachtenkiefer** zu.

Restaurant Rüdnitzer Reiterstübchen
Getränke und gutbürgerliche Küche auch für Nicht-Reiter.
Bahnhofstraße 21
16321 Rüdnitz
Tel. (01 72) 9 23 72 45
Sa/So 10–20 Uhr

Lachten

Lachten sind die mit einem Reißhaken zugefügten Risse in einem Baumstamm, die für die Harzgewinnung wichtig sind. Wie man dort sehr gut sehen kann, werden nach dem partiellen Entfernen der Rinde Rinnen im Fischgrätmuster in das Holz der Kiefer gerissen. Der Baum produziert nun mehr Harz, um diese „Wunden" zu versiegeln. Das Harz fließt durch die Rinnen in die Mitte der Lachte und von dort in eine Höhlung. Diese nennt sich Grandel. Von dort gelangt der Harzbalsam in einen Auffangbehälter. Aus diesem Harz wurde Terpentinöl und Kolophonium gewonnen.

Vorbei an der Lachtenkiefer läuft man auf einem schmalen Pfad bis zum nächsten breiteren Weg. In der Mitte des Pfades befindet sich ein **Jagenstein** (▸ Seite 71) mit der Nummer 22. Hier geht es nach Nordwesten (links) bis zur nächsten **Lichtung.** Man folgt dem Weg aber nicht über die Lichtung, sondern zweigt kurz davor im spitzen Winkel nach Nordwesten (rechts) ab ❻. Vorbei an einem Ausläufer der Waldsiedlung erreicht man bald eine neue Lichtung. Der Weg geht nach Westen (links) ab und führt nach einem kurzen Stück am Feldrand wieder in Richtung Südwesten in den Wald. Auf der schnurgeraden Strecke findet man nach einigen Metern einen **Wegweiser,** der unter anderem zum Bahnhof Rüdnitz zeigt ❼. Von dort wird nur noch der **gelben Markierung auf weißem Grund** gefolgt. Zwischen zwei Pferdekoppeln schlängelt sich der schmale Pfad bis zum Bahndamm. Noch ein kurzes Stück nach Südwesten (links) und man steht wieder am Ausgangspunkt der Wanderung.

Wer diese Tour an einem Wochenende macht, kann sich nun auf dem angrenzenden Reiterhof im „Rüdnitzer Reiterstübchen" stärken und die Wartezeit auf die Bahn verkürzen.

Faszinierende Gewitterstimmung

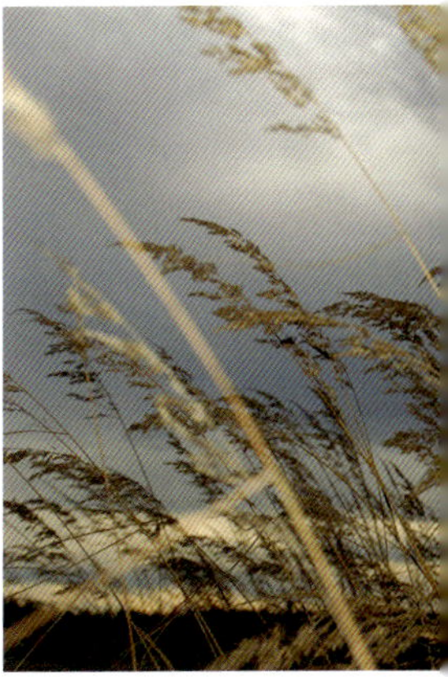

Radtour
Wanderung

Start/Rückfahrt
Bhf. Rüdnitz

Länge
ca. 18 km

Dauer
ca. 2,5 Stunden (Radtour)

Kombinierbar mit
Biesenthaler Becken
▸ Seite 70
Revier Albertshof
▸ Seite 79

Willmersdorfer Heide

Eine Hüttentour in die Willmersdorfer Heide

Die abwechslungsreiche Tour durch die Willmersdorfer Heide startet am Bahnhof Rüdnitz. Dieser Bahnhof hat den Vorteil, dass er gerade noch zum Tarifgebiet C des Berliner ÖPNV gehört. Wenn man nicht zu den ausdauernden Wanderern zählt und einen die teils sandigen Pfade nicht schrecken, plant man diesen Ausflug am besten als Radtour.

In Fahrtrichtung verlässt man den Bahnhof und fährt dann erst einmal nach Südosten (rechts) – und 40 Meter weiter ein zweites Mal nach rechts. Dem beschrankten Weg folgt man nach Südwesten entlang eines rechter Hand liegenden Gemüsefeldes. Hier ein kleiner Tipp: Das Wegstück wird von **wilden Pflaumenbäumen** gesäumt. Sollte die Tour erst im Spätsommer gemacht werden, können die Früchte schon zum ersten Stopp verführen.

Wo das Gemüsefeld endet, zweigt ein versteckter Pfad nach links ab. Hier biegt man vorbei an einem Schild mit der Aufschrift „Waldweg" nach Südosten in den Wald ein ❶ und fährt ca. 250 Meter bis

Die Feldbahn

Die Gleise der Feldbahn wurden in diesem Gebiet weitverzweigt angelegt und führten allesamt von den Feldern nach Albertshof. Und das nur aus einem Grund: Früher befand sich in Albertshof eine große Abdeckerei, in der Tierkadaver vernichtet oder weiterverarbeitet wurden. Die Feldbahntrasse führte an dieser Stelle in Richtung Westen (rechts), unter der Fernbahntrasse hindurch. Die Brücke, über die die Züge von und nach Berlin fuhren, trug den Namen Bullerbrücke. Das ging auf das bullernde Geräusch zurück, das entstand, wenn die Züge die Brücke überquerten. Später wurde diese Unterführung aber zugeschüttet.

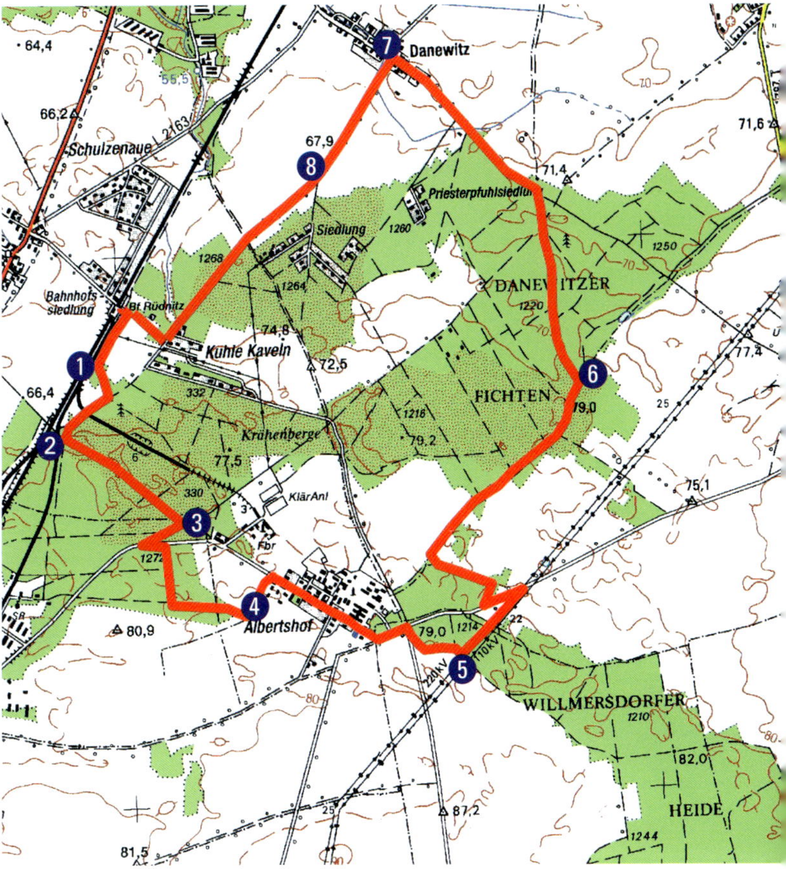

zum nächsten kreuzenden, breiten Weg. Hier geht es nach Südwesten (rechts). Der Weg endet wieder auf einem querenden Weg. An dieser Stelle befand sich früher das Gleisbett der **Feldbahn**.

Der Weg führt an der Stelle nur in Richtung Osten (links) weiter ❷. Kurze Zeit später erreicht man den ersten **Rastplatz, ein Blockhaus,** das dort von engagierten Waldarbeitern der Berliner Forsten als Schutzhütte für Waldbesucher errichtet wurde. Es lohnt sich, die Handwerkskunst genauer zu betrachten. Im original kanadischen Blockhausstil wurde die Hütte 2005 aus ca. 40 Kiefernstämmen gebaut. Jeder Stamm wurde individuell angepasst, sodass

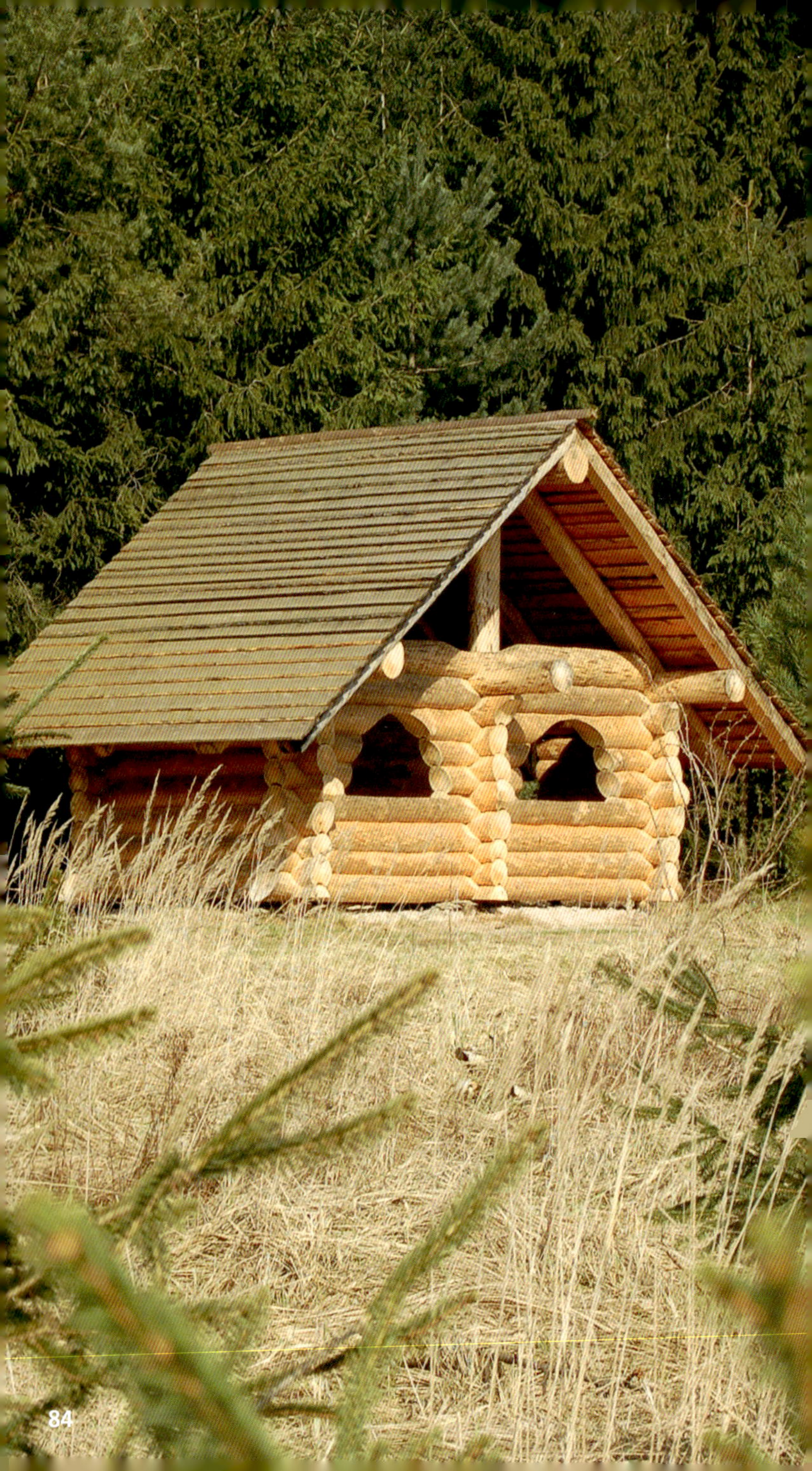

keine Lücken zwischen den massiven Stämmen entstehen konnten. Mit einer speziellen Bearbeitungstechnik wurden die Stämme ohne Schrauben und Nägel verbunden.

Nach einer kleinen Pause geht es auf einem etwas sandigen Wegstück ca. 650 Meter weiter bis zu einer großen Waldkreuzung. Man befindet sich nun mitten auf der historischen **Alten Heerstraße** ❸.

Seit über 800 Jahren gibt es diesen Weg. Der strategische Verbindungsweg führte von Berlin-Spandau über Blankenfelde und Eberswalde Richtung Osten. Auch Napoleon nutzte diesen Weg mit seinen Truppen auf dem Russlandfeldzug.

Dort radelt man jedoch nicht auf den Spuren Napoleons nach Osten bis zur russischen Grenze, sondern nur ein paar Hundert Meter nach Südwesten (rechts) bis zur **Albertshofer Chaussee.** Auf dieser wenig befahrenen Chaussee wird ca. 200 Meter nach Osten (links) gefahren und dort auf der rechten Seite in den nächsten beschrankten Waldweg eingebogen. Um einen nach ca. 100 Meter quer über dem Weg liegenden Baumstamm schiebt man am besten rechtsherum vorbei. Am Ende des Weges stößt man wieder auf einen querenden Weg, der an einem Zaun entlangführt. Hier fährt man in Richtung Osten (links), bis sich nach einer kleinen Rechtskurve der **Blick über die Felder nach Albertshof** öffnet. An der Waldkante wird ein Weg erreicht, der links nach Albertshof und rechts hinaus auf die Felder leitet ❹. Auch dieser Weg war eine Feldbahntrasse. Man hält sich Richtung Osten (links) und erreicht so die Rüsternstraße, die Hauptstraße des Örtchens **Albertshof.** Hier wendet man sich nach rechts, durchquert den Ort und folgt an dessen Ende der abknickenden Vorfahrtsstraße nach links. **Achtung:** Auf dem nun folgenden Teil der Strecke herrscht viel Verkehr und es gibt keinen Fußgänger- und Radweg!

Nach 250 Metern gelang man an eine Kreuzung. Hier biegt man zunächst nach rechts und dann gleich wieder links auf einen unasphaltierten Feldweg ab. Diesem folgt man, bis man eine Hochspannungstrasse erreicht. Kurz vor der Schneise steht an der Waldkante die nächste **Schutzhütte** ❺.

Dieses auffällige und aufwendig gebaute Kanada-Blockhaus ist ein echter Hingucker. Die Schutz-

Foto links: Schutzhütte für Waldwanderer kurz hinter Albertshof

hütte wurde 2008 aus ca. 35 Kiefern gebaut. Die Bauweise ist die gleiche wie bei der ersten Hütte, nur dass sich hier der Künstler deutlich mehr mit dem Detail beschäftigt hat. Alle Verbindungen halten auch hier ohne Schrauben und Nägel. Nur das Dach aus Douglasie wurde verschraubt. Die ganze Konstruktion steht auf haltbaren Robinienpfählen.

Nach einer Pause am Blockhaus wendet man sich wieder zurück auf den Feldweg und folgt ihm weiter nach Südosten (links). Man unterquert die Stromleitungen, um direkt danach erneut in Richtung Nordosten (links) auf einen schmalen Pfad abzuzweigen. Parallel zur **Hochleitung** geht es bis zum nächsten Weg, der nach Nordwesten (links) bis zum Waldrand führt. Hier muss ein Stück nach rechts am Feldrand entlang gefahren oder geschoben werden, bis man den Bernauer Damm erreicht. Auf dem Randstreifen geht es ein kurzes Stück nach links und bald kann man auf der anderen Seite wieder nach rechts in den Wald fahren. Der Weg macht einen Knick nach Westen (links) und führt am Waldrand parallel zu

Hinter Danewitz biegt man von der Straße in eine Kirschallee ab 8

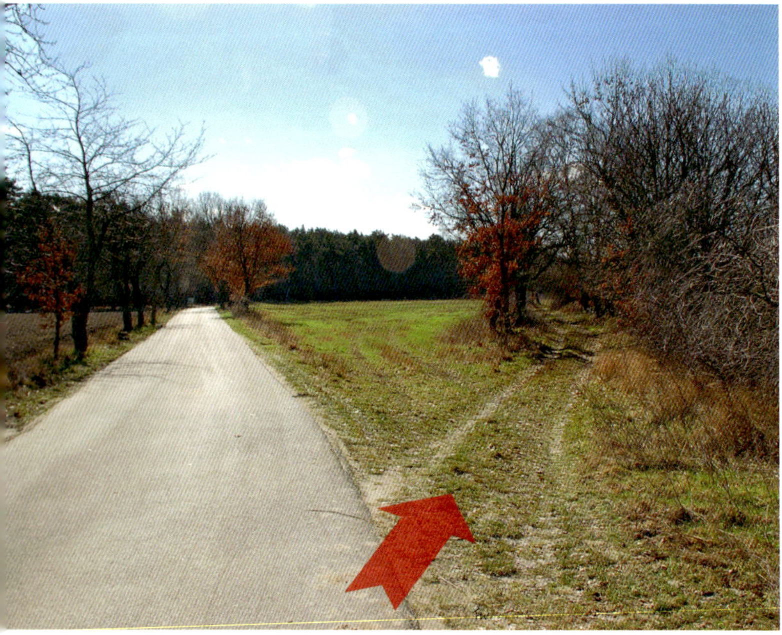

einem Feld bis zum nächsten Feldweg. Auf diesem Weg kommt man in Richtung Nordosten (rechts) an einem von mehreren **Windrädern** vorbei und taucht anschließend wieder in den Wald ein. Nun wird immer nur dem Weg gefolgt, bis ein breiterer Waldweg nach Norden (links) abgeht. Hier steht auch der **Jagenstein** (▸ Seite 71) mit den Nummern 19/56 ❻. Nach einiger Zeit wird eine **rot-weiße Schranke** erreicht. Hat man diese umfahren, kreuzt man wieder die historische Alte Heerstraße. Es geht weiter geradeaus und nach einem leichten Wegeknick nach Nordwesten (links) steuert man auf diesem breiten Weg hinaus aus dem Wald und hinein nach **Danewitz.** Im schönen Ortskern kann man für eine Stärkung einen Abstecher zum **Gasthof „Alter Krug"** machen. Dazu einfach vorfahren bis zur Kirche und nach rechts auf die Dorfstraße einlenken. Nach einigen Metern hat man den Gasthof auf der linken Straßenseite erreicht ❼.

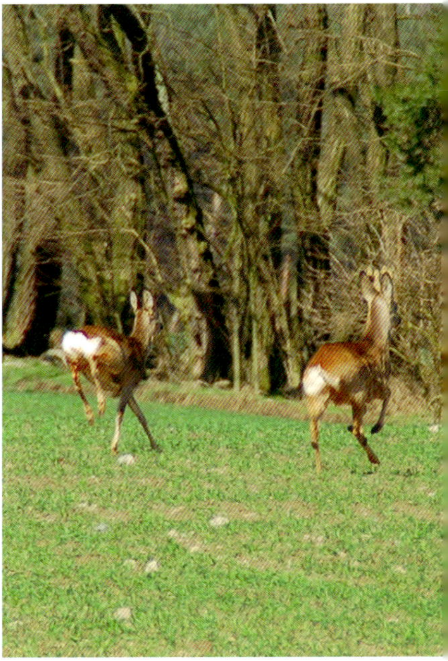

Scheue Rehe auf der Flucht in die Danewitzer Fichten

Die Tour geht am hölzernen Wegweiser im Ortskern weiter. Direkt daneben steht ein gelber Wegweiser zur Priesterpfuhlsiedlung. Auf dieser Straße geht es nach Südwesten (links), zurück in Richtung Bahnhof Rüdnitz. Links und rechts des Weges stehen **alte Kirschbäume,** von denen im Sommer süße Kirschen genascht werden können. Wenn die Straße in einer Linkskurve verläuft, fährt man geradeaus weiter auf dem unbefestigten Weg ❽. Jetzt kann man sich kaum noch verfahren. Denn ab hier geht es immer nach Südwesten, bis man nach ca. 1,5 Kilometern in die Siedlung **Kühle Kaveln** einfährt. Dort nach Nordosten (rechts) in die Bahnhofstraße einbiegen und vorbei an einem Pferdegestüt erreicht man wieder den Bahnhof Rüdnitz.

Gasthof Alter Krug
Biesenthaler Original mit klassischer deutscher Küche.
Dorfstraße 45
16359 Biesenthal,
OT Danewitz
Tel. (0 33 37) 4 51 32 38
Di/Do ab 11 Uhr, Mi/Fr ab 17 Uhr, Sa/So ab 10 Uhr

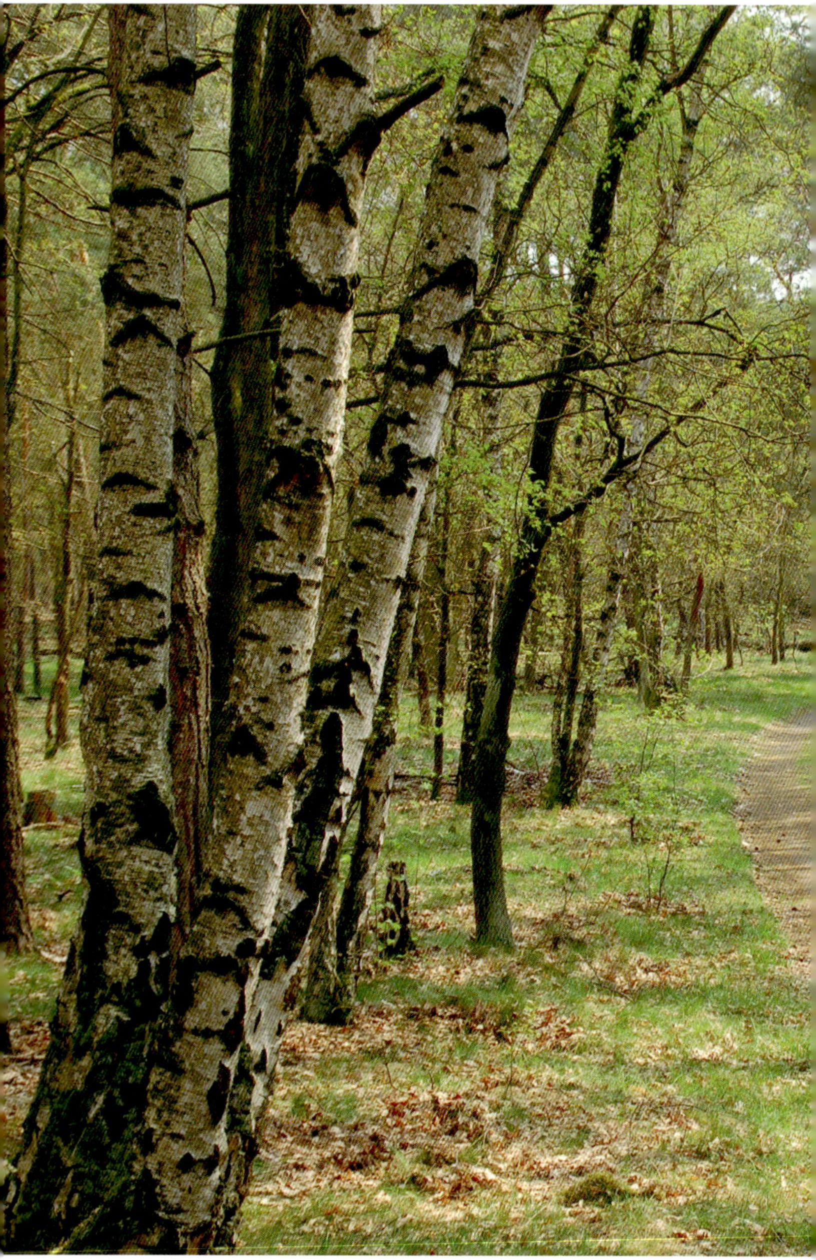

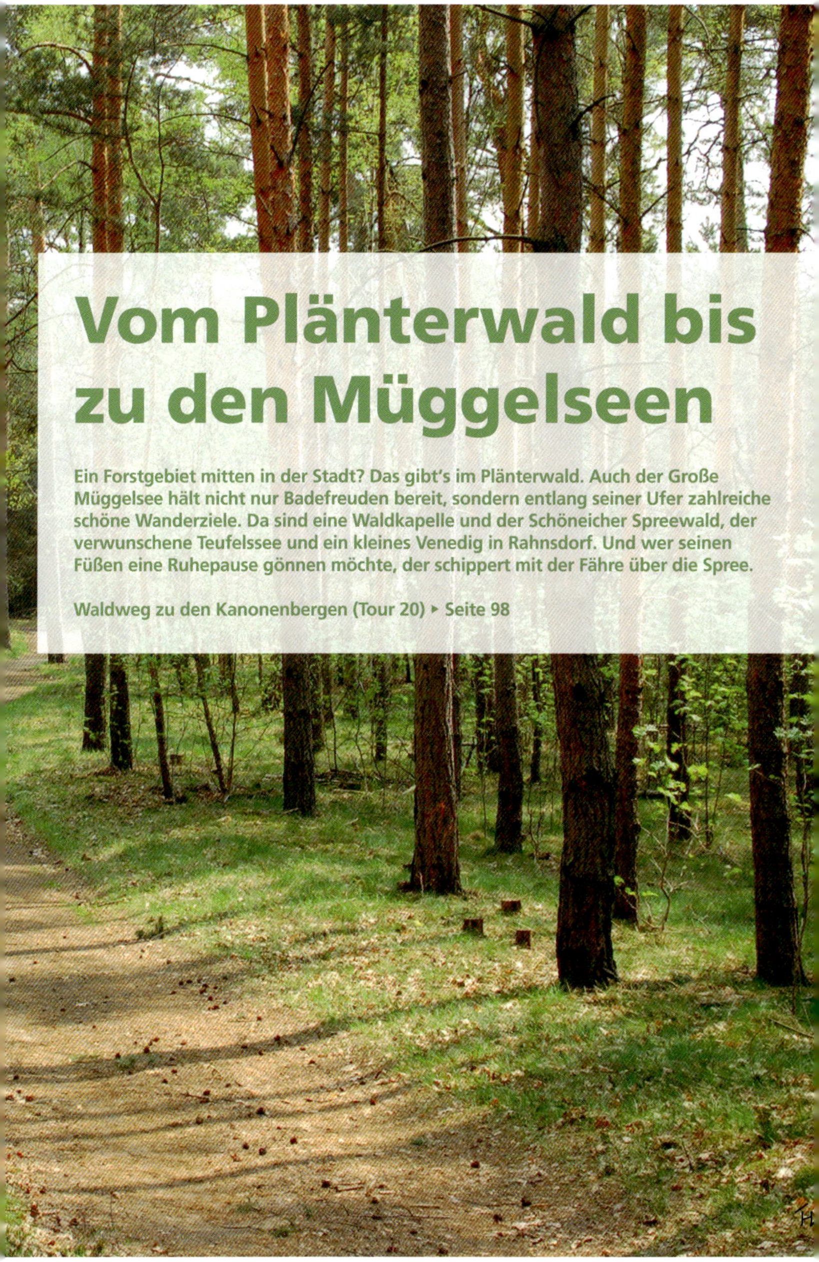

Vom Plänterwald bis zu den Müggelseen

Ein Forstgebiet mitten in der Stadt? Das gibt's im Plänterwald. Auch der Große Müggelsee hält nicht nur Badefreuden bereit, sondern entlang seiner Ufer zahlreiche schöne Wanderziele. Da sind eine Waldkapelle und der Schöneicher Spreewald, der verwunschene Teufelssee und ein kleines Venedig in Rahnsdorf. Und wer seinen Füßen eine Ruhepause gönnen möchte, der schippert mit der Fähre über die Spree.

Waldweg zu den Kanonenbergen (Tour 20) ▸ Seite 98

Wanderung

Start
S-Bhf. Baumschulenweg

Länge
ca. 6 km

Dauer
ca. 2 Stunden

Rückfahrt
S-Bhf. Treptower Park

Plänterwald

Vom Plentern und Planschen

Der Plänterwald: 89 Hektar Wald mitten in der Stadt und doch so ruhig und vielfältig.

Die Wanderung beginnt am S-Bahnhof Baumschulenweg. In nordöstlicher Richtung wird einfach der Baumschulenstraße gefolgt. Nach der Überquerung der Köpenicker Landstraße endet die Straße nach ca. 400 Metern an der Spree. Kurz vor der Wendeschleife geht es links auf einem breiten asphaltierten Weg, der Kiehnwerderallee ❶, in den **Plänterwald**.

Der Kiehnwerderallee wird einige Meter gefolgt, bis auf der östlichen Seite (rechts) ein weiterer Weg zum Fähranleger der BVG-Fähre F11 abgeht. Auf diesem geht man an das Spreeufer und läuft nun nach Norden entlang der Spree. Nach einem Kilometer befindet man sich ungefähr auf der Höhe der **Spreeinsel Bullenbruch** ❷, die auf der anderen Uferseite zu sehen ist. Die Bäume zwischen dem Uferweg und der Spree sind teilweise nummeriert. Erreicht man den Baum mit der Nummer „A 539", befindet man sich direkt an einem Abzweig zurück in den Wald. Auf diesem nach Südwesten (links) abknickenden Pfad durchquert man,

Plänterwald

Der Plänterwald liegt im gleichnamigen Ortsteil des Bezirkes Treptow-Köpenick und wurde 1760 am Spreeufer angelegt. Der Name Plänterwald ist abgeleitet vom Plenterwald. Ein Plenterwald zeichnet sich durch die Bewirtschaftungsart des Plenterns aus. „Plentern" bedeutet die Entnahme von einzelnen Bäumen, um in den entstandenen Lücken Schatten ertragenden Baumarten wie der Buche die Möglichkeit zur natürlichen Verjüngung zu geben. 1876 wurde der Plänterwald dann nicht mehr nur ausschließlich forstwirtschaftlich genutzt, sondern auf nordwestlicher Seite durch den Treptower Park als Naherholungsgebiet ergänzt.

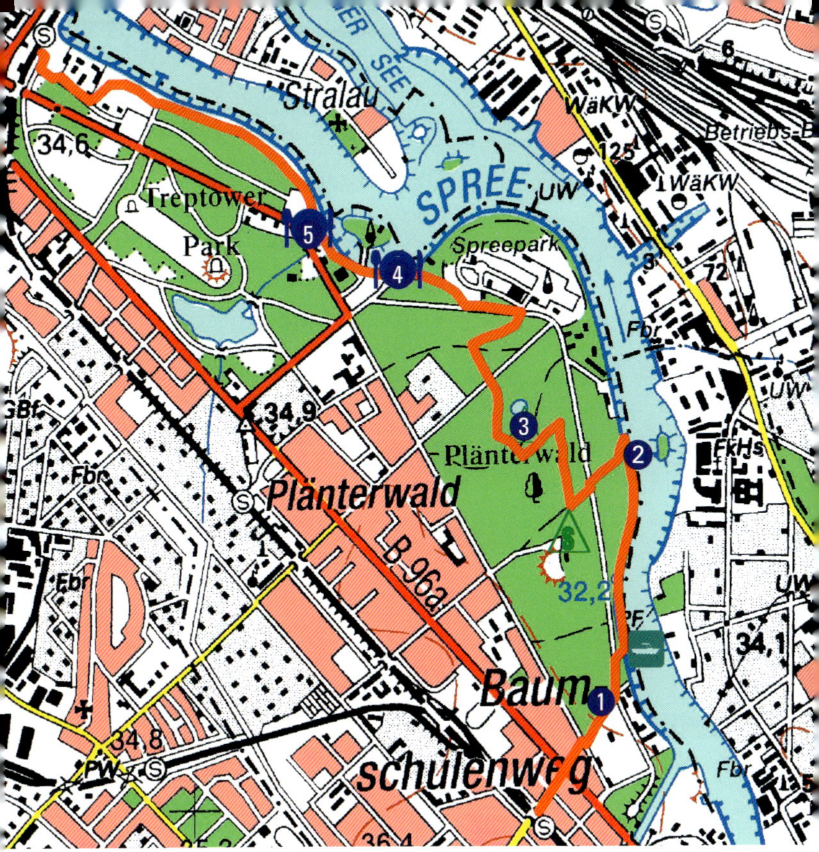

je nach Jahreszeit, grüne, duftende Wunderlauchfelder (nur im Frühjahr). Dieser Pfad führt erneut zurück auf die Kiehnwerderallee. Die wird jedoch nur überquert und leicht nach links versetzt folgt man dem Weg zwischen zwei Holzpfählen hindurch. Dies ist die verlängerte Eichbuschallee. Schon nach wenigen Metern kommt man auf einen kleinen Spielplatz mit einem Schutzpilz. Direkt neben dem Schutzpilz (rechts) geht es weiter auf einem schmalen Weg wieder nach Norden durch einen jungen Buchenbestand bis zu einer Weggabelung an einem liegenden großen Buchenstamm, umgeben von einer Bruchholzsammlung. Hier zweigt man nach Südwesten ab, in den Weg links an dem alten Baumstamm vorbei. Rechter Hand sieht man bereits die Anlage der Waldschule Plänterwald und des Wirtschaftshofes vom Forstamt Köpenick. Als Orientie-

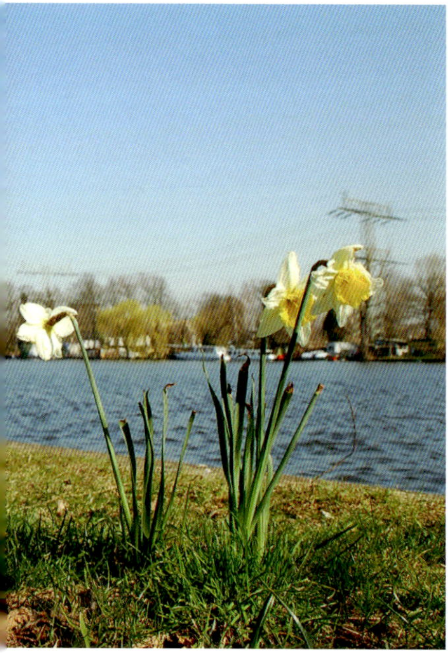

Spreeblick vom Plänterwald

rung für den weiteren Verlauf ist es gut zu wissen, dass dieses Gelände ab dort weiträumig umgangen wird. Das heißt, man sieht auf der rechten Seite immer wieder das Gebäude der Waldschule.

Auf diesem Weg läuft man geradewegs auf eine kleine Lichtung zu. Nach einem Rechtsschwenk in nordwestliche Richtung geht es weiter über einige querende Wege, bis unser Weg leicht rechts abknickend in einen breiteren übergeht. Dieser verläuft schnurgerade bis zum Dammweg. Unterwegs steht rechter Hand ein Schild zur **Waldschule Plänterwald.**

Direkt neben der Waldschule ❸ befindet sich auch die sogenannte **Plansche.** Die Plansche ist ein **Wasserspielplatz,** der im Sommer sehr gern besucht wird. Neben einem großen flachen Wasserbecken findet man dort auch einen Spielplatz.

Der befahrbare Dammweg wird nur überquert und es geht auf der anderen Seite weiter in Richtung Norden. Schon nach wenigen Minuten trifft man auf einen breiten, gepflasterten Weg. Das ist der Zubringer zum **Spreepark**. Dem Weg folgt man nach Osten (rechts) bis zu den Toren des ehemaligen Vergnügungsparks.

Die Tour führt nun entlang des Zaunes nach Westen (links) bis zur Promenade an der Spree. Hinter dem hohen Zaun des Spreeparkgeländes sind noch vereinzelt Reste der Häuser und Fahrgeschäfte zu sehen.

Am Spreeufer angekommen verlässt man (linksherum) den Berliner Wald und wechselt über die Bulgarische Straße in den **Treptower Park.** Hier liegt auch das Restaurantschiff „Klipper“ ❹ vor Anker. Im Hintergrund sieht man die lange, gebogene Abteibrücke. Durch ein kleines Tor kann man direkt unter der Brücke hindurchgehen. Sie verbindet das Berliner Festland mit der **Insel der Jugend.** Ein Abstecher auf die Insel ist ohne Zweifel lohnenswert.

Waldschule Plänterwald
Wer sich für die Arbeit der Waldschule interessiert, kann sich hier nach vorheriger telefonischer Anmeldung informieren.
Dammweg 1b
12437 Berlin
Tel. (0 30) 53 00 09 70
www.inu-berlin.de/inuws/wspl/index.php

Restaurantschiff Klipper
Der alte Frachtensegler bietet ein Sonnendeck und eine große Terrasse.
Bulgarische Straße
12435 Berlin
Tel. (0 30) 53 21 64 90
www.klipper-berlin.de
Tgl. 10–1 Uhr

Spreepark

Der Spreepark wurde 1992 eröffnet und bis 2001 betrieben – der Betreiber ging pleite. Hier liefen zahlreiche Fahrgeschäfte und viele Attraktionen wurden gezeigt. Bereits vor 1992 war der Ort als Vergnügungspark bekannt. 1969 wurde hier der Kulturpark Berlin gegründet und war damals schon beliebter Ausflugsort. Vor der Maueröffnung zählte der Kulturpark Berlin jährlich 1,5 Mio. Besucher. Nach vielen vergeblichen Versuchen, neue Investoren für den Park zu finden, wird das Gelände seit 2016 von der landeseigenen Grün Berlin GmbH verwaltet, die es als einen Kultur- und Erholungspark wiederherstellen möchte. Bis dahin ist der Zutritt nur im Rahmen von Führungen möglich.

Führungen durch den früheren Spreepark
Die Grün Berlin GmbH veranstaltet regelmäßig Führungen durch das Gelände.
Erwachsene 5 Euro, Kinder 3 Euro
Tel. (0 30) 28 01 83 20
www.gruen-berlin.de/spreepark

Weiter entlang am Spreeufer streift man den Biergarten des Hauses Zenner. Der „Zenner“ 5 zählt zu den ältesten Traditionslokalen Berlins. Schon Mitte des vorigen Jahrhunderts war der Zenner mit seinem

Bunte Ruinen des Vergnügens: am Spreepark

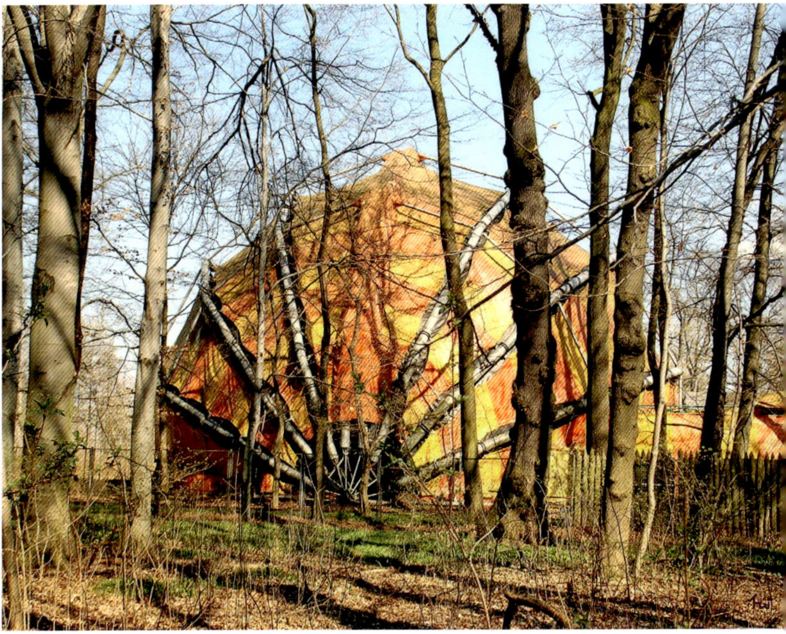

Restaurant Haus Zenner
Traditionslokal mit Berlins größtem Biergarten.
Alt-Treptow 14–17
12435 Berlin
Tel. (0 03) 5 33 73 70
www.hauszenner.de
Mi–Sa 12–22, So 10–21 Uhr

Biergarten ein beliebtes Ausflugsziel. Das damalige Motto „hier können Familien selber Kaffee kochen" lockte viele Berliner in den Biergarten.

Nach einer ausgiebigen Pause in einem der beiden Ausflugslokale wird die letzte Tagesetappe in Angriff genommen. Von dort kann man in aller Ruhe weiter in Richtung Nordwesten durch den Treptower Park laufen. Dabei spielt es auch keine Rolle, ob man direkt weiter auf der Uferpromenade läuft oder vorbei an der großen Wiese im Park. In der Ferne ist bereits der „Treptower" zu sehen, ein großes Hochhaus einer Versicherungsagentur.

Nördlich des Treptower Parks, und damit auch am Ende der Wanderung, befindet sich ein großer Anleger für Fahrgastschiffe, von dem aus man nun per Boot in die Berliner Innenstadt fahren kann. Wer nicht mit dem Schiff zurückfahren will, hat die Möglichkeit, von dort mit den öffentlichen Verkehrsmitteln diese schöne Wanderung zu beenden.

Restaurantschiff Klipper

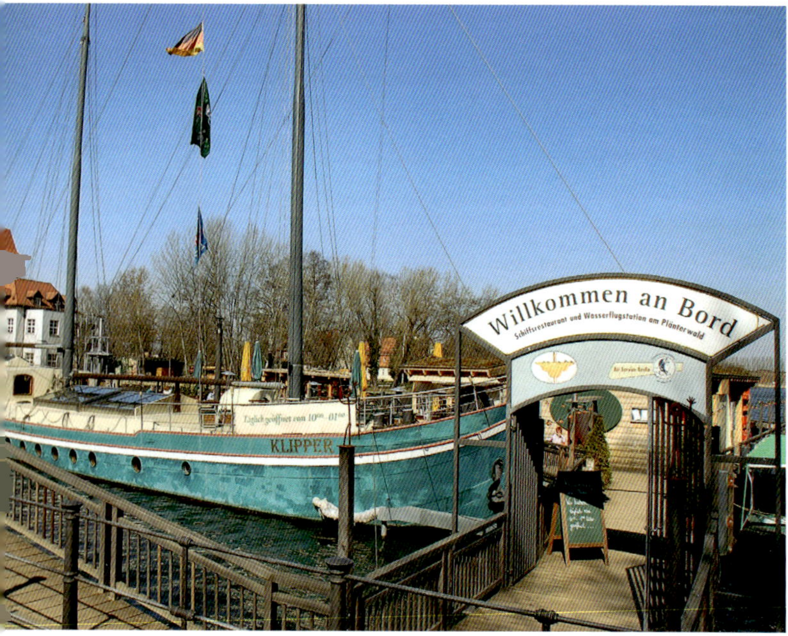

Müggelsee

Unterwegs an Müggelsee und Mühlenfließ

Diese Tour führt am Ufer des Müggelsees entlang nach Rahnsdorf. Dabei durchquert man ein Feuchtgebiet und kommt an einem Stausee vorbei.

Spaziergang

Start
Tram 61 Haltestelle Fürstenwalder Damm

Länge
ca. 5 km (bis Rahnsdorf)

Dauer
ca. 1,5 Stunden (bis Rahnsdorf)

Rückfahrt
S-Bhf. Rahnsdorf

Kombinierbar mit
Köpenicker Bürgerheide
▸ Seite 110

Karte ▸ Seite 97

Der Spaziergang startet an der Straßenbahnhaltestelle Fürstenwalder Damm der Linie 61 ❶. In südlicher Richtung und nach Überquerung des Müggelseedammes erreicht man schnell das Ufer des Müggelsees. Die folgenden ca. 900 Meter schlängeln sich entlang der Wasserkante mit einem schönen Blick der Sonne entgegen über den **Müggelsee** (▸ Seite 111). Am Strandbad Müggelsee kann man sich entscheiden, ob man die nächsten 800 Meter durch das Strandbadgelände am Wasser entlang oder außerhalb entlang des Zaunes auf einem breiten, befestigten Bürgersteig zurücklegen möchte. In beiden Fällen hat man weiterhin einen schönen Blick über das Strandbad auf das Wasser.

Am Ende der Umzäunung führt ein Zubringerweg zur **Revierförsterei Müggelsee** ❷. Das Gelände der im Wald liegenden Försterei und eines privaten Wohnhauses wird umlaufen. Auf der Rückseite der Försterei, an der auch der Spazierweg weiterführt, findet man Informationstafeln über Spechte, Bäume und Wildschweine. Leicht bergab geht der Weg in einen sumpfartigen Erlenbruch, den man durchläuft. Der Weg wird von beeindruckenden alten Eichen gesäumt.

Dort, wo man auf einen kleinen Flusslauf stößt, hat man das **Fredersdorfer Mühlenfließ** ❸ erreicht. Am Ufer entlang nach rechts (südwestlich) gelangt man aus dem windgeschützten Bereich des Fließes auf die offene Mole. Bei windigem Wetter erinnert einen der Standort schnell an die Ostsee. Von dort kann über die komplette Ost-West-Ausdehnung des Müggelsees geblickt werden.

Wer genug von der Weite hat, geht zurück am Ufer des Fließes. An der Gabelung, an der man das

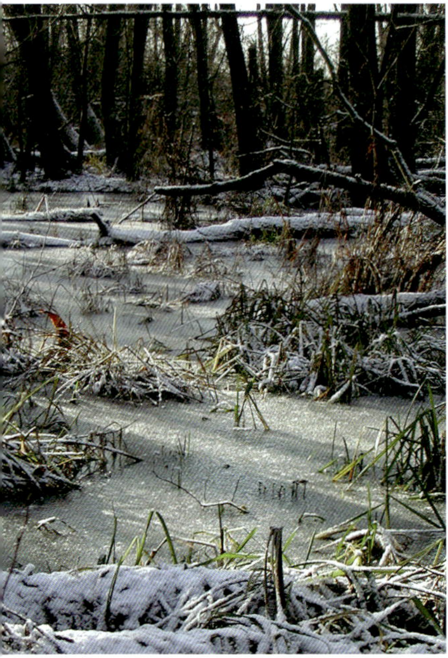

Vereister Sumpf

Fließ erreicht hat, folgt man weiter dem Weg am Mühlenfließ. Am Ende dieses Weges erreicht der Spaziergänger erneut den Fürstenwalder Damm. Gegenüber beginnt die Ingeborg-Hunzinger-Straße. Wer nun eine Rast einlegen möchte, kann rechts in die Fürstenwalder Allee laufen und in die „Conditorei Gerch" einkehren, um süße Köstlichkeiten zu sich nehmen.

Mit oder ohne leibliche Stärkung geht es weiter in die Ingeborg-Hunzinger-Straße. Hinter dem Haltestellenwartehäuschen zweigt man sofort wieder nach rechts in den Wald ab. Nach ca. 150 Metern erscheint eine kleine Weggabelung, an der man auf dem rechten Weg das nächste Ziel, einen **kleinen Stausee,** erreicht. Dieser wird auf der westlichen Seite umlaufen. Am nördlichen Ufer 4 bietet sich ein schöner Blick auf den kleinen See.

Die Weiterführung des Spazierpfades ist nicht ganz leicht und bedarf eines scharfen Auges. Hat man das nördliche Stauwehr erreicht, bettet sich ca. 15 Meter westlich (links) ein kleiner Pfad in nördlicher Richtung in den Wald. Diesem folgt man, wobei man sich zunehmend nach links vom Wasserlauf des Fredersdorfer Mühlenfließes entfernt. Schon bald wird man eine grüne Markierung auf weißem Grund an einem Baum sehen. Auf diesem Pfad durchstreift man einen hauptsächlich mit Laubbäumen bestückten Wald, der bei Sonnenschein sehr schöne Lichtspiele zeigt.

Erreicht der Pfad die Straße, findet dieser Spaziergang auch schon bald sein Ende. Schaut man auf der Straße nach rechts, sieht man schon den S-Bahnhof Rahnsdorf. Nach der Überquerung der Straße führt der Weg abseits der Straße in Richtung des S-Bahnhofes.

Conditorei und Café Gerch
Cafékonditorei mit Gastraum und Garten.
Fürstenwalder Allee 22
12589 Berlin
Tel. (0 30) 6 48 96 82
www.conditoreigerch.de
Di–So 9–18 Uhr

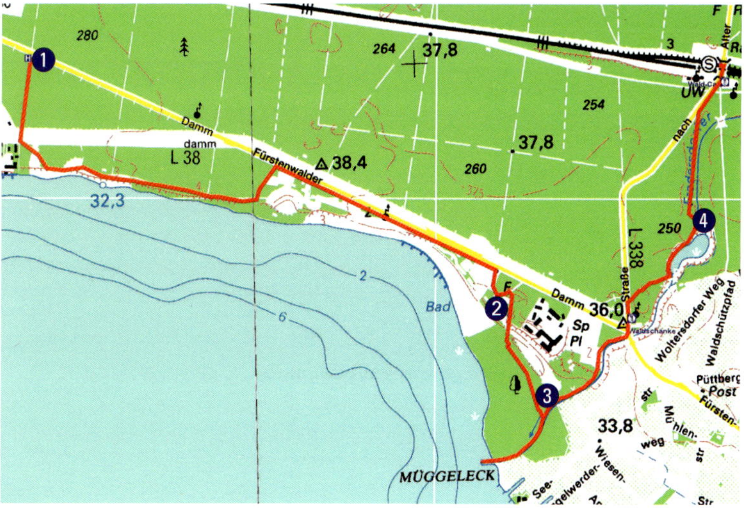

Mit der Tram nach Woltersdorf

Wer noch nicht genug Eindrücke gesammelt hat, kann sich ab Bahnhof Rahnsdorf in der nostalgisch anmutenden Woltersdorfer Straßenbahn durch den Wald nach Woltersdorf fahren lassen. Die Haltestelle befindet sich hinter der Brücke rechts. Die Endstation der Tramlinie 87 ist an der Schleuse in Woltersdorf direkt am Flakensee.

An diesem schönen See kann der Spaziergang noch fortgeführt werden. Die schöne Uferpromenade geht im weiteren Verlauf in einen Uferwaldweg über. Ein Abstecher zur Liebesquelle und auf den Kranichberg ist sehr lohnenswert. Zurück fährt man wieder mit der Straßenbahn zum S-Bahnhof Rahnsdorf, wo die Fahrt mit der S-Bahn über Friedrichshagen zurück ins Berliner Zentrum geht.

Sollte dieser Spaziergang im Sommer unternommen werden, besteht in Woltersdorf die Möglichkeit, die Natur vom Wasser aus zu genießen. Mit der „Stern- und Kreisschiffahrt“ fährt man eine Stunde und zwanzig Minuten nach Friedrichshagen. Wo man entweder zu Fuß oder mit der Straßenbahn den S-Bahnhof Friedrichshagen erreichen kann.

Woltersdorfer Tram

Tram 87 alle 20 Minuten S-Bahnhof Rahnsdorf – Woltersdorf/Schleuse

Wanderung

Start
Busse X69, 165, 269
Haltestelle Müggel-
schlößchenweg

Länge
ca. 10 km

Dauer
ca. 3,5 Stunden

Rückfahrt
Bus 169
Haltestelle Rübezahl

Kombinierbar mit
Köpenicker Bürger-
heide
▸ Seite 110
Zum Müggelturm
▸ Seite 126

LSG Neue Wiesen

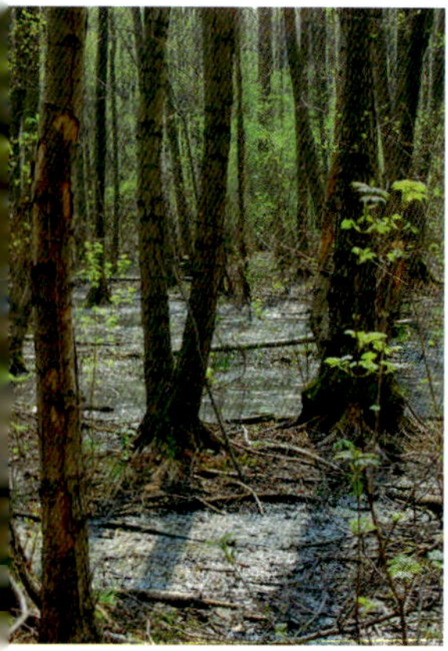

Teufelssee

Durch die Kanonenberge zum Teufelssee

Warum die Kanonenberge Kanonenberge heißen? Auf dieser Wanderung erfahren Sie es. Und bis das Ziel am Teufelssee erreicht ist, wandert man erst einmal auf und ab durch den schönen Köpenicker Forst.

Von der Endhaltestelle der Buslinien X69, 165 und 269 am **Müggelschlößchenweg** geht es in der Verlängerung der Straße weiter nach Osten über die Wendeschleife bis zur nächsten Kreuzung. Dort verlässt man die asphaltierte Straße in Richtung Süden (rechts). Schnurgerade verläuft der Weg durch den Wald. An der dritten Kreuzung geht es nach Osten (links), für einen kleinen **Abstecher hinüber zum Müggelsee** ❶ (▸ Seite 111). Wer keine Lust auf diesen Abstecher hat, kann auch gleich geradeaus weiterlaufen. Die anderen wandern geradewegs bis zur asphaltierten **Müggelseepromenade.** Die Promenade ist zugleich auch der Europaradwanderweg R1. Am nächsten Waldweg geht es rechts wieder zurück.

Die Tour führt weiter nach Süden ❷ und schon nach wenigen Metern wird der **Müggelheimer Damm** überquert. Am Ende des Weges stößt man auf das **Landschaftsschutzgebiet (LSG) Neue Wiesen** ❸. Das Feuchtwiesen-Moorgebiet hat eine Fläche von etwa 76 Hektar. Der Kuhgraben fließt durch das Landschaftsschutzgebiet.

Am nördlichen Rand des Moorgebietes verläuft ein Weg, dem man in Richtung Westen (rechts) folgt. Nach wenigen Minuten kommt man an eine Siedlung mit einer großen **Pferdekoppel.** Direkt nach den Häusern geht es nach Süden (links) und über den Kuhgraben. Es öffnen sich hier immer wieder interessante Einblicke in das schwer zugängliche Gebiet.

Am Ende der Siedlung hat man ein letztes Mal den Blick über das Feuchtgebiet. Man läuft weiter geradeaus, zwischen zwei großen Eichen hindurch, und folgt dem Weg, der in einem leichten Bogen

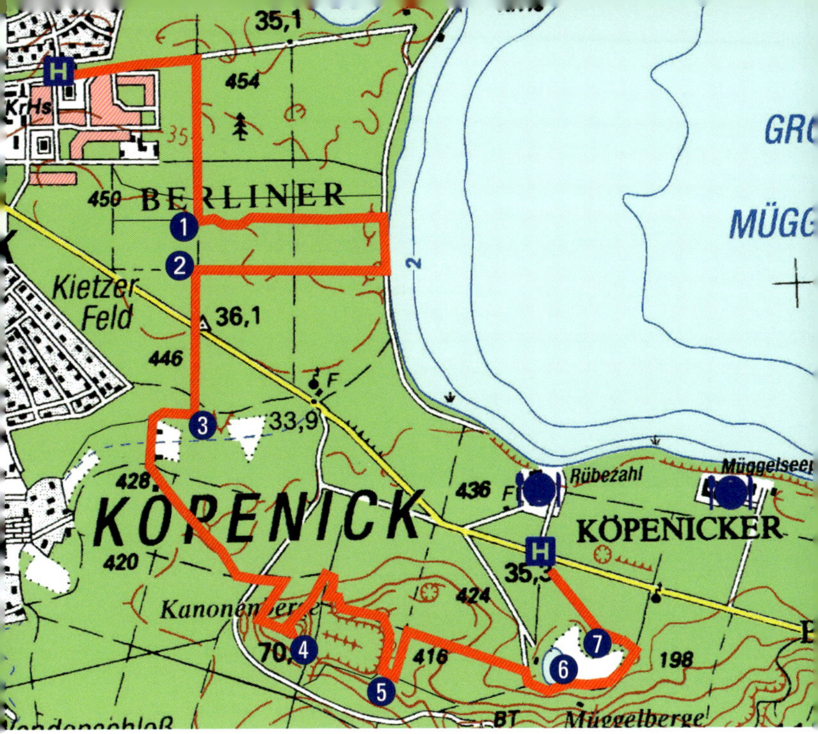

nach Osten (links) durch den Wald führt. Kurz vor der Straße Zum Müggelturm stößt der Weg auf einen anderen, hier links halten und die asphaltierte Straße überqueren. Auf der anderen Seite weiter in Richtung Kanonenberge wandern. Rechts zwischen den Bäumen ist bereits die erste Anhöhe der **Kanonenberge** zu sehen.

Am nächsten Weg beginnt der Aufstieg zum Gipfel. Es geht stets aufwärts bis ganz nach oben.

Aussichtspunkt Kanonenberge

Diese Plattform wurde nach dem Ersten Weltkrieg angelegt und diente der Bevölkerung zur Naherholung. Nach der Maueröffnung wurden die Wege und auch die Plattform vernachlässigt und so holte sich der Wald die Flächen Stück für Stück zurück. 2006 wurden die Wanderwege und die Plattform selbst wieder zugänglich gemacht. Die dort vorhandenen Bänke wurden neu gebaut und die Sichtschneise freigeschnitten. Seitdem lohnt es sich wieder, den Aufstieg auf sich zu nehmen.

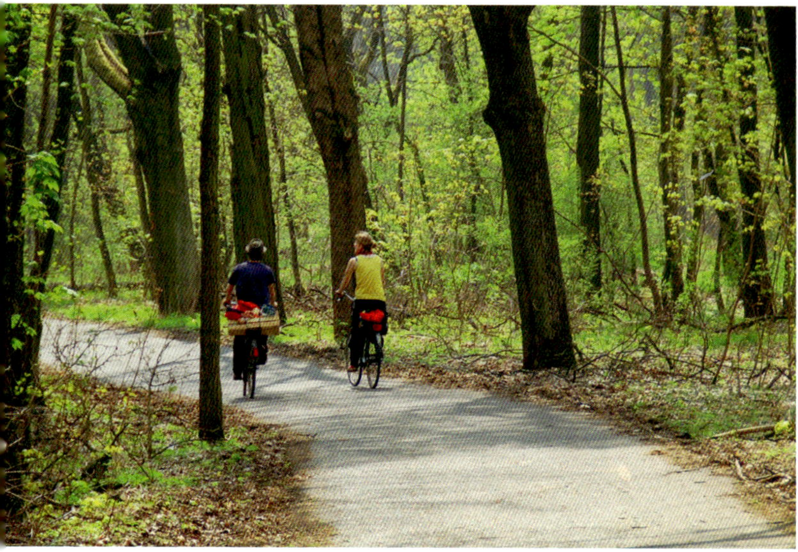

Radweg am Müggelsee

Dort angelangt, wendet man sich nach Osten (links). Schon bald steht man auf der Plattform des Aussichtspunktes ❹. Der Blick reicht hinüber bis zum Müggelturm.

Nach einer kleinen Pause geht die Wanderung weiter auf dem nördlichen Weg hinunter (links des Weges, auf dem man die Anhöhe erreicht hat). An der Kreuzung angekommen, geht es auf der anderen Seite wieder hinauf an den Rand eines **Tales**.

Tal der Kanonenberge

Dieses Tal hat keinen natürlichen Ursprung. Es entstand in den 1880er-Jahren, als dort der Sand für Baumaßnahmen in Berlin abgebaut wurde. Man blickt von dort oben hinab in einen etwa 250 Meter langen und 80 Meter breiten Einschnitt. Kurz vor dem Ersten Weltkrieg wurde dieses Tal von der preußischen Armee als Übungsplatz für ihre neuen Kanonen genutzt. Die Schießübungen waren bis nach Köpenick zu hören. So entstand der Name für dieses Gebiet – Kanonenberge. Auch wenn dort seit 1945 keine Schießübungen mehr durchgeführt werden, der Name hat sich bis heute gehalten.

Am **Hang der Sandschurre** läuft man fast bis auf die andere Seite des Einschnittes. Auf der Stirnseite des Tales führt ein Weg zurück in den Wald ❺. Nach wenigen Metern stößt man auf eine Sandfläche – hier nach Norden richten (links) und an der nächsten Kreuzung nach Osten (rechts) wenden. Dieser Weg führt direkt hinunter zum **Teufelssee.** Rechtsherum umrundet man den Teufelssee auf dem circa 3 Kilometer langen Naturlehrpfad. Schon nach wenigen Metern kann man auf dem sogenannten **Knüppelpfad** hinaus auf den **Teufelssee** gehen ❻.

Lehrkabinett & Wurzelpavillon
Tel. (0 30) 6 54 13 71
Mo–Do, So 10–16 Uhr
Sollten Sie als Gruppe diese Wanderung unternehmen, können Sie telefonisch andere Termine mit den Mitarbeitern vereinbaren.

Teufelssee

Namensgebend war ein „Teufelsaltar", der an diesem See angeblich gesichtet wurde. Der Teufelssee hat eine Fläche von 1,2 Hektar und ist nur 3 Meter tief. Der See entstand in der Eiszeit durch Schmelzwasser und ist sehr nährstoffreich. Und das nicht nur für Flora und Fauna, sondern auch für Geist und Seele. Um diesen See ranken sich viele Sagen von versunkenen Schlössern bis zum ertrunkenen Burgfräulein. Steht man nur lange genug am Ufer und lässt die Stimmung wirken, fängt man an, jede dieser Sagen zu glauben. Wer mehr über diesen geheimnisumwobenen See erfahren möchte, kann sich im angrenzenden Lehrkabinett informieren.

Am östlichen Ufer des Sees steht der **Wurzelpavillon,** ein Informationspunkt über Wald, Bäume und Wurzeln. Am 25. April ist jährlich der Tag des Baumes, und wer an diesem Tag die Wanderung unternimmt, sollte sich ruhig ein wenig mehr Zeit nehmen, um sich über unsere Sauerstoffspender zu informieren. Im Wurzelpavillon kann man von unten eine Wurzel betrachten, aber auch viele Informationen über Wald und Bäume erhalten. Der Ort macht auf jeden Fall neugierig auf mehr. Deshalb lohnt es sich, gleich nebenan das **Lehrkabinett** ❼ zu besuchen. Danach endet die Wanderung. Man kann dann in Richtung Norden, vorbei an einem **Waldspielplatz,** zum Müggelheimer Damm laufen, wo der Bus zurück nach Köpenick fährt. Oder man schließt eine weitere Wanderung an.

Im Wurzelpavillon kann man eine Baumwurzel von unten ansehen

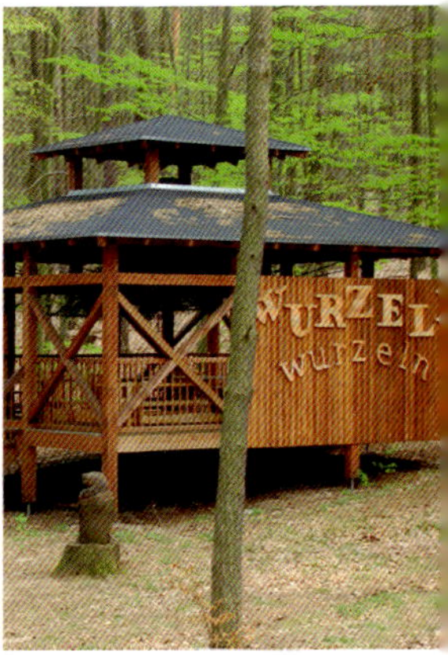

Spaziergang

Start
S-Bhf. Hirschgarten

Länge
ca. 6 km

Dauer
ca. 2,5 Stunden

Rückfahrt
S-Bhf. Friedrichshagen

Kombinierbar mit
Krummendammer Heide
▸ Seite 108

Revier Friedrichshagen

Durch die Mittelheide zum Mühlenfließ

Wer möchte, kann diese Tour als Spaziergang laufen. Das ist noch nicht genug? Na, dann erweitert man die Tour zur Wanderung in Kombination mit dem Ausflug in die Krummendammer Heide. Wem auch das noch nicht reicht, der kann danach sogar noch die Runde durch die Köpenicker Bürgerheide anschließen.

Der Streifzug durch die Mittelheide beginnt am romantisch klingenden **S-Bahnhof Hirschgarten.** Die Villenkolonie Hirschgarten wurde 1870 vom Bankier Albert Hirte gegründet. Er erwarb zu dieser Zeit nämlich den „Hirschacker", den er zu einem schönen, blühenden und grünen Garten umgestalten wollte. So kam es, dass der Hirschacker zum Hirschgarten wurde.

Man verlässt den Bahnsteig über den einzigen Ausgang und folgt dem Wegweiser „Ausgang KGA Erpetal". Erst geht es am Zaun entlang und dann direkt hinein in die **Mittelheide**.

Mittelheide

Die Mittelheide war im letzten Jahrhundert zusammen mit der Dammheide ein geschlossenes Waldgebiet. Eingebettet liegt dieses Landschaftsschutzgebiet zwischen dem Neuenhagener Mühlenfließ – besser bekannt als Erpe – und der Wuhle. Aus dem einst großen Eichen-Mischwald wurde über die Jahre ein Kiefern-Birken-Wald mit großen Grasflächen mit Heidecharakter. Heute ist von dem Heidecharakter aber nicht mehr viel zu sehen. Durch die massive Bebauung des südlich gelegenen Mahlsdorf wurde die Mittelheide immer kleiner.

Es wird ein **breiter Weg** überquert ❶ und weiter nach Norden auf der gerade verlaufenden Trasse spaziert. Am nächsten Abzweig, an dem auch eine Holzbank steht, geht es nach Nordwesten (links).

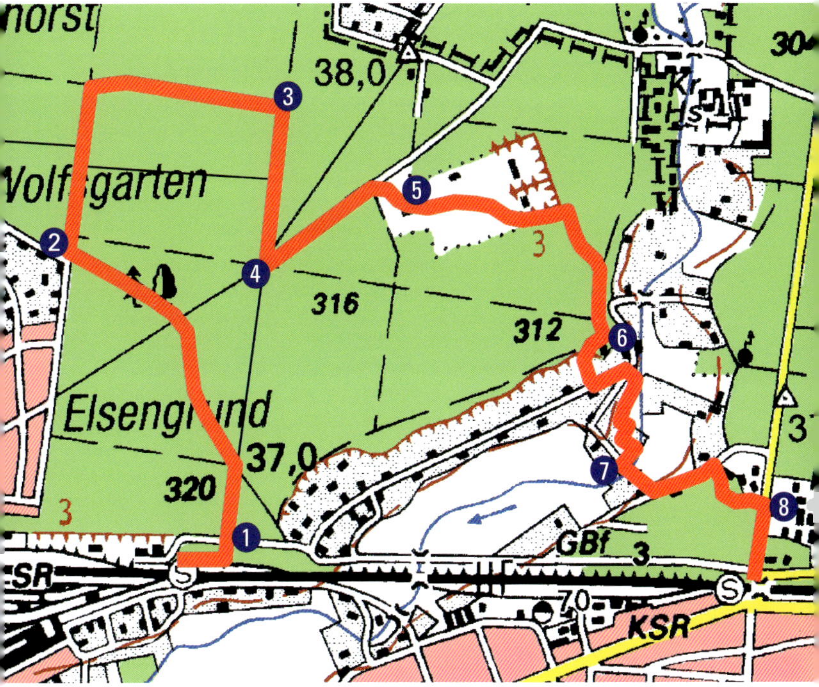

Bald erreicht man am Rande der Mittelheide einen kleinen **Waldspielplatz,** der sich direkt an der Siedlung des Wohngebietes **Wolfsgarten** befindet ❷. Über den Däumlingsweg (angrenzende kleine Straße) läuft man in Richtung Norden (rechts) auf dem Waldweg weiter, bis man nach mehreren kleinen Waldwegen eine größere Waldkreuzung erreicht. Als markanter Punkt ist dort wieder eine Bank zu finden. Der Spaziergang wird nach Osten (rechts) fortgesetzt. An der nächsten Kreuzung hat man einen schönen Blick in eine **Eichenallee** auf der südlichen (rechten) Seite ❸. Auf dieser Allee gelangt man ins Zentrum der Mittelheide. Das Zentrum ist leicht zu erkennen, denn dort befindet sich eine große **sternförmige Wegkreuzung** ❹. Von hier führen sieben Wege in alle Himmelsrichtungen. Auf diesem Spaziergang wählt man den zweiten Weg auf der nordöstlichen Seite (links). Nur auf diesem wird nach einigen Minuten auf der rechten

Foto rechts:
Weg zur Ravensteiner Promenade

Seite eine große Freifläche erreicht. Ein Pfad führt von dem Waldweg quer über diese Freifläche, die Stück für Stück von der Natur zurückerobert wird. Man steht nun auf dem früheren **Übungsgelände der GST**. Von dort oben hat man einen guten Blick über die gesamte Fläche ❺.

Gesellschaft für Sport und Technik (GST)

GST stand für „Gesellschaft für Sport und Technik". Die ehemalige DDR-Jugendorganisation bestand von 1952 bis 1990. Jugendliche konnten sich hier in ihrer Freizeit mit militärischer Technik und Motor- und Schießsportarten beschäftigen. Außerdem war die GST für die sogenannte „vormilitärische Ausbildung" in Schulen und Betrieben zuständig. Auf der Fläche wurden von den jugendlichen Mitgliedern unter anderem Schießübungen absolviert. Noch heute sieht man die Schutzwälle und -mauern der ehemaligen Schießanlagen.

Vom östlichsten Punkt der Fläche (rechts neben dem Schutzwall beziehungsweise der Schutzmauer) geht man auf einem Waldweg hinter dem Wall in Richtung Südosten (rechts) auf die **Ravensteiner Promenade** zu. Diesem neu ausgebauten, breiten Weg folgt man nach Süden (rechts) bis zur nächsten Rechtskurve ❻. Direkt nach der Kurve wird nach Süden (links) abgebogen, in die Kleingartenanlage (KGA) Erpetal. Dort erreicht man bald den Hauptweg und geht ein kurzes Stück nach Osten (links) bis zu einem kleinen Platz, von dem eine Straße abwärts nach Süden (rechts) führt. Diesem schmalen Zickzack-Weg folgend gibt es viele schöne Ausblicke auf das **Neuenhagener Mühlenfließ**, das dort, genau genommen, bereits Erpe heißt.

Neuenhagener Mühlenfließ

Das Mühlenfließ entspringt in Wengendorf (Ortsteil Altlandsberg) und heißt dann ab Dahlwitz-Hoppegarten Erpe. Dort fließt die Erpe in das eiszeitlich geprägte Landschaftsschutzgebiet Erpetal. Kurz bevor die Erpe bei Hirschgarten in die Spree mündet, teilt sie sich noch einmal in die Neue und Alte Erpe.

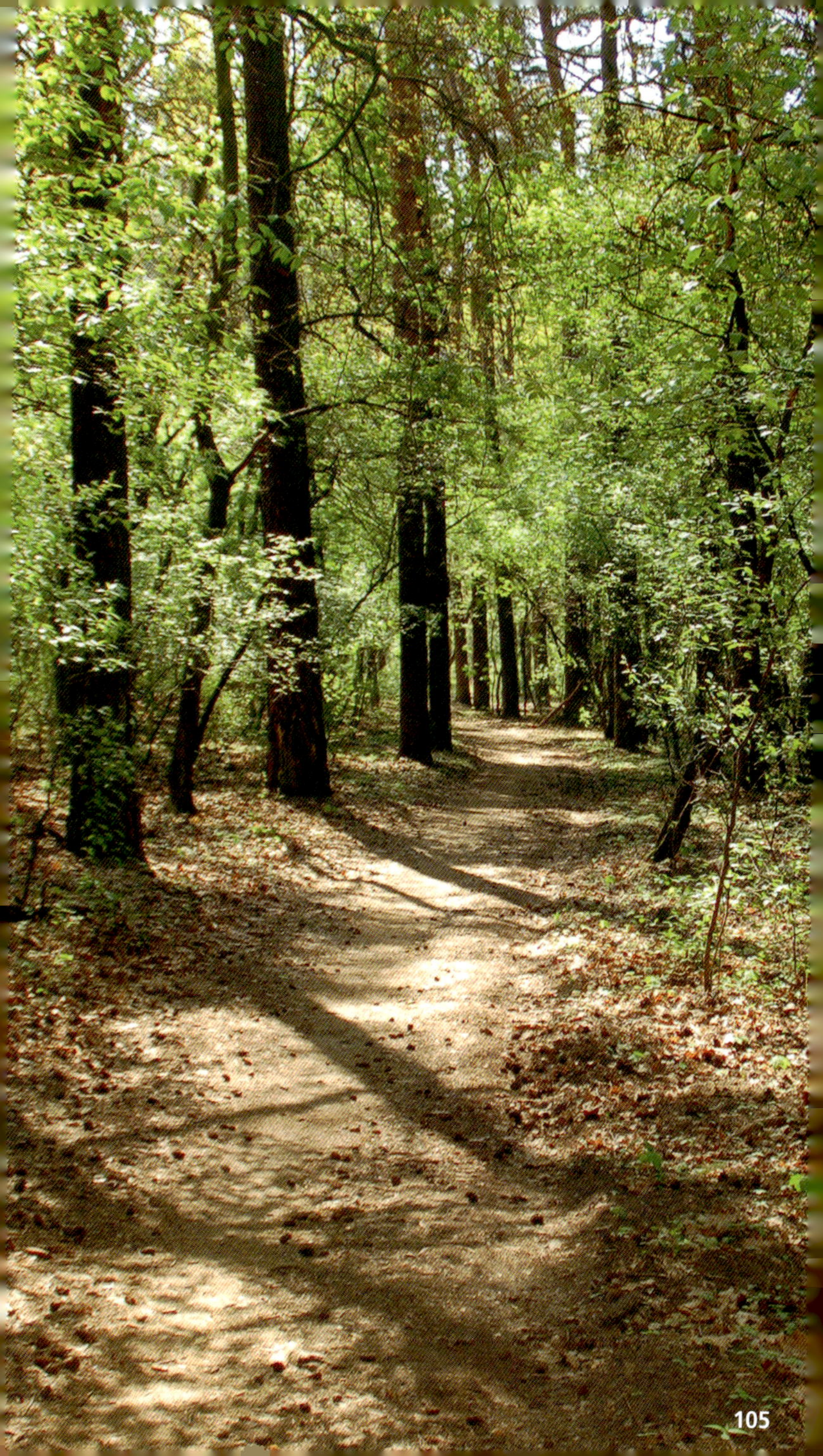

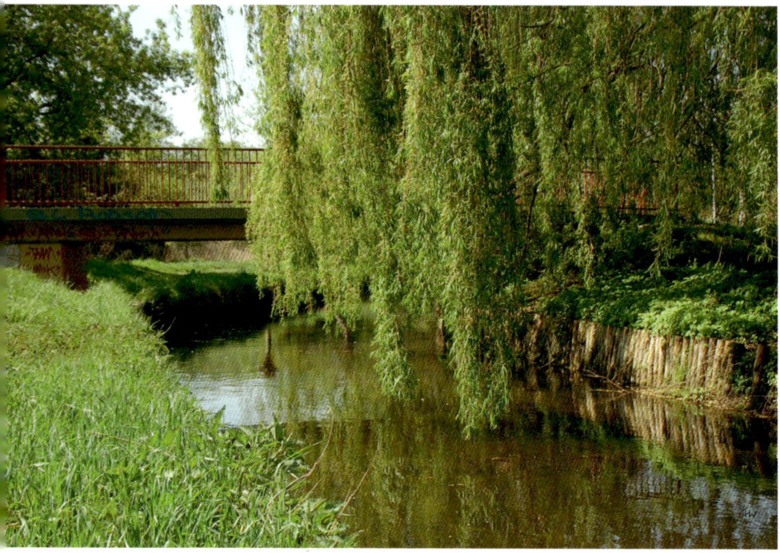

Brücke über das Mühlenfließ

Der Pfad endet an einer **Brücke,** über die das Fließ nach links überquert wird ❼. Weiter geradeaus verlässt der Spaziergänger das **Erpetal** und erreicht die Straße Hinter dem Kurpark. Dort wendet man sich nach Osten (links) und geht bis zum Eingang des **Tennisclubs** „Orange-Weiß Friedrichshagen". Wer möchte, kann dort eine kleine Stärkung oder Erfrischung zu sich nehmen. Am Ende des eingezäunten Tennisclubs biegt man nach rechts ab in den Kurpark Friedrichshagen. Schon am nächsten Abzweig wendet man sich wieder nach Osten (links) und steht kurz darauf vor dem Eingangsbereich des **Naturtheaters Friedrichshagen**.

Naturtheater Friedrichshagen

Das 1931 eröffnete Naturtheater bot Platz für 1 500 Zuschauer. Im Zweiten Weltkrieg trug der Ort starke Blessuren davon, wurde aber nicht zerstört. 1948 wurde das Theater zum Tennisstadion umgebaut. 1998 gelang es, das Theater wieder zu aktivieren. Seitdem wird dieser schöne Ort immer wieder als Bühne und Freiluftkino genutzt.

Auf dem Zubringer zum Naturtheater verlässt man den Kurpark Friedrichshagen und steht nun auf der Dahlwitzer Landstraße. Genau gegenüber befindet sich das Gelände des **Landesforstamtes der Berliner Forsten** 8.

100 Jahre Berliner Forsten

Die Berliner Forsten feierten im Jahr 2009 ihr 100-jähriges Bestehen. Am 15. September 1909 nahm der königliche Oberförster Walter Grasso seinen Dienst auf. Er war für 3 000 Hektar Wald zuständig und erhöhte den Waldbestand bis 1925 auf 21 000 Hektar. Heute sind es weit über 29 000 Hektar Waldfläche (Tendenz steigend), die von den Berliner Förstern in und auch um Berlin betreut werden.

Auf der **Dahlwitzer Landstraße** geht man in Richtung Süden (rechts), bis man den S-Bahnhof Friedrichshagen erreicht hat. Dort ist das Ende des Spazierganges und gleichzeitig der Start der nächsten Wander- oder Radtour in weitere schöne Waldgebiete der Berliner Forsten.

Hauptsitz der Berliner Forsten

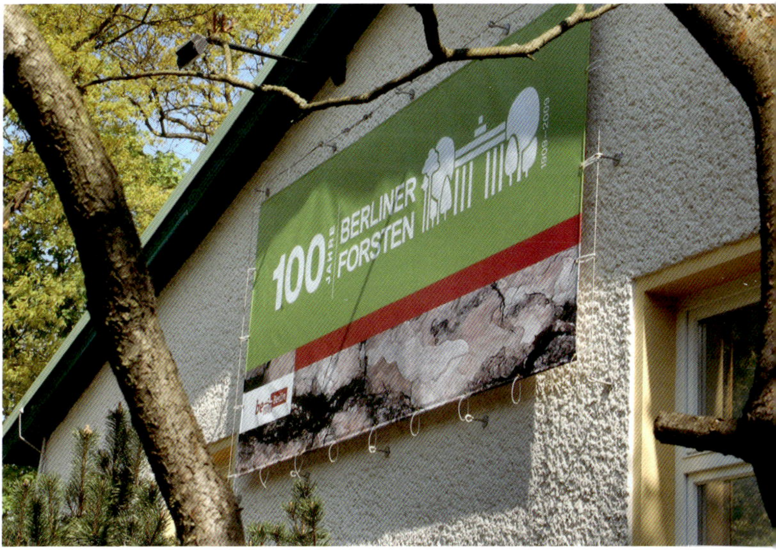

Wanderung

Start
S-Bhf. Friedrichshagen

Länge
ca. 8 km

Dauer
ca. 2,5 Stunden

Rückfahrt
S-Bhf. Rahnsdorf

Kombinierbar mit
Revier Friedrichshagen
▸ Seite 102
Köpenicker Bürgerheide
▸ Seite 110

Baumpilze: Nur gucken, nicht anfassen!

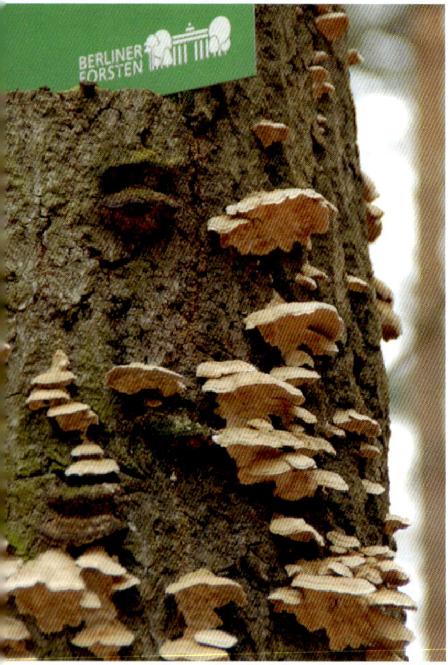

Krummendammer Heide

Von Friedrichshagen nach Rahnsdorf

Diese Wanderung lässt sich gut mit dem Ausflug ins Revier Friedrichshagen und – als Rundtour – mit der Route durch die Köpenicker Bürgerheide zum Müggelsee verbinden.

Gestartet wird am S-Bahnhof Friedrichshagen auf der Dahlwitzer Landstraße in Richtung Norden. Vorbei am **Landesforstamt Berlin** und dem angrenzenden Holzfachhandel läuft man bis zum Ende des Zaunes und ein kurzes Stück weiter parallel zur Straße. Nach wenigen Metern biegt ein Pfad nach Nordosten (schräg rechts) ab, direkt hinein in den Wald ❶.

Man spaziert bis zum nächsten querenden Weg und dort nach Osten (rechts) weiter ❷. An der **Schutzhütte** geht es nach Norden (links) ❸ bis zur nächsten Kreuzung, wo man sich östlich (rechts) hält. Zwei Kreuzungen später wieder nach Norden (links) richten ❹. Geradewegs geht es nun bis zu einer großen Freifläche, dem **Münchehofer Machnow.** Hinter dem Erdwall führt ein Weg immer entlang an der Waldkante nach Osten (rechts) ❺.

Auf diesem Weg hat man die Möglichkeit, seinen Blick weit über die Freifläche schweifen zu lassen oder auch zwischen den gleich angrenzenden Bäumen nach den Besonderheiten des Waldes Ausschau zu halten.

Nähert man sich langsam dem Ende der Fläche, die dort bereits wieder von der Natur zurückerobert wird, läuft man wieder hinein in den Wald und biegt nach Süden (rechts) ab. Nach wenigen Metern wird eine Kreuzung erreicht. Dort geht es auf dem Weg gerade-

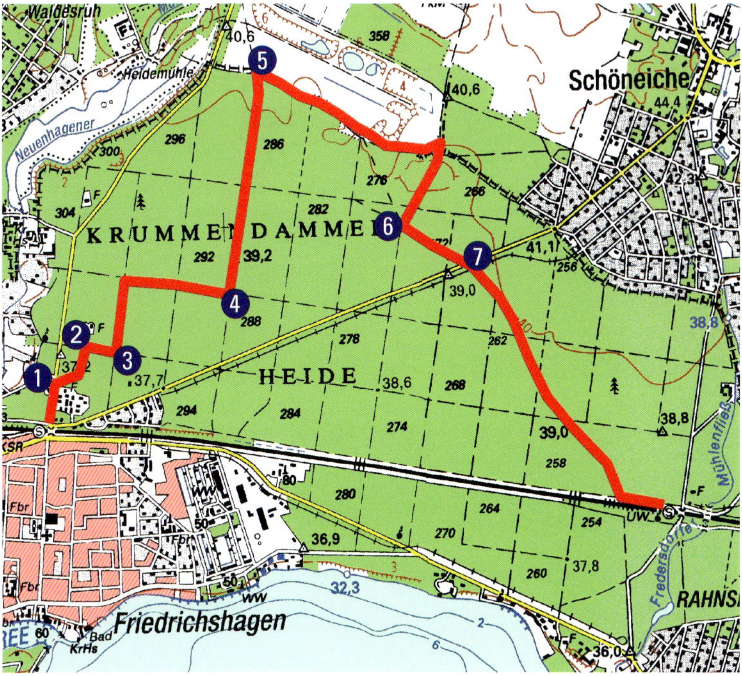

aus, der von einem hölzernen Zaun abgetrennt ist. Auf der anderen Seite des Zaunes verläuft außerdem parallel ein Reitweg. Hat man am Ende des Weges wieder den Durchgang des Zaunes passiert, befindet man sich auf einer großen Wegkreuzung mit einer **Waldkarte** ❻. Der breite Weg ist der Dahlwitzer Heuweg, dem nach Südosten (links) gefolgt wird. Der Heuweg durchquert die Krummendammer Heide und endet direkt in Rahnsdorf am S-Bahnhof.

Vorher überquert man erst noch die **Schöneicher Landstraße** ❼ und die parallel verlaufenden Straßenbahnschienen. Auf der anderen Straßenseite wandert man weiter auf dem Heuweg und kommt ein weiteres Mal an einer Schutzhütte vorbei. Bald ist der Bahndamm der S- und Regionalbahn erreicht. 400 Meter weiter in Richtung Osten (links) liegt der S-Bahnhof Rahnsdorf. Von dort gibt es die Möglichkeit, einen der zahlreichen anderen Ausflugstipps anzuschließen oder nach einer kleinen Stärkung die Heimreise anzutreten.

Wanderung
Radtour

Start
S-Bhf. Rahnsdorf

Länge
ca. 11 km

Dauer
ca. 4 Stunden

Rückfahrt
S-Bhf. Friedrichshagen

Kombinierbar mit
Müggelsee
▸ Seite 95
Teufelssee
▸ Seite 98
Krummendammer Heide
▸ Seite 108

Köpenicker Bürgerheide

Durch die Köpenicker Bürgerheide zum Müggelsee

Diesmal führt der Ausflug in das Revier Teufelssee am südlichen Ufer des Kleinen und Großen Müggelsees. Start der Wanderung ist am S-Bahnhof Rahnsdorf.

Am Ausgang des S-Bahnhofes ❶ geht es geradewegs in südliche Richtung auf dem Hegemeisterweg in den Berliner Stadtteil **Rahnsdorf.** Die Strecke durch den Wald endet auf dem Woltersdorfer Weg, dem man bis zur Fürstenwalder Allee ❷ folgt. Auf der anderen Straßenseite befindet sich eine breite Straßeneinmündung, an der man den Wegweiser zur Fähre sieht. Genau diesem Wegweiser wird auf der Mühlenstraße bis zum Müggelwerder Weg gefolgt. Auf dem Müggelwerder Weg geht es dann bis ans Wasser zur Fähre nach **Neu Helgoland.** Schon von Weitem sieht man das Anlegerschild der Fähre. Der Fähranleger befindet sich links hinter einem Gartentor.

Mit der BVG-Fähre wird man in 15 Minuten zum Anleger Neu-Helgoland gebracht, wo die Wanderung weitergeht. Wer dort bereits eine erste Stärkung braucht, ist im gleichnamigen Restaurant ab 11 Uhr bis in die späten Abendstunden herzlich willkommen. Von der schönen Terrasse direkt am Wasser kann man die vorbeifahrenden Boote beobachten.

Die Wanderung geht dann im Wald, vor dem Grundstück des Restaurants, in westlicher Richtung (rechts) vorbei am Café-Restaurant „Kleiner Müggelsee“ und einer Schranke bis zur Badestelle ❸ am **Kleinen Müggelsee.** Bei entsprechenden Temperaturen ist ein kühles Bad in den Fluten eine willkommene Abwechslung.

Auf der anderen Seite der Badestelle führt die Wanderung auf einem asphaltierten Weg (Radwanderweg R1) auf die Zubringerstraße nach **Müggelhort.** Dieser Straße ein kurzes Stück folgen, bis nach einer Rechtskurve ein beliebiger Weg nach links abgeht. Auf einem dieser Wege gelangt man an das Ufer des **Müggelsees**.

Restaurant Neu Helgoland
Traditionsrestaurant mit Fisch- und Wildspezialitäten.
Neuhelgoländer-Weg 1
12559 Berlin
Tel. (0 30) 6 59 82 47
www.neu-helgoland.de
Tgl. ab 11 Uhr

Fährverbindung F23
Von Ostern bis Anfang Oktober täglich (außer montags) von 10–18 Uhr, am Wochenende und feiertags bis 19 Uhr zu jeder vollen Stunde.

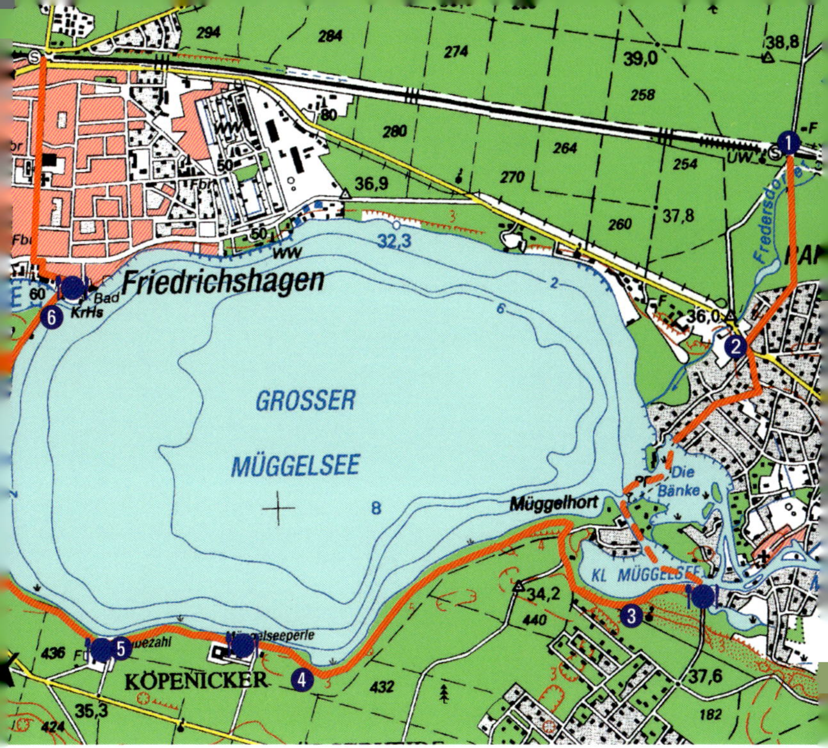

Von nun an folgt man immer der Müggelsee-Promenade in westlicher Richtung entlang des Ufers. Unterwegs findet man einige schöne Buchten und anderes Sehenswertes, wie zum Beispiel das Feuchtbiotop **Der Thyrn** ❹. Dies ist ein Relikt eines ehemaligen Wasserdurchflusses in Richtung „Neue Wiesen". Er ist heute überwiegend verlandet, nur der Thyrn als wertvolles ökologisches Biotop wird erhalten. Auf halber Wegstrecke kommt man am Ho-

Müggelsee

Der Große Müggelsee ist 4,4 Kilometer lang, 2,6 Kilometer breit, im Durchschnitt etwa 4,9 Meter tief und hat die größte Tiefe bei 7,7 Meter. Er ist ein Grundmoränensee, der von der Spree durchflossen wird. Der Name „Müggel" ist von dem altdeutschen Wort „mikil" abgeleitet, welches groß oder mächtig bedeutet. Die Schreibweise „Miggel" oder „Mickel" deutet mehr auf einen deutschen als auf einen slawischen Namen.

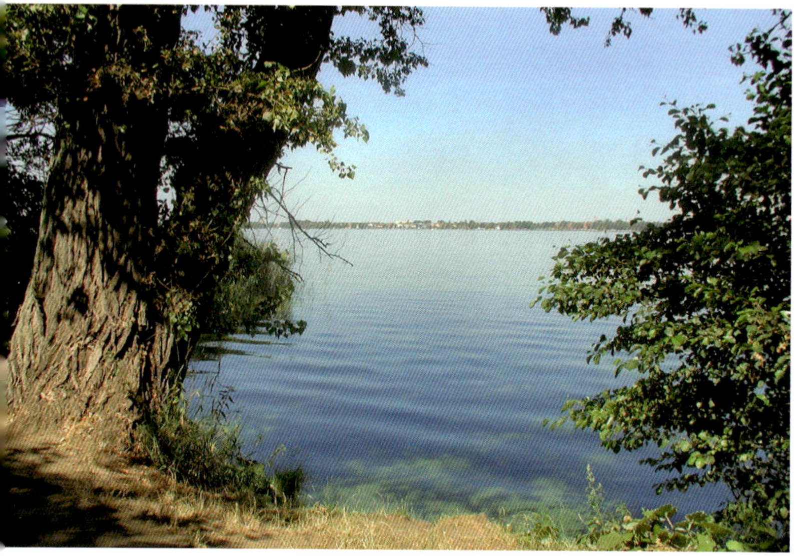

Blick auf den Müggelsee

tel „Müggelsee" mit seiner gepflegten Küche vorbei. Dort befindet sich auch der Dampferanleger „Müggelseeperle", von dem aus man eine einstündige Seenrundfahrt machen kann. Der Dampfer hält unter anderem am Müggelpark sowie am Restaurant „Rübezahl". Zu Fuß oder per Rad weiter auf dem Uferweg kommt man nach einiger Zeit ebenfalls zum „Rübezahl". Hier gibt es die Möglichkeit, sich in Selbstbedienung zu stärken oder auf der idyllischen Terrasse bedienen zu lassen. Ebenso befindet sich dort auch einer unserer schönen **Waldspielplätze** ❺, auf dem Kinder sehr gerne spielen.

Am Müggelseeufer geht es nun weiter in nordwestliche Richtung. Der Uferweg verläuft unter großen Laubbäumen, die auch bei sehr heißem Wetter für erträgliche Temperaturen und ausreichend Schatten sorgen. Am westlichen Ufer des Müggelsees sieht man parallel zum Wanderweg einen neu angelegten, asphaltierten Weg. Dies ist der Europaradwanderweg R1, der über 3 500 Kilometer von Calais bis nach St. Petersburg führt. Etwa 70 Kilometer laufen davon durch Berliner Gebiet. Ein 12 Kilometer langer Teil schlängelt sich von Köpenick vorbei am Großen und Kleinen Müggelsee nach

Hotel Müggelsee
Müggelheimer Damm 145
12559 Berlin
Tel. (0 30) 6 58 82-500
www.hotel-mueggelsee-berlin.de
Tgl. 12–22 Uhr

Restaurant und Café Rübezahl
Müggelheimer Damm 143
12559 Berlin
Tel. (0 30) 65 66 16 88-0
www.ruebezahl-berlin.de
Mai–Okt. Mi–So 11.30–21, Nov.–Apr. bis 19.30 Uhr
Biergarten:
Mai–Okt. tgl. 10–19 Uhr

Erkner. Bereits am Kleinen Müggelsee führte diese Wanderung ein Stück auf diesem Weg.

Parallel zum R1 am Großen Müggelsee geht es nun immer in nördliche Richtung. Man durchquert eine große **Badebucht** und erreicht eine Landzunge zwischen der Müggelspree und dem Müggelsee. An diesem Punkt befindet sich der **Spreetunnel** ❻. Der Fußgängertunnel verbindet den Köpenicker Forst mit **Friedrichshagen.** Auf der gegenüberliegenden Seite sieht man das große Gebäude der Berliner Bürgerbräu Brauerei, daneben einen einladenden Biergarten und den Müggelpark. Nach einer weiteren, möglichen Stärkung geht es am Zaun des Biergartens entlang durch den Park bis zur Josef-Nawrocki-Straße. Auf dieser Straße nach Westen (links) vorbei an der Vorderseite der Brauerei bis zum Müggelseedamm. Schräg gegenüber beginnt die Bölschestraße. Auf ihr geht es nun nach Norden, wo sich die Christophoruskirche und das Denkmal von Friedrich dem Großen befinden, direkt zum S-Bahnhof Friedrichshagen. Diese sehr schön restaurierte Straße bietet zahlreiche Einkaufs- und Bewirtungsmöglichkeiten. Am Ende kann man mit der S-Bahnlinie S 3 den Heimweg antreten.

Badebucht am Kleinen Müggelsee

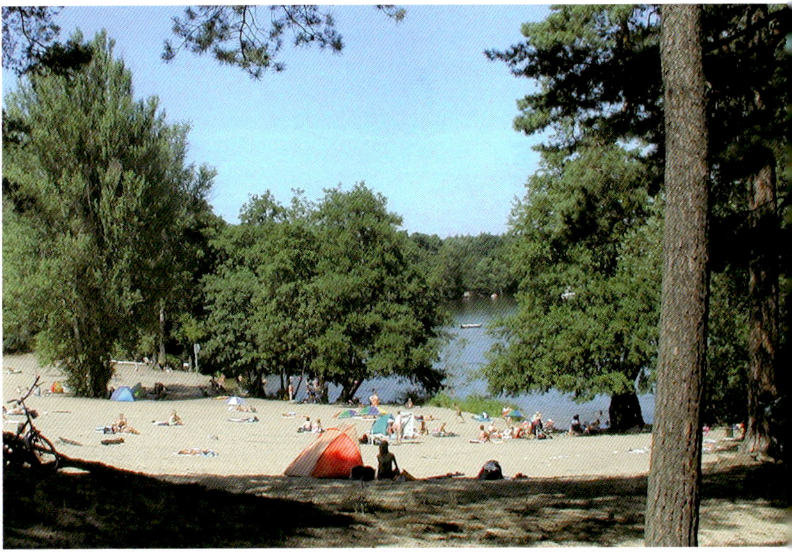

Wanderung

Start
S-Bhf. Rahnsdorf

Länge
ca. 8 km

Dauer
ca. 3 Stunden

Rückfahrt
S-Bhf. Wilhelmshagen

Kombinierbar mit
Müggelsee
▸ Seite 95
Krummendammer Heide
▸ Seite 108
Revier Rahnsdorf II
▸ Seite 117

Revier Rahnsdorf I

Von der „Bimmelbahn" bis zum „Regio"

Dort, wo die Tour Müggelsee (▸ Seite 95) endet (S-Bahnhof Rahnsdorf), beginnt diese Wanderung.

Am einzigen Ausgang der S-Bahnstation geht man auf dem alten Fischerweg in nördliche Richtung. Am Ende der rechtsseitigen eingezäunten Grundstücke beginnt, im 45°-Winkel, die Zufahrt zur **Försterei Rahnsdorf** ❶. Auf dieser geht es vorbei an der Försterei direkt hinein in den Wald. An der nächsten Kreuzung biegt man nach rechts auf einen breiten Weg, der sich nach einigen Metern stark verjüngt und direkt auf das **Fredersdorfer Mühlenfließ** führt. Auf einem kleinen Trampelpfad gelangt man flussaufwärts (in nördlicher Richtung) an eine Brücke, über die das Fließ überquert wird. Nach der Überquerung schaut man direkt auf eine dort endende Straße ❷. Aber noch bevor auf der rechten Seite der Zaun des ersten Grundstückes beginnt, schlängelt sich schon wieder ein Pfad ins Grüne. Dieser Pfad verläuft auf der Grenze zwischen Berlin und Brandenburg. Entlang der Waldkante kommt man zu der Stelle, an der der Ortsteil **Fichtenau** in südlicher Richtung endet.

Hier biegt man links (nach Osten) ab und kreuzt nach einiger Zeit die Geschwister-Scholl-Straße ❸. Auf der anderen Seite, etwas abseits von der Straße, befindet sich eine Sitzgruppe für eine kleine Rast. Direkt an dieser Sitzgruppe verläuft auf der rechten Seite ein Weg hinein in den Wald, der zu wählen ist. Dem Verlauf dieses Weges folgend, überquert man plötzlich mitten im Wald Schienen. Bitte vorsichtig überqueren, da auf diesen Schienen die **Straßenbahn zwischen Rahnsdorf und Woltersdorf** pendelt. Seit 1913 befördert diese Tramlinie ihre Fahrgäste zwischen dem S-Bahnhof Rahnsdorf und der Woltersdorfer Schleuse. Die antik anmutende Straßenbahn vermittelt für den einen oder anderen Betrachter die Atmosphäre einer gemütlichen Bimmelbahn.

Der richtige Weg…

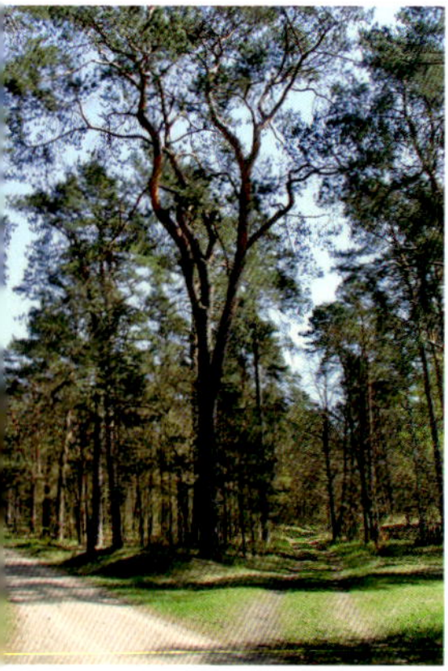

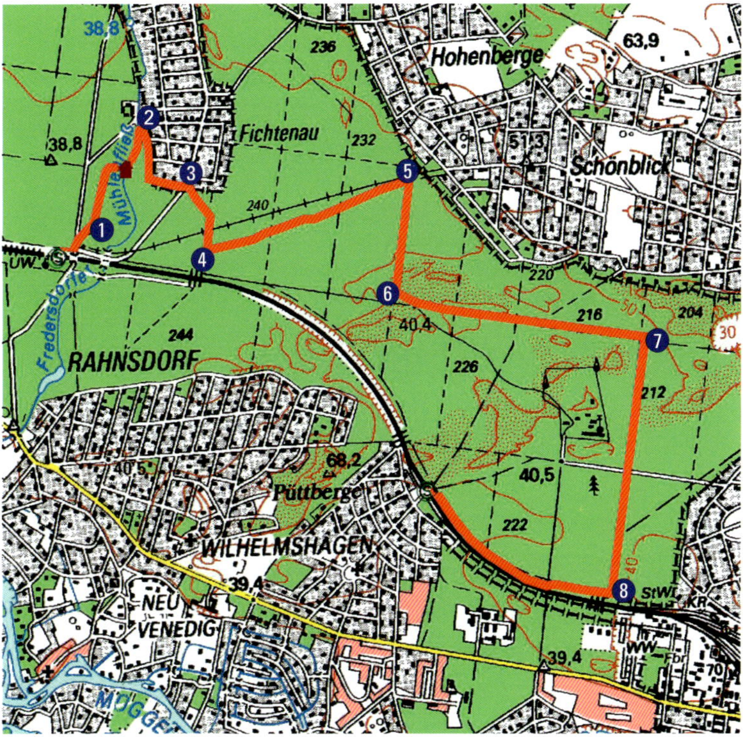

Nach der Überquerung zweigt der Wanderweg an der nächsten Kreuzung ❹, die bereits nach einigen Metern erscheint, nach links in Richtung Nordosten ab. Dieser parallel zur Bahn verlaufende Weg wird erst wieder verlassen, wenn kurz vor dem Ortsteil **Schönblick** die ersten Häuser durch das Grün der dort befindlichen Sträucher zu sehen sind. An der Kreuzung ❺ können in nördlicher Richtung wieder die Schienen der Bahn gesehen werden. Von dort aus kann man das Ausweichgleis für sich begegnende Bahnen sehen. Die Bahnlinie verläuft nämlich einspurig durch den Wald. Mit etwas Geduld kann an dieser Stelle ein schönes Foto von der meist im 20-minütigen Takt fahrenden Straßenbahn (Tramlinie 87) gemacht werden. Auf dem Weg, der schnurgerade nach Süden führt, geht es weiter. Nach der Überwindung drei kleiner Hügel wird der nächste nach links (Osten) abknickende Weg gewählt, um auf ihm nach einigen Minuten einen größeren Hauptweg 6 zu erreichen.

An dem Kreuzungspunkt steht eine große markante Kiefer, an deren Stamm ein blauer nach links deutender Richtungspfeil den weiteren Wanderweg anzeigt. Der Weg verbindet in einer geraden Linie den S-Bahnhof Rahnsdorf und die Woltersdorfer Landstraße am Flakensee. Auf diesem Hauptweg läuft man an einigen querenden Waldwegen vorbei. Man erreicht bald ein Naturschutzgebiet auf der rechten Seite des Weges. Es ist durch entsprechende Beschilderung ausgewiesen. Weiter östlich taucht am Wegesrand eine dreieckige Schutzhütte auf. Die nächste größere befahrbare Kreuzung 7 ist der Endpunkt auf dem Weg. An dieser Kreuzung geht es leicht bergab nach rechts. Dem Weg folgt man konsequent nach Süden bis zu seinem Ende an der Bahntrasse der S-Bahn und der Regionalzüge.

Befolgt der Wanderer die konsequente südliche Richtungsangabe, endet der Weg an einem Zaun an der Bahntrasse 8. Ab hier geht es parallel zur Bahntrasse in westlicher Richtung (rechts) zum S-Bahnhof Wilhelmshagen.

Die Tram zwischen Rahnsdorf und Woltersdorf fährt seit 1913

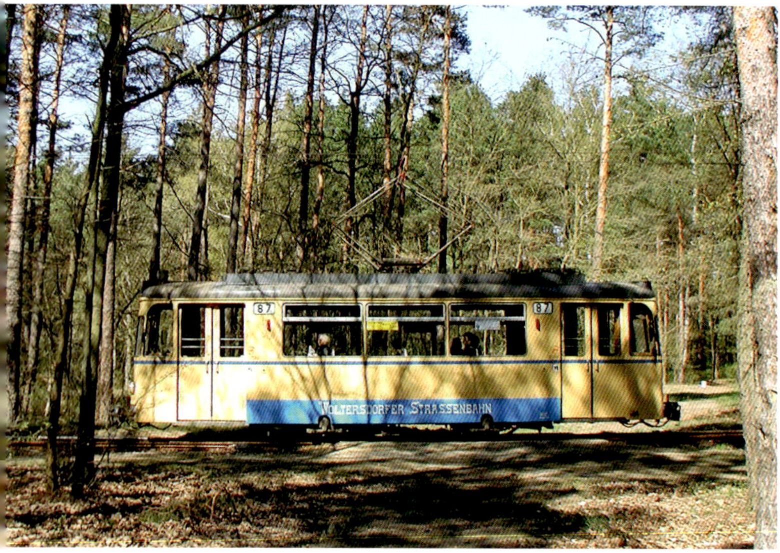

Spaziergang

Start
S-Bhf. Wilhelmshagen

Länge
ca. 5 km

Dauer
ca. 1,5–2 Stunden

Rückfahrt
Bus 161 Haltestelle Dämeritzstraße

Kombinierbar mit
Revier Rahnsdorf I
▸ Seite 114
Revier Fahlenberg
▸ Seite 148

Karte ▸ Seite 118

Revier Rahnsdorf II

Spaziergang zum anklopfenden Christus

Dieser schöne Spaziergang eignet sich sehr gut, um an den Weihnachtsfeiertagen das üppige Essen ein wenig abzulaufen. Aber ebenso werden durch diesen Tipp zwei sehr beliebte Wanderungen verbunden. Mit diesem Ausflug wird die 8 Kilometer lange Tour Rahnsdorf I mit der Fahlenberg-Tour zu einer attraktiven Rad- oder Wandertour verknüpft.

Start der Etappe ist der Endpunkt der Wanderung Revier Rahnsdorf I (▸ Seite 114) – der S-Bahnhof **Wilhelmshagen.** An dem südwestlich gelegenen Bahnhofsvorplatz befindet sich die Erknerstraße, auf der man nach Norden zum Waldgebiet „Püttberge“ gelangt. Schon nach wenigen Minuten stößt man an die Waldkante, biegt dort von der Erknerstraße nach Westen (links) ab ❶ und folgt dem Rad- und Fußweg bergauf. Am Ende stößt man auf eine Straße namens „Püttbergeweg“. Dort biegt man nach links (Süden) in einen Waldweg ein. Schon nach wenigen Metern steigt die Strecke deutlich an und man „erklimmt“ die **Püttberge**. Oben angekommen hat man aus einer Höhe von 68 Metern einen schönen Ausblick in das etwa 35 Meter tiefer liegende Ber-

Die Püttberge

Die Püttberge entstanden aus Versandungen des damaligen vegetationsarmen Urstromtales. Diese Aufwehungen erfolgten nach der letzten Eiszeit und sind in Berlin und Brandenburg die mächtigsten Dünen. Ähnliche Flugsanddünen findet man heute noch im Tegeler Forst. Durch den Bewuchs mit Kiefern, Laubbäumen, Krautpflanzen, Büschen und Gräsern wurde die Wanderdüne inaktiv. Auf Grund der seltenen Pflanzen- und Tierarten stehen die Püttberge seit 1995 unter Naturschutz. „Püttberge“ wurde aus dem niederdeutschen Wort „pütt“ für „klein“ abgeleitet.

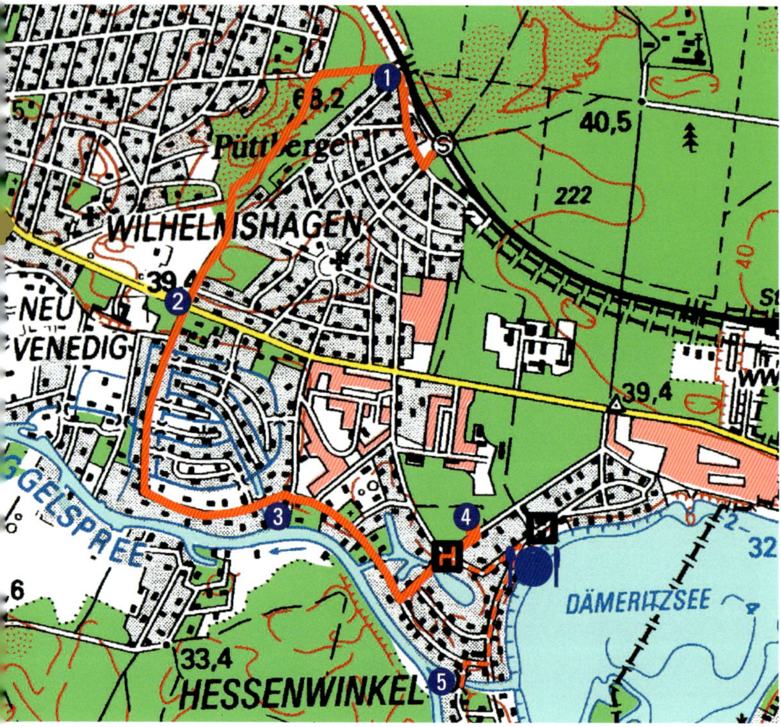

liner Urstromtal, in das der Ortsteil Wilhelmshagen eingebettet liegt.

Immer entlang des Wegs überquert man diese Düne und steigt dann in Richtung des Kirchturms wieder ab. Hier dem einigermaßen festen Geländestreifen bis zur asphaltierten Hochlandstraße folgen. Auf dieser Straße geht es weiter nach Süden über die Fürstenwalder Allee ❷ bis nach **Neu-Venedig**.

Neu-Venedig

Neu-Venedig ist eine Wohn- und Wochenendhaussiedlung, die seit 1926 von fünf Kanälen durchzogen wird. Zuvor war dieses Gebiet ein sumpfiges Wiesengelände, das zum Gutshof Rahnsdorf gehörte. Alle Grundstücke sind Wassergrundstücke, deren Verbindungswege über insgesamt zwölf Brücken führen.

Die Wanderung führt auf dem Hauptweg, dem Rialtoring, durch Neu-Venedig bis zur Rialtobrücke. Wer möchte, kann dort auch einen der anderen kleineren Wege wählen, um dieses Viertel zu durchqueren. Am Beginn der Siedlung befindet sich eine Übersichtskarte mit genauen Angaben der Brücken und Straßenverläufe. Mit der Überquerung der letzen Brücke ❸, der Rialtobrücke, verlässt man Neu-Venedig und folgt der Biberpelzstraße bis zur Kreuzung Waldstraße. Dort nach Nordosten (links) abbiegen. Der Waldstraße nun folgen, bis auf der linken Seite am Rande des Waldgebietes die **Waldkapelle „Zum anklopfenden Christus"** ❹ zu sehen ist.

Nach einer schönen Pause an der Kapelle und dem Studium des „Ereignisbaumes" gibt es drei Möglichkeiten für das weitere Vorgehen:

1. Den Spaziergang dort zu beenden und mit dem Bus 161 über Erkner wieder heimzufahren.

2. Ein kurzes Stück zurück bis zur Eichenstraße und durch diese und die Lindenstraße zum Dämeritz-Seehotel zu laufen und dort bei einer kleinen Stärkung mit Blick auf den See den Spaziergang zu beenden. Von dort fährt ebenso der Bus 161.

3. Nach der Stärkung im Seehotel die 8 Kilometer durch das **Revier Fahlenberg** zu spazieren. Dafür läuft man auf der Kanalstraße in südlicher Richtung bis zur Straße „Im Haselwinkel". Von dort geht es auf der Triglawstraße und der Triglawbrücke ❺ über die Müggelspree in das beeindruckende Waldgebiet der Försterei Fahlenberg.

DämeritzSeehotel
Kanalstraße 38/39
12589 Berlin-Köpenick
Tel. (0 30) 6 16 74 40
www.daemeritzseehotel.de
Tgl. ab 12 Uhr

Waldkapelle „Zum anklopfenden Christus"

Es war an einem Sonntag, dem 22. Mai 1910, als diese schöne Kapelle das erste Mal ihre Tore öffnete. Ihre Gründung ist den damaligen Hessenwinkler Bürgern zu verdanken, die mit zahlreichen Spenden den Bau ermöglicht hatten. Aber nicht nur damals waren die Einwohner für ihre Kapelle da, sondern auch heute. Denn über die Jahre verfiel die Kapelle langsam und wurde aus Kostengründen vom Gemeindekirchenrat aufgegeben. Auch da waren es wieder die Hessenwinkler, die mit ihren Spenden zum Erhalt des Gebäudes beitrugen.

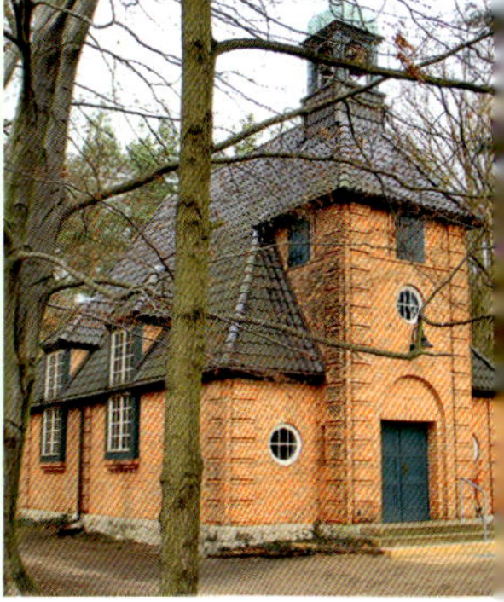

Wanderung
Radtour

Start
S-Bhf. Rahnsdorf

Länge
ca. 12 km

Dauer
ca. 4 Stunden (Wanderung)

Rückfahrt
Tram 88
Haltestelle Jägerstraße

Kombinierbar mit
Müggelsee
▸ Seite 95
Krummendammer Heide
▸ Seite 108

Revier Rahnsdorf III

Durch den Schöneicher Spreewald zur Schönebecker Heide

Am S-Bahnhof Rahnsdorf beginnt die vierstündige Wanderung durch den Kleinen Spreewald-Park in Schöneiche und durch die Schönebecker Heide, die keine Ähnlichkeit mit einer Heidelandschaft hat. Die Tour wäre auch als Radtour möglich, aber man muss sich einen Rückweg überlegen, da man die Räder am Ende nicht mit in die Tram nehmen kann.

Der S-Bahnhof wird nach Norden (links) verlassen und man geht auf der anderen Seite parallel zu den Gleisen nach Osten in die „Straße nach Fichtenau". Nach einer Kurve in Richtung Nordosten (links) kreuzt schon bald das Gleis der Tram 87. Direkt neben den Schienen folgt man dem Weg nach Osten (rechts) hinein in den Wald. **Am dritten Bahnübergang** wird über die Schienen nach Norden (links) auf den Weg abgebogen ❶. Immer geradeaus überquert man zunächst die Hamburger Straße und später die Rüdersdorfer Straße. Danach wird der Weg deutlich schmaler, überquert die Lübecker Straße und endet auf der Forststraße, die an dieser Stelle nördlich in den Heuweg übergeht. Dort hat man das Berliner Stadtgebiet verlassen und befindet sich in **Schöneiche**.

Auf dem Heuweg läuft man bis zur zweiten Kreuzung und biegt dort in die Walter-Dehmel-Straße

Schöneiche

1376 fand Schöneiche seine erste urkundliche Erwähnung unter dem slawischen Namen „Schoneyke". Der einstige Rittersitz mit seinen zwölf Bauerngütern war im Besitz der Familien Schlegel und Lietzen. 1450 gehörte auch der Stadt Berlin ein Teil des Dorfes. Wer gern mehr über die Geschichte von Schöneiche erfahren möchte, kann sich im Heimathaus genauestens informieren. Die Wanderung führt dort vorbei.

Heimathaus Schöneiche
Schöneicher Heimatfreunde e. V.
Dorfaue 8
15566 Schöneiche
Tel. (0 30) 6 49 11 05
Mi–Sa 12–16, So 13–17 Uhr

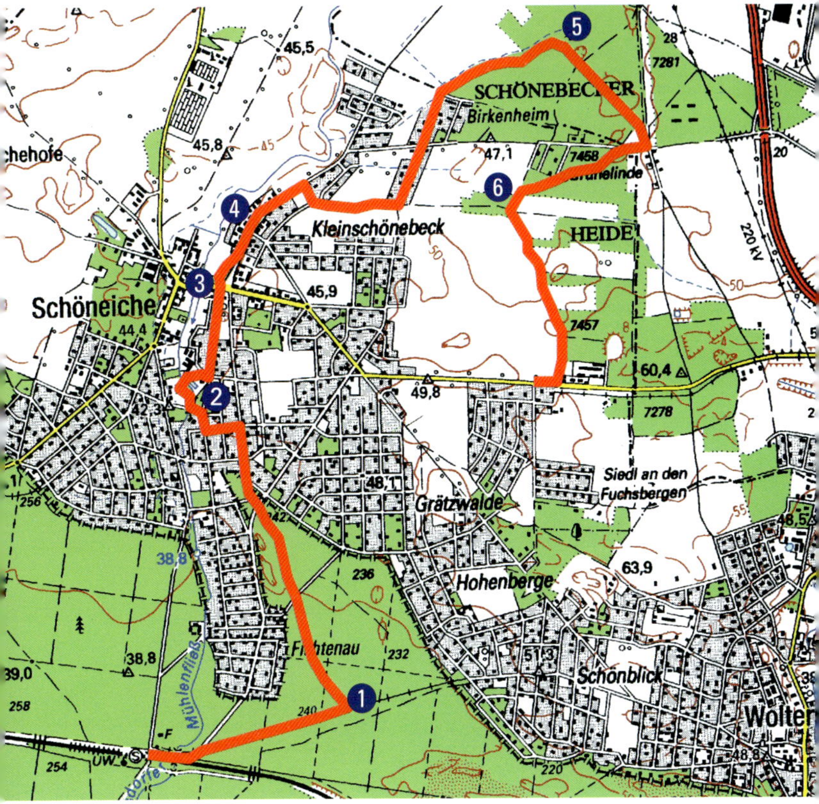

nach Westen (links) ein. Zwei Straßen weiter, an der Brandenburgischen Straße, geht es wieder nach Norden (rechts) und nach wenigen Metern links in den Mühlenweg. Dort steht man am südlichen Eingang zum **Kleinen Spreewald-Park** 2. Entlang des Zaunes läuft man bis zur Brücke über das Fredersdorfer Mühlenfließ. Kurz vor der Überführung befindet sich rechter Hand ein grüner Zaun mit Zugang in den 42 000 Quadratmeter großen Spreewald-Park. Dort entlang und parallel zum Mühlenfließ führt der Weg zu einer **hölzernen Brücke**.

Über diese Brücke betritt man eine außergewöhnliche Naturlandschaft. Abhängig von der Witterung kann dort ein Feuchtgebiet mit über 700 Metern Wasserkanälen bestaunt werden. Nach längeren Tro-

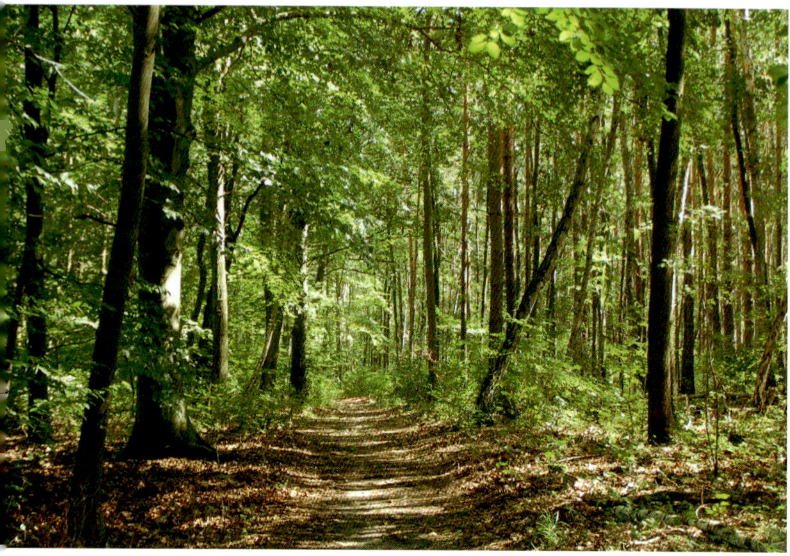

Weg durch die Schönebecker Heide

ckenperioden sind die Wasserarme allerdings völlig ausgetrocknet. Man hat dann die Möglichkeit, zahlreiche Wildtierspuren in dem weichen Untergrund zu erkunden. Auf dem etwa 2 Kilometer langen Weg durch dieses Gebiet gibt es viel zu entdecken. Am Ende verlässt man den Park östlich über einen Naturspielplatz und steht auf der Berliner Straße.

Es geht hier nach Osten (rechts), zurück bis zur Brandenburgischen Straße und dort nach Norden (links). Vorbei an einer kleinen Ladenzeile erreicht man nach einiger Zeit die viel befahrene **Schöneicher Straße** ❸. Diese wird überquert und auf der anderen Straßenseite folgt man der **Markierung Müggel-Spree-Weg** entlang des Schlossparks. Der Weg knickt nach einiger Zeit nach Osten (rechts) ab und führt auf die Straße Dorfaue. Hier wieder nach Norden (links) gewandt, steht man schon bald am Zaun des **Heimathauses** ❹. Wer mag, kann sich hier genauer über Schöneiches Geschichte informieren.

Auf Dorfaue und Vogelsdorfer Weg läuft man weiter nach Nordosten, bis rechts die Eggersdorfer Straße abgeht. An der Stelle zeigt auch ein Wegweiser den Müggel-Spree-Weg nach Südosten (rechts) an. Dem folgend und weiter halb links über die

Wilhelm-Raabe-Straße (Sandweg!) wandert man in Richtung Osten über die Felder bis zur Petershagener Straße weiter. In Richtung Norden (links) über die Petershagener Straße erreicht man den Ortsteil **Kleinschönebeck.** An der Kreuzung Tasdorfer Straße wird der Müggel-Spree-Weg verlassen und es geht weiter geradeaus auf der Petershagener Straße. Am Ende schließt ein ausgeschilderter Forstweg an, über den man wieder in den Wald gelangt.

Nun betritt man die **Schönebecker Heide** und hält sich dem Weg entlang des Mühlenfließes folgend in Richtung Nordosten. **Achtung:** Bei einer Gabelung nicht nach Osten (rechts) abbiegen! Nach circa 1,2 Kilometern und einer Rechtskurve liegt ein kleiner **Teich mit einer kleinen Insel** ❺ eingebettet in den Wald. Bei Niedrigwasser ist die Insel vom Ufer aus erreichbar und wird gern von Wildschweinen als Schlafplatz genutzt.

Der kreuzende Weg wird überquert und auf dem folgenden schmalen Pfad wandert man weiter nach Südosten (geradeaus), bis der Grünelinder Weg erreicht wird. Dort nach Süden (rechts) abbiegen und hinein in die kleine **Siedlung Grüne Linde.** An der nächsten Kreuzung biegt man nach Westen (rechts) in den unbefestigten Weg ein und folgt am Ende der Häuser beim Ortsschild von Schöneiche dem abzweigenden Waldweg nach Südwesten (links).

Nach etwa 1,2 Kilometern durch den Wald öffnet sich der Blick zur Linken auf die Felder. Hier richtet man sich nach Süden (links) und an der folgenden **Kreuzung** geradeaus/halblinks ❻. Man wandert nun über die Felder und immer wieder vorbei an Waldstreifen. Der Feldweg endet schließlich auf der Kalkberger Straße im Ortsteil **Grätzwalde.** Hier sieht man bereits 200 Meter weiter westlich (rechts) die Haltestelle der Tram 88. Von dort kann man mit der Straßenbahn zum S-Bahnhof Friedrichshagen fahren.

Hier öffnet sich der Blick auf die Felder

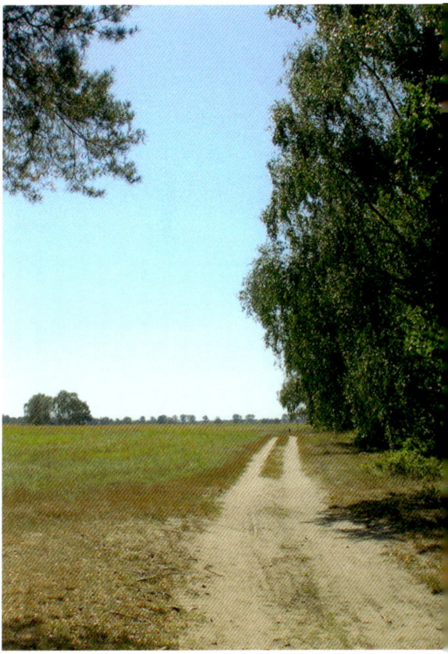

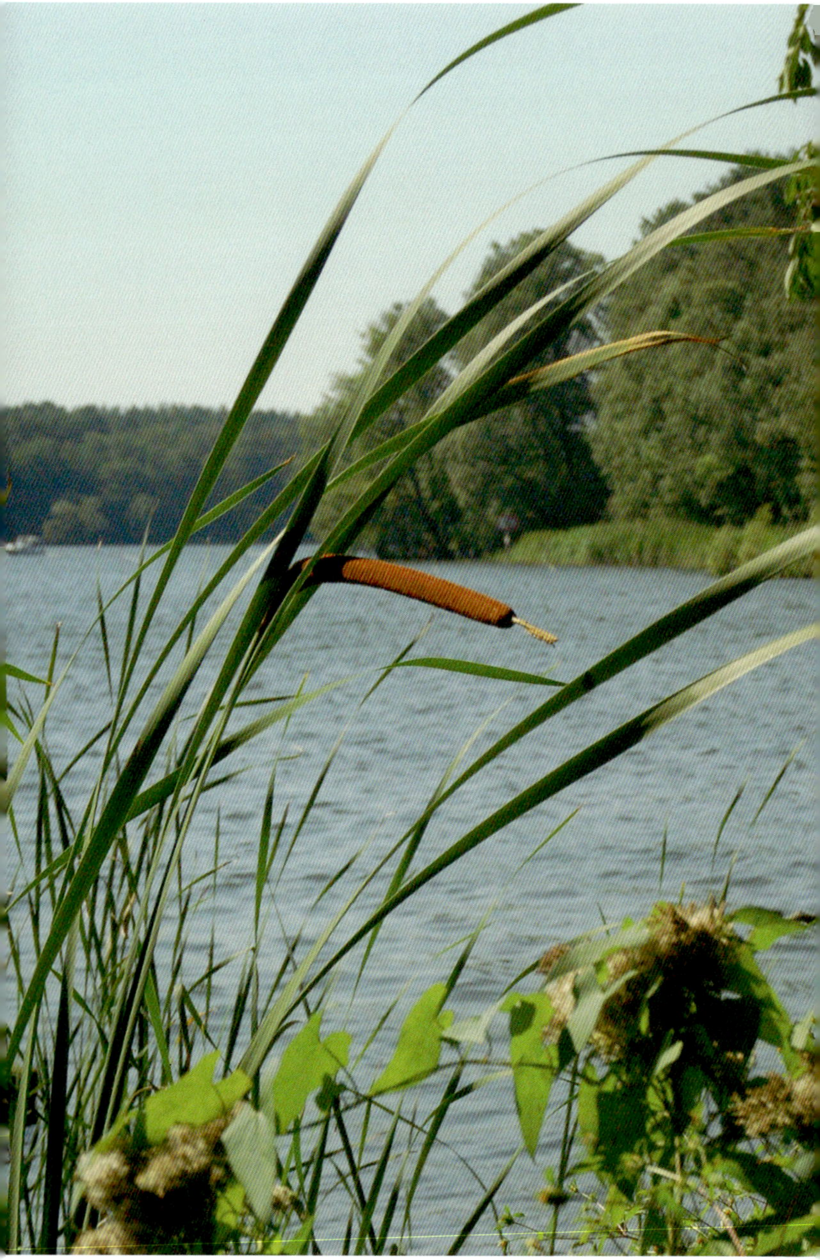

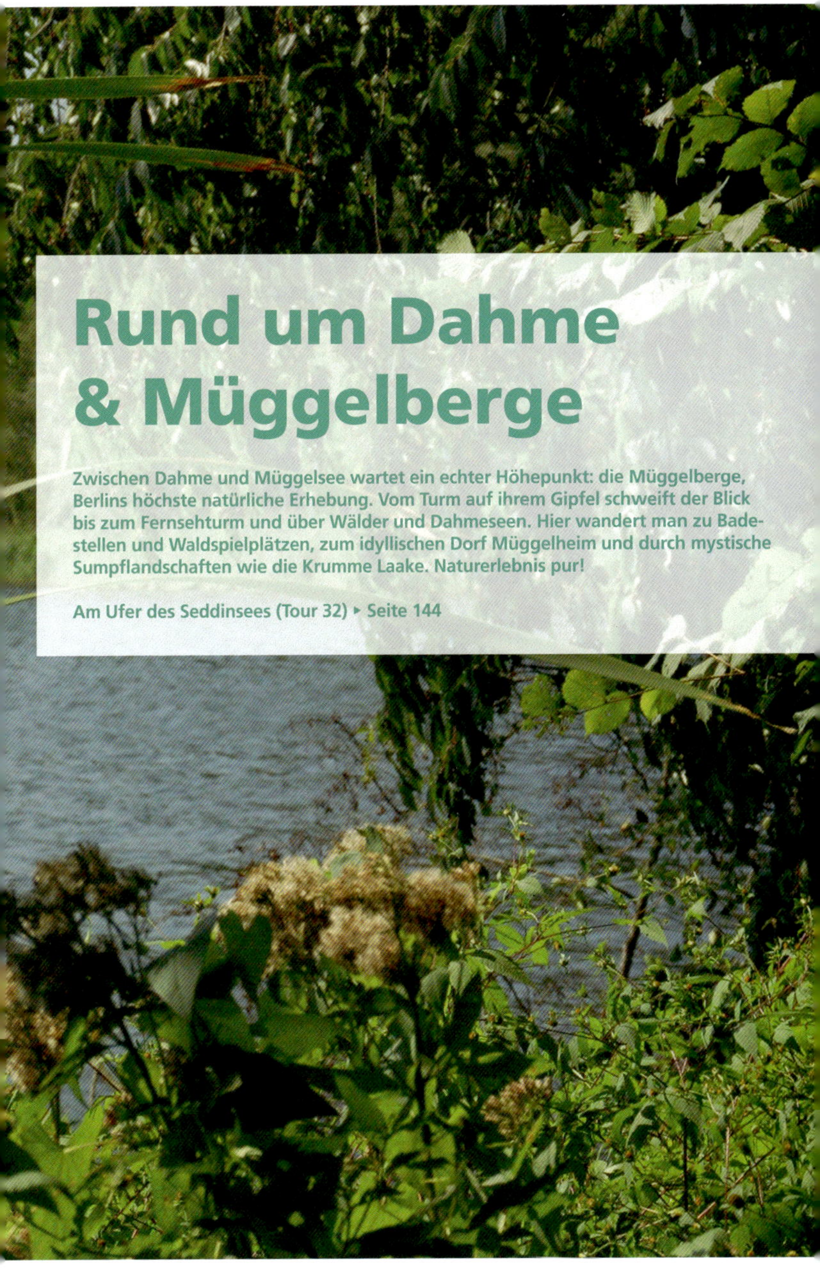

Rund um Dahme & Müggelberge

Zwischen Dahme und Müggelsee wartet ein echter Höhepunkt: die Müggelberge, Berlins höchste natürliche Erhebung. Vom Turm auf ihrem Gipfel schweift der Blick bis zum Fernsehturm und über Wälder und Dahmeseen. Hier wandert man zu Badestellen und Waldspielplätzen, zum idyllischen Dorf Müggelheim und durch mystische Sumpflandschaften wie die Krumme Laake. Naturerlebnis pur!

Spaziergang

Start
Bus 169
Haltestelle Rübezahl

Länge
ca. 4 km

Dauer
ca. 2,5 Stunden

Rückfahrt
Bus 169
Haltestelle Rübezahl
oder Müggelseeperle

Kombinierbar mit
Teufelssee
▸ Seite 98
Revier Teufelssee
▸ Seite 130

Karte ▸ Seite 129

Zum Müggelturm

Bergauf – bergab

Wer an der Haltestelle „Rübezahl" den Bus verlässt, befindet sich direkt am Startpunkt dieser kurzen, aber zeitaufwendigen Tour.

Durch das sogenannte Portal ❶ betritt man das Waldgebiet. Vorbei an einem Waldspielplatz führt der Weg zum **Teufelssee** ❷. Um den See herum ist ein **Lehrpfad** angelegt, auf dem diese Tour ein kurzes Stück verläuft. Einfach den Schildern folgen, aber dabei noch nicht nach links Richtung Lehrkabinett abbiegen. Nach ca. 150 Metern ist auf der rechten Seite eine Treppe zu sehen. Über diese erreicht man den **Kleinen Müggelberg,** auf dem in 88 Metern Höhe der **Müggelturm** ❸ (▸ Seite 132) steht.

Am Fuße des Müggelturmes kann man im 2017 wiedereröffneten Traditionslokal „Müggelturm-Baude" verschnaufen. Wer hoch hinaus möchte, kann weitere 30 Meter hinauf auf den Turm steigen. Von dort oben hat man einen guten Ausblick über die Umgebung – je nach Wetterlage bis zu 50 Kilometer weit.

Die Wandertour führt weiter über den Kammweg, von dem aus man das ein oder andere Mal rechts hinunter zum Langen See schauen kann. Nach ca.

Müggelturm-Baude
Getränke, Kuchen und kleine Speisen am Fuße des Müggelturms.
Straße zum Müggelturm 1
12559 Berlin
Tel. (0 30) 65 48 99 50
www.müggelturm.berlin
Tgl. 10–20 Uhr

Müggelturm
Tgl. 10–20 Uhr
Erwachsene 4 Euro,
Kinder 2 Euro

Teufelssee

Der Teufelssee ist ein eiszeitlicher Toteissee: Toteis ist Eis, das sich von einem Gletscher abgespalten hat und sich nicht mehr bewegt. Der Teufelssee entstand durch einen solchen Eisblock, der in einer Mulde durch Geröll und Schmelzwasser versandete und dort so lange erhalten blieb, bis die Bodenfrostperiode beendet war. Als der Frost den Boden freigab, wurde aus dem Eisblock unter dem Sand Wasser. Der Sand sickerte auf den Boden und es entstand ein 1,5 Hektar großer See. Heute hat der See eine Wassertiefe von 2 Metern und die weiteren 17 Meter bis zum Seeboden aus Sand und Kies sind aufgefüllt mit Schlick, Morast, Torf und Pflanzenresten.

Foto rechts: Blick auf den Müggelsee

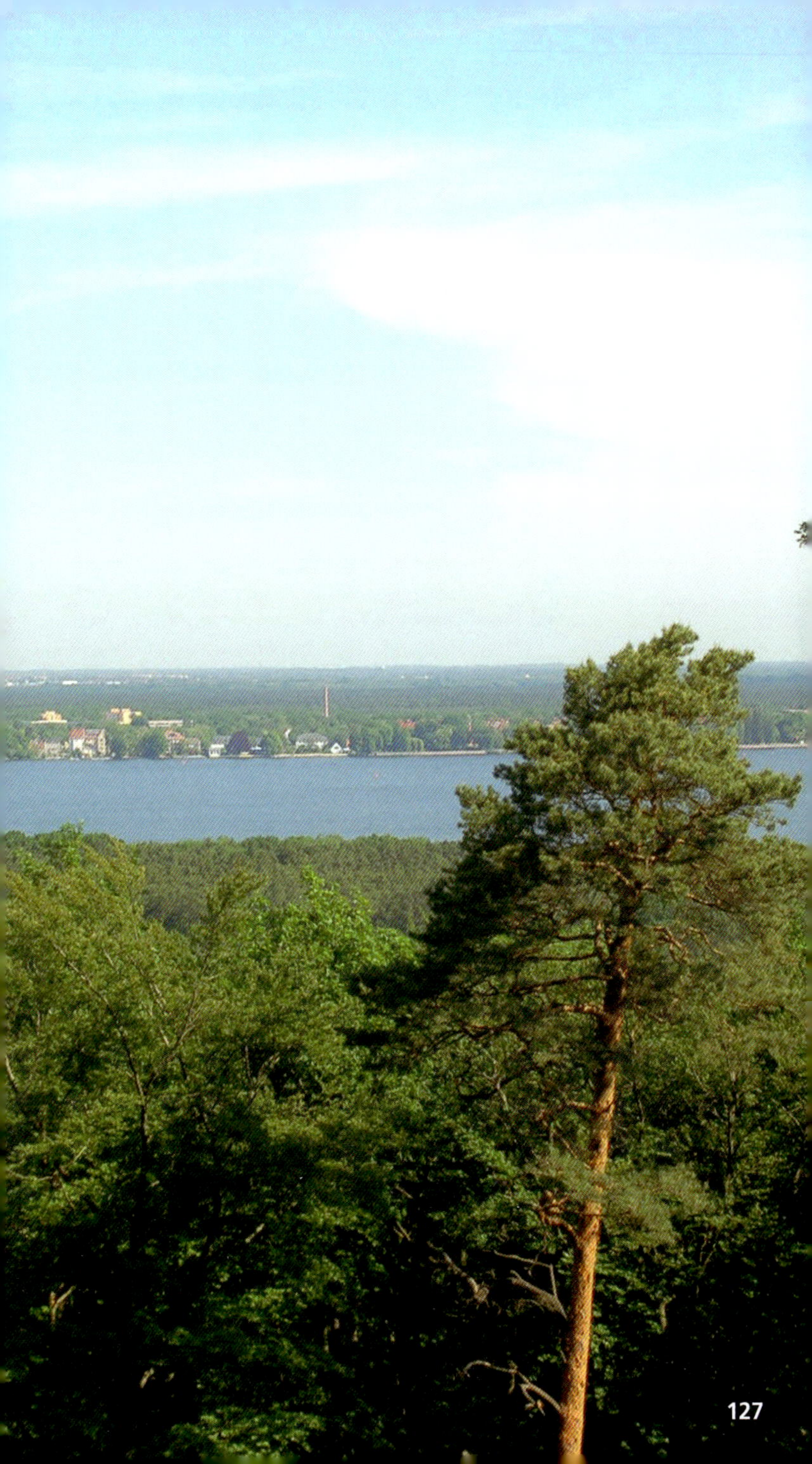

Lehrkabinett am Teufelssee
Müggelheimer Damm 144
12559 Berlin
Tel. (0 30) 6 54 13 71
Mo–Do und So 10–16 Uhr sowie nach Vereinbarung

500 Metern geht der Weg in einem spitzen Winkel links auf der ehemaligen Rodelbahn ❹ bergab. Diese wird heute im oberen Teil von Mountainbikern (Radfahrern) genutzt.

Bei der Informationstafel „Höhlenbauer und Nachmieter“ geht man nun rechts die Treppen hinunter und gelangt so zum sumpfigen Teil des **Teufelssees.** Am Ende der Rodelbahn wurde früher ein Auslauf in den Sumpf aufgeschüttet. Die Aufschüttung aus Schutt und Abfallstoffen wurde in einer Renaturierungsmaßnahme abgebaut. Heute sehen Sie an dieser Stelle ein rundes, mit Wasser gefülltes Loch. Über einen kleinen Steg kann sowohl in das 3,5 Meter tiefe Wasserloch geschaut werden als auch in den angrenzenden Sumpf.

Über den Weg am östlichen Rand des Sumpfgebietes, vorbei an der Informationstafel „Erlenbruchwald“ und dem Wurzelpavillon, stößt man auf das **Lehrkabinett** ❺. Hier können Sie, außer montags und samstags, alles Wissenswerte über den Wald und seine Bewohner erfahren. Im Lehrkabinett sollte mit einer Besuchszeit von wenigstens 45 Minuten gerechnet werden. Besonders Wissensdurstige können hier auch deutlich länger verweilen.

Sichtfenster auf den Langen See

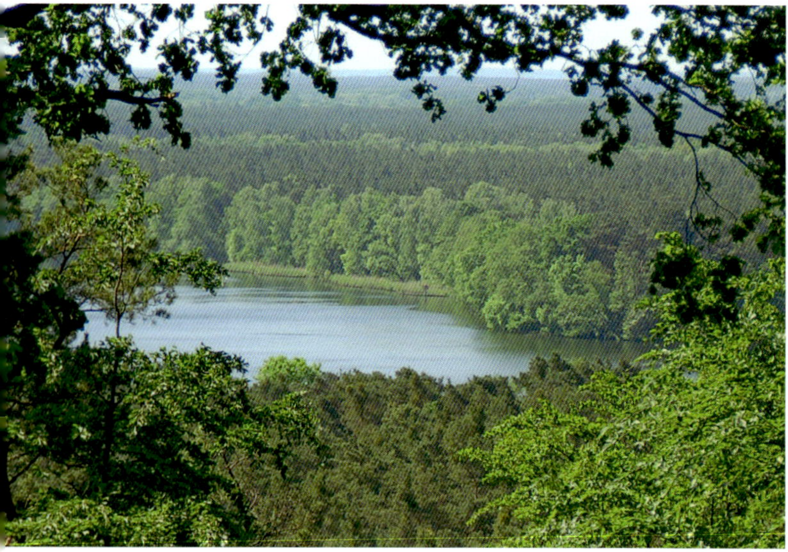

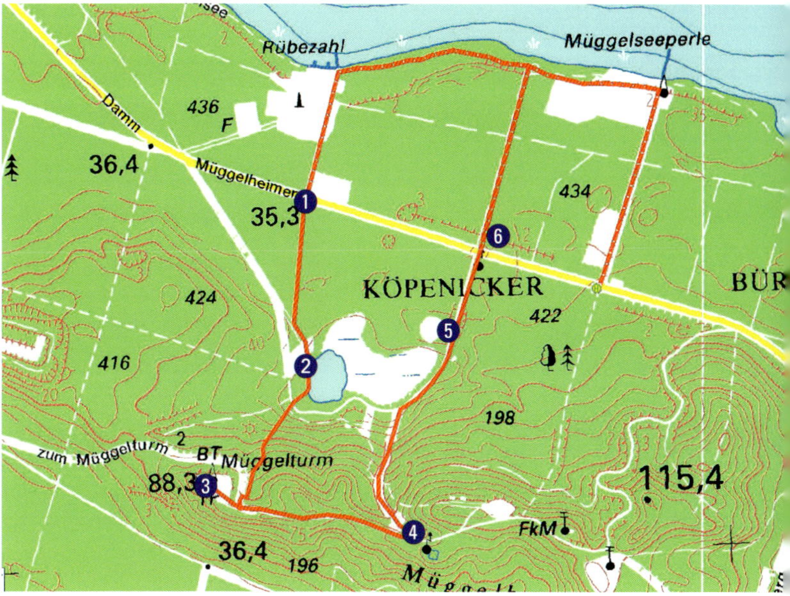

Über die Zufahrtsstraße zum Lehrkabinett erreicht die erste Etappe dieser Wandertour ihr Ende auf dem Müggelheimer Damm. Diejenigen, für die der Ausflug lang genug war, können hier entweder nach links zur Bushaltestelle „Rübezahl" zurücklaufen oder nach rechts zur Bushaltestelle „Müggelseeperle". Die **Erweiterungsetappe** ❻ beginnt auf der anderen Straßenseite und führt direkt zum Müggelsee (▸ Seite 111).

Kurz vor dem Ufer erscheint der **Rühlstein:** ein Gedenkstein für Rudolf Rühl, den Stadtältesten von Köpenick. An der T-Kreuzung des Uferweges besteht die Möglichkeit, nach links zur Gaststätte „Rübezahl" zu laufen oder nach rechts zum „Hotel Müggelsee". Bei beiden kann mit Blick auf das Wasser der Flüssigkeits- und Kalorienverlust wieder aufgefüllt werden.

Über die beiden Zufahrtsstraßen erreicht der Wanderweg den Müggelheimer Damm, auf dem der Bus von den Haltestellen „Rübezahl" und „Müggelseeperle" die Wanderer wieder zurück in die Großstadt bringt.

Restaurant und Café Rübezahl
Müggelheimer Damm 143
12559 Berlin
Tel. (0 30) 65 66 16 88-0
www.ruebezahl-berlin.de
Mai–Okt. Mi–So 11.30–21,
Nov.–Apr. bis 19.30 Uhr
Biergarten:
Mai–Okt. tgl. 10–19 Uhr

Hotel Müggelsee
Müggelheimer Damm 145
12559 Berlin
Tel. (0 30) 6 58 82-500
www.hotel-mueggel-see-berlin.de
Tgl. 12–22 Uhr

Spaziergang

Start/Rückfahrt
Bus 169 Haltestelle Ludwigshöheweg

Länge
ca. 5,5 km

Dauer
ca. 2 Stunden

Kombinierbar mit
Zum Müggelturm
▸ Seite 126
Langer See
▸ Seite 134
Revier Müggelheim
▸ Seite 138

Revier Teufelssee

Ein Waldspaziergang auf Berlins höchsten Berg

Der höchste Berg Berlins? Wo liegt der denn? Das ist nicht leicht zu beantworten. Denn genau genommen haben wir in Berlin zwei „Berge", die mit je 115 Metern gleich hoch sind: den Teufelsberg und den Großen Müggelberg. Allerdings ist nur letzterer eine natürliche Erhebung. Der Spaziergang führt im Köpenicker Forst auf den Kammweg des Großen Müggelberges.

Gestartet wird in **Müggelheim** (▸ Seite 138) an der Haltestelle „Ludwigshöheweg" des Busses 169. Von dort geht es in den gleichnamigen Weg bis zum nächsten Abzweig nach Westen (rechts) in die Philipp-Jacob-Rauch-Straße. Diese führt bis zur Straße „Am Müggelberg", wo sich auch der Zugang in den Wald befindet. Der Pfad schlängelt sich nun bergauf bis zum asphaltierten Kammweg.

Schon nach 20 Metern auf dem **Kammweg** zweigt ein Weg nach Nordwesten (rechts) ab ❶. Dies ist der Weg, um ganz nach oben zu kommen. Denn folgt man diesem, findet man bereits nach wenigen Metern ein Hinweisschild **„Zum höchsten Berg Berlins"**. Von dort ist es dann nicht mehr weit bis ganz nach oben und, immer dem Schild nach, kann man sich nicht mehr verlaufen. Der eigentliche Spaziergang führt jedoch auf dem Kammweg weiter. Also bitte nach dem Abstecher auf die Bergspitze wieder auf den asphaltierten Weg zurückgehen.

Schon nach wenigen Metern stößt man auf ein Schild mit der Aufschrift **„Referenzfläche"**. Vorbei an dieser Fläche sieht man durch die Bäume rechter Hand den ersten Sendemast des Fernmeldeamtes 1 von Berlin. Und einige Minuten später erscheint auch die zweite Sendeanlage. Die Anlage wird ein Stück umrundet und auf dem befestigten Weg gelangt man auf eine neu angelegte **Aussichtsplattform** ❷. Von diesem Punkt hat man durch eine Sichtschneise einen freien Blick über den Großen

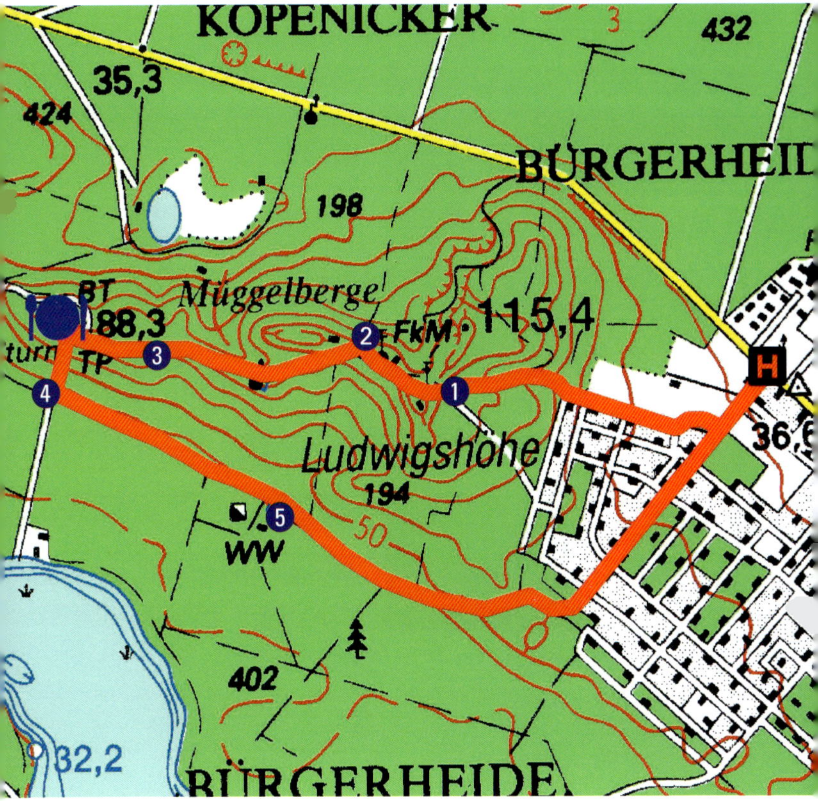

Referenzflächen

Überall in den Berliner Wäldern stößt man auf Schilder mit der Aufschrift „Referenzfläche". Diese Flächen sind Bestandteile der Zertifizierung der Berliner Wälder. Seit dem 16. Juni 2002 sind die Berliner Forsten und damit auch die Wälder nach FSC (Forest Stewardship Council) und Naturland zertifiziert. Durch diese Zertifizierung gibt es festgelegte Bewirtschaftungsgrundsätze für die Waldflächen.

Diese Zertifizierung verpflichtet unter anderem dazu, dass auf 10 Prozent der Waldfläche jegliche Eingriffe unterbleiben müssen. Diese Referenzflächen bleiben der natürlichen Entwicklung überlassen. Es dürfen keine Eingriffe durch Menschenhand erfolgen. Zum Beispiel werden kranke und tote Bäume nicht entnommen. Dies dient der Beobachtung des Waldes, um das forstliche Handeln zu optimieren. Mehr Informationen über die Zertifizierung finden Sie auf der Website der Berliner Forsten in der Rubrik „Zertifizierung des Berliner Waldes".

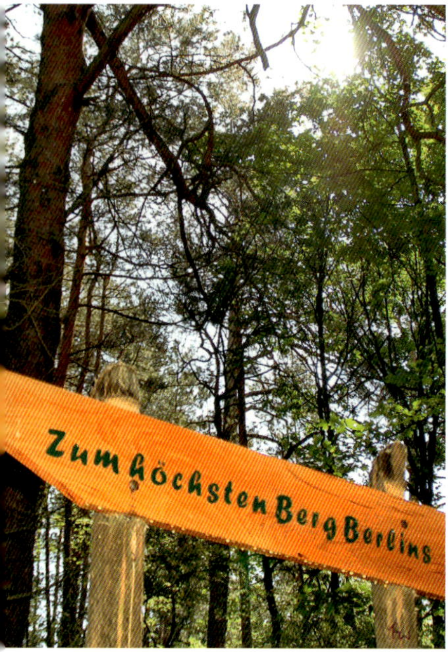

Hier geht's ganz nach oben

Müggelsee nach Friedrichshagen. Nach einer schönen Pause geht man zurück bis zum Zauntor der Sendeanlage.

Genau gegenüber führt ein Weg hinab zurück auf den „Bergrücken". Auf diesem befestigten Sandweg geht man zurück auf den Kammweg. Immer wieder öffnen sich versteckte Einblicke links und rechts hinunter in die schönen Wälder. Kurz bevor man den Müggelturm erreicht, findet man linker Hand eine Stelle ❸ mit einer Panorama-Aussicht nach Süden auf den Langen See.

Der **Müggelturm** ist der äußerste Punkt dieses Spazierganges. Er steht auf dem Kleinen Müggelberg in einer Höhe von 88 Metern über NN. Unterhalb des Turms befindet sich das 2017 wiedereröffnete Traditionslokal „Müggelturm-Baude". Der Spaziergang führt nun wieder hinab in südliche Richtung über eine Treppenanlage ❹ in Richtung **Langer See.** Am Ende der Treppe stößt man auf eine Straße, die nach Os-

Müggelturm

Den ersten Turm namens „Spindlerturm" ließ 1880 Carl Spindler, Erbe des in Köpenick ansässigen Wäschereiunternehmens „W. Spindler", errichten. Dieser 10 Meter hohe hölzerne Aussichtsturm bot auf Grund seiner geringen Höhe jedoch keinen schönen Fernblick. 1889 ließ Herr Schindler den Turm vom Baumeister Max Jacob im chinesischen Pagodenstil für 40 000 Mark (ca. 20 452 Euro) erweitern. Am 1. April 1890 wurde der nun 27 Meter hohe Holzaussichtsturm eröffnet. Das damals im Turm befindliche Restaurant und die Aussichtsplattform mit einem Fernblick von bis zu 50 Kilometern entwickelte sich schnell zu einem Besuchermagneten. 1958 brannte der alte Müggelturm leider ab. Der heutige Müggelturm wurde 1960 eingeweiht.

Müggelturm-Baude
Getränke, Kuchen und kleine Speisen am Fuße des Müggelturms.
Straße zum Müggelturm 1
12559 Berlin
Tel. (0 30) 65 48 99 50
www.müggelturm.berlin
Tgl. 10–20 Uhr

Müggelturm
Tgl. 10–20 Uhr
Erwachsene 4 Euro,
Kinder 2 Euro

ten (links) zurück am Fuße der Müggelberge nach Müggelheim führt. Auf dieser Straße, die für den öffentlichen Straßenverkehr gesperrt ist, läuft man durch eine schöne, dichte Waldlandschaft. Auf ungefähr halbem Weg durch die Köpenicker Bürgerheide kommt man an den Toren des ehemaligen Wasserwerkes von Köpenick vorbei.

Dieses im englischen Jagdhausstil errichtete **Wasserwerk** 5 wurde 1907 vom Stadtbaudirektor Hugo Kinzer entworfen. 1926 wurde ein dritter Maschinensatz aufgestellt. 1996 wurde das Wasserwerk stillgelegt und ist heute noch für jeden historisch Interessierten ein echtes Erlebnis.

Weiter geht es auf der verkehrsberuhigten Straße bis nach Müggelheim. Auf dem Grünstadter Weg stößt man direkt wieder auf den Ludwigshöheweg. Diesem weiter geradeaus folgend erreicht man wieder den Müggelheimer Damm, wo der Spaziergang begonnen hatte.

Geht es hier aufwärts oder abwärts? Treppe am Müggelberg

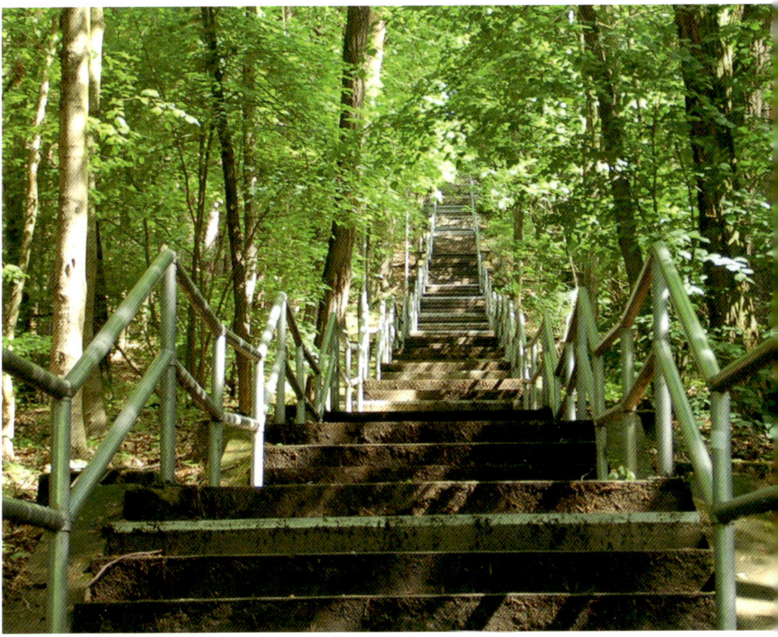

Wanderung
Radtour

Start
Bus 169
Haltestelle Ludwigshöheweg

Länge
ca. 7,5 km

Dauer
ca. 2,5 Stunden

Rückfahrt
Tram 62
Haltestelle Wendenschloß oder S-Bhf. Grünau

Kombinierbar mit
Revier Teufelssee
▸ Seite 130
Revier Müggelheim
▸ Seite 138
Revier Grünau
▸ Seite 152

Langer See

Unterwegs am Langen See

Der grüne Ortsteil Müggelheim ist der Ausgangsort für diesen Ausflug. Auf der Tour erfährt man, was es eigentlich mit Trinkwasserwäldern auf sich hat. Man kommt an historischen Ausflugsorten vorbei und beendet das Ganze mit einer schönen Fährfahrt.

Über den Ludwigshöheweg wird Müggelheim (▸ Seite 138) in Richtung Süden verlassen. Auf einer schmalen Straße geht es hinein in die grüne Lunge Berlins. Direkt an der nächsten Schranke geht von der asphaltierten Straße ein Weg nach Südosten (links) ab. Diesem wird bis zu einigen Wohngrundstücken gefolgt und dort nach Südwesten (rechts) abgebogen. Schon nach wenigen Metern erreicht man den **Abhang** der kleinen Anhöhe, auf der sich der ganze Ortsteil Ludwigshöhe befindet ❶. Dem Weg folgend geht es zwischen den Birken hinunter, bis man auf den breiten, befahrbaren Waldweg trifft. Auf dieser schnurgeraden Trasse läuft man nach Westen (rechts). Nach wenigen Minuten erscheint auf der linken Seite eine eingezäunte Fläche mit dem Hinweis **Trinkwasserwald**.

Vorbei an dieser Fläche geht es bis zur nächsten Wegkreuzung. Hier biegt man nach Südwesten (links) ab und folgt dem Weg bis ans Wasser. Vor einem liegt der **Lange See** ❷. Dem Uferweg folgt man nun immer in Richtung Nordwesten (rechts). Bereits nach wenigen Minuten führt der Weg zu einer alten, großen Eiche, die direkt auf dem Weg steht. Das ist nicht irgendeine Eiche, sondern die **Wilfried-Langer-Eiche.** Wilfried Langer, der 1978 aus Eichsfeld in Thüringen kam, war von 1986 bis 2006 Revierförster im Köpenicker Forst, bis er dann in den wohlverdienten Ruhestand ging. Zwei Bänke laden an der Langer-Eiche zum Verweilen ein.

Der weitere Weg führt um ein Feuchtgebiet. Einige Hundert Meter weiter öffnet sich der Ausblick auf eine ausgedehnte **Sandbucht,** die in den Sommermonaten ein beliebter Badestrand ist. Nach der Durchquerung der Bucht geht die Tour weiter auf

Für das Trinkwasser werden Laubbäume gepflanzt

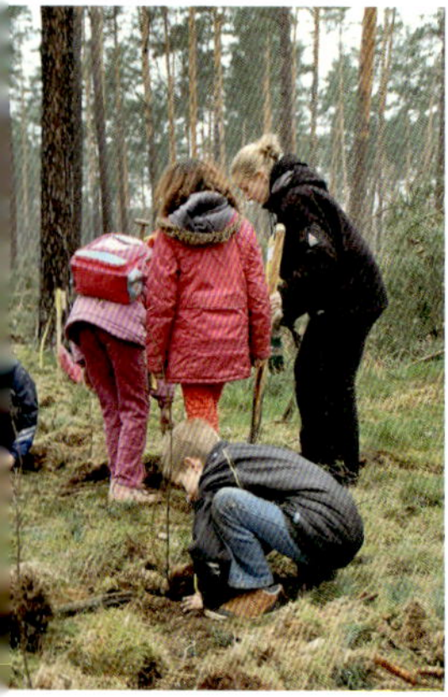

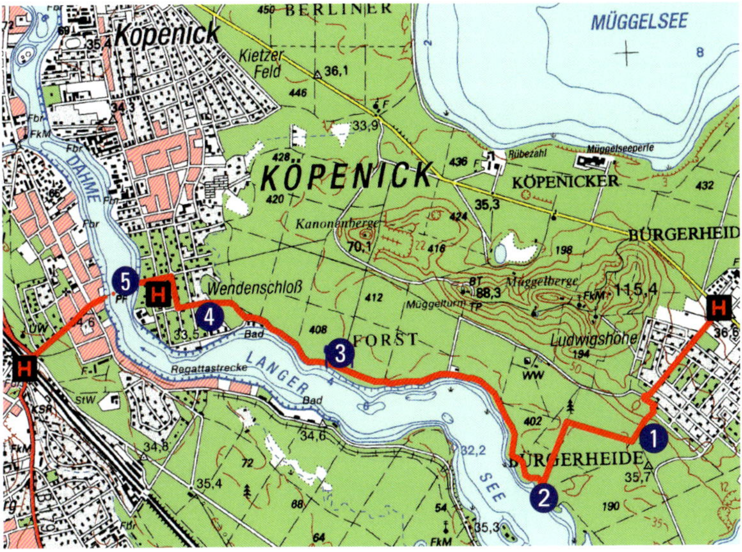

Trinkwasserwald

Auf dieser Fläche wurden 2008 von 150 Köpenicker Schulkindern über 5 000 Eichen, Winterlinden und Hainbuchen unter Kiefern gepflanzt. In den folgenden zwei bis drei Jahren wurden weitere 40 000 Laubbäume in Köpenick gesetzt. Durch die Umwandlung von Nadelwäldern in Laubwälder wird nämlich eine zusätzliche Grundwasserbildung von über 80 Litern pro Kubikmeter im Jahr erreicht. Die Gründe: Im Sommer vermindern Laubwälder durch ihren Schatten üppigen Bodenwuchs, der zusätzlich Wasser verbrauchen würde. Im Winter hingegen lassen die unbelaubten Wälder im Gegensatz zu den belaubten Nadelwäldern den Niederschlag ungehindert auf den Boden fallen und damit ins Grundwasser sickern.

Und nicht nur quantitativ, sondern auch qualitativ bieten Laubwälder besseres Wasser als Nadelwälder. Das liegt an der biochemischen Zusammensetzung des Bodens. Das heißt im konkreten Fall: Nach der Pflanzung der 40 000 Bäume wird sich eine Fläche von 16 Hektar zu Laubwäldern entwickeln. Und das bedeutet: insgesamt 13 Millionen Liter mehr und besseres Berliner Grundwasser pro Jahr!

dem Uferweg nach **Marienlust.** An der angrenzenden Steganlage kann man unter anderem erkennen, dass dies in früheren Zeiten ein beliebter Ausflugsort war. Nach der Wiedervereinigung als Diskothek betrieben, brannte das Lokal 1997 bis auf die Grundmauern nieder.

Kiosk in Schmetterlingshorst
Mo–Fr 10–17 Uhr,
Sa/So 10–19 Uhr,
je nach Wetterlage

Der nächste Ort auf dem Uferweg ist **Schmetterlingshorst** ❸. Die beliebte Ausflugsgaststätte war von 1912 bis 1992 durchgehend besucht und wurde dann aufgegeben. Der Bezirkssportbund Treptow-Köpenick hat die Gebäude zwischenzeitlich schön saniert und eine attraktive Anlage geschaffen, die zu einer Rast einlädt. Eine Besonderheit ist die kostenfrei zugängliche Schmetterlingsausstellung.

Dem Uferweg weiter durch den Wald folgend erreicht man als Nächstes das **Strandbad Wendenschloß**. Am Freibad wird der Lange See verlassen und dem Weg in Richtung Nordwesten bis zum **Kuhgraben** gefolgt ❹. Nach der Überquerung geht es auf der Ekhofstraße bis zum gleichnamigen Platz und von dort nach Norden (rechts) weiter bis zum Müggelbergplatz. Nach einem Schwenk links auf die Müggelbergallee überquert man die Wendenschloßstraße. Dort besteht die Möglichkeit, mit der

An der Wilfried-Langer-Eiche

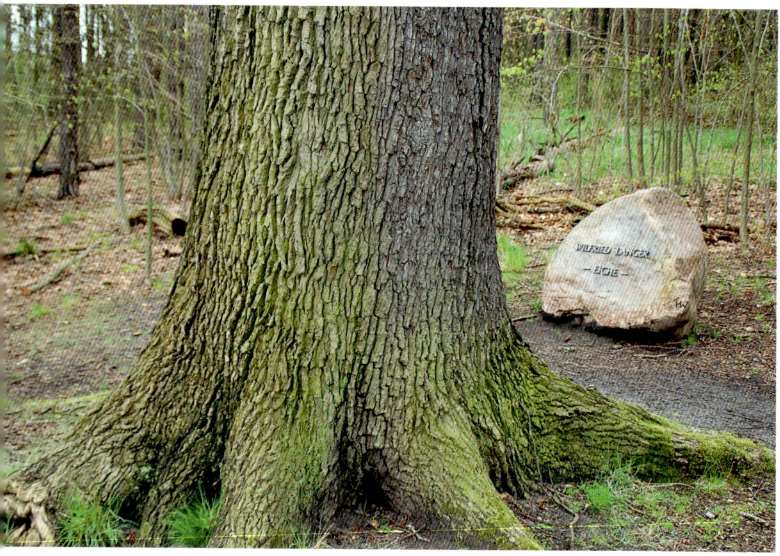

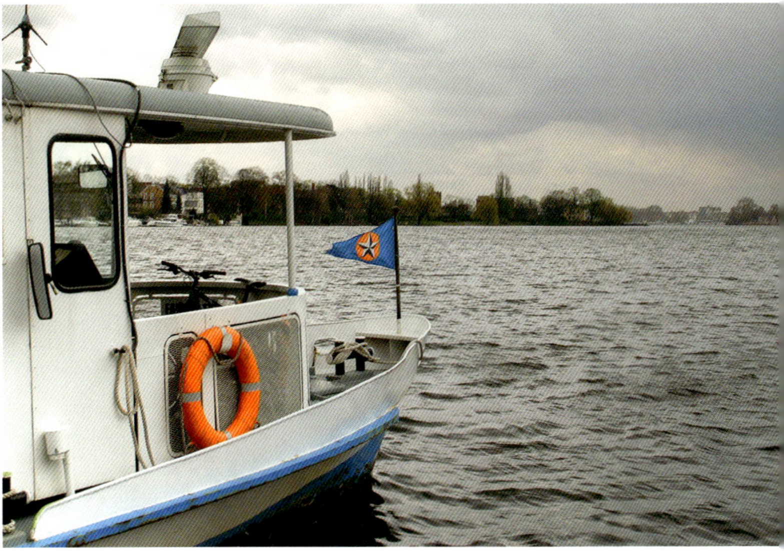

Am Ende des Ausflugs setzt man mit der Fähre F12 von Wendenschloß nach Grünau über

Straßenbahnlinie 62 zurückzufahren. Jedoch lohnt es sich, weiter bis zum S-Bahnhof Grünau zu gehen. Denn schon nach wenigen Metern steht man am Gewässer der Dahme und kann von dem **Fähranleger** den Spuren des alten Fährmannes Wöse folgen ❺. Dieser Fährmann Wöse war der erste Fährmann auf der Strecke Grünau–Wendenschloß (alias Eichhorn).

Hat man mit der Fährlinie F12 das andere Ufer erreicht, gelangt man auf der Wassersportallee direkt zum S-Bahnhof Grünau.

Strandbad Wendenschloß

Das Strandbad wurde 1914 als Freibad in Wendenschloß eröffnet. Der Ort Wendenschloß hieß früher Eichhorn und wurde 1516 das erste Mal urkundlich erwähnt. 1866 wurde hier ein Haltepunkt auf der Eisenbahnstrecke zwischen Berlin und Görlitz eingerichtet. Vier Jahre später wurde Eichhorn durch die Inbetriebnahme der Fähre nach Grünau ein beliebter Ausflugsort. 1892 schließlich entstanden die ersten Villen in Eichhorn und 1905 wurde die „Villenkolonie Wendenschloß" vom Cöpenicker Magistrat offiziell benannt.

BVG-Fähre F12
Fährt alle 10–20 Min. ganzjährig und transportiert auch Fahrräder

Wanderung
Baden

Start
Buslinie 169
Haltestelle Müggelheim/Dorf

Länge
ca. 7,5 km

Dauer
ca. 2,5 Stunden

Rückfahrt
Buslinie 169
Haltestelle Ludwigshöheweg

Kombinierbar mit
Revier Teufelssee
▸ Seite 130
Langer See
▸ Seite 134

Revier Müggelheim

Große Krampe, Kuhle Wampe

Man startet im schönen Müggelheim und kommt an den Gewässern Große Krampe und Langer See, meistens direkt am Ufer, entlang. Bei schönem Wetter und zur passenden Jahreszeit die Badesachen nicht vergessen! An vielen Stellen laden die Große Krampe und der Lange See zum Baden ein.

Ist man an der Haltestelle Müggelheim/Dorf ausgestiegen, fällt einem gleich auf charmante Weise auf, warum die Station so heißen muss.

Auf der Mittelinsel ist die über 200 Jahre alte evangelische Kirche zu sehen. Vorbei an dieser geht es in Richtung Südosten bis zum **Krampenburger Weg.** Der Straße wird nach Südwesten immer bergauf bis zum Hallgarter Steig gefolgt. Auf dieser kleinen, verschlungenen Straße schlendert man hinunter bis an das südliche Ende. Dort geht es dann direkt an der **Wasserkante** der Großen Krampe hinein in den Wald. Links des wunderbar belaubten Uferweges liegen zahlreiche große und kleine Boote im

Müggelheim

Müggelheim wurde 1747 von 20 Pfälzer Familien gegründet. Friedrich II. unterstützte die Familien dabei, ihren pfälzischen Heimatort Odernheim zu verlassen und sich bei Berlin anzusiedeln. Nach dem erfolglosen Versuch, Weinbau in der Region zu betreiben, fingen die Siedler bald an, ihren Lebensunterhalt mit Ackerbau und Fischerei zu bestreiten. 1920 wurde Müggelheim nach Berlin eingemeindet. Die damals kleinste Landgemeinde mit 186 Einwohnern zählt heute über 6 200 Einwohner. Der Zuwachs hat seinen Grund: Müggelheim liegt landschaftlich reizvoll eingebettet am Fuße der Müggelberge zwischen dem Müggelsee und der Großen Krampe. Hier wohnt man mitten im Berliner Erholungswald.

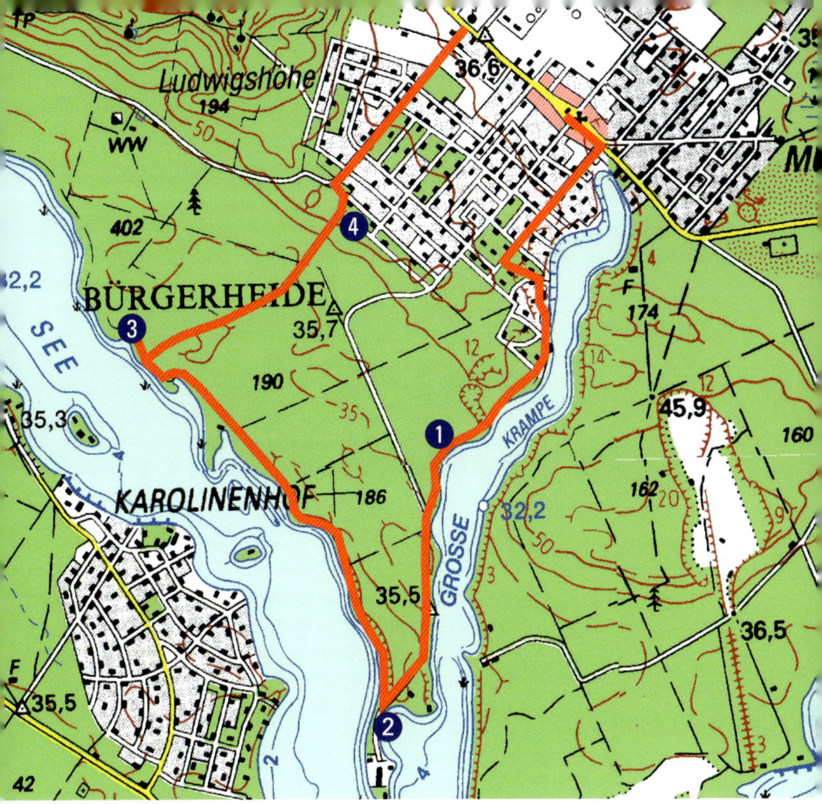

Wasser. An den kleinen Buchten kann der Blick über den See an das andere bewaldete Ufer schweifen.

Auf halber Strecke zur Krampenburg erreicht man eine schöne **Badebucht mit Sandstrand.** Bei schönem, sommerlichem Wetter lohnt sich ein Sprung in die **Große Krampe** ❶. Das Gewässer ist ein Überrest der Eiszeit und entstand als glaziale Rinne (durch die abtragende Wirkung des Schmelzwassers unter dem Gletschereis entstandene Rinne). Dieser 3 Kilometer lange und 300 Meter breite Seitenarm der Dahme erstreckt sich zwischen Müggelheim und Schmöckwitz.

Parallel zur Zufahrtsstraße der Krampenburg läuft man weiter in Richtung Süden bis zum Gelände des Zeltplatzes **Kuhle Wampe**. Hier wird die Große Krampe verlassen und es geht auf der Straße hinüber zum **Langen See.** Auf halber Strecke zum See befindet sich der Eingang zum Zeltplatz, an dem auch eine kleine Gaststätte zu finden ist.

Gaststätte
Zur Kuhlen Wampe
Getränke und kleine Gerichte auf dem Campingplatz Kuhle Wampe.
Tel. (01 76) 96 71 38 87
www.zeltplatz-kuhle-wampe.de/Kuhle-Wampe/Gaststaette
Apr.–Okt. Di–Fr 12–20, Sa/So 8–20 Uhr

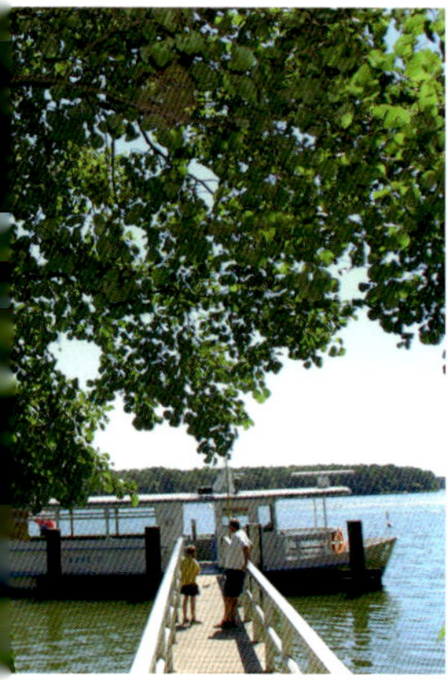

Fähranleger F21 ❷

Kuhle Wampe

Die Kuhle Wampe war in den 1930er-Jahren eine Gartenkolonie am Müggelsee. Bekannt wurde sie als Hauptdrehort des Films „Kuhle Wampe oder Wem gehört die Welt" – ein politischer Film von 1932, in dem es um die Lebensbedingungen der Berliner Arbeiterklasse geht. Bertolt Brecht hatte einige Szenen dafür geschrieben und Hanns Eisler die Musik komponiert. Der heutige Campingplatz Kuhle Wampe an der Großen Krampe wurde nach dieser früheren Gartenkolonie am Müggelsee benannt. Der Name hat natürlich auch etwas mit Bauch zu tun, aber mehr im Sinne von „bauchartige Bucht", die „kuhl" ist, also kühl.

Der Straße weiter in Richtung Südwesten folgend, erreicht man schon bald den Parkplatz der **Laubenkolonie Krampenburg** und damit den südlichsten Punkt der Wanderung. Dort befindet sich auch der **Fähranleger** der BVG-Linie F21 nach Schmöckwitz ❷.

Gegenüber vom Fähranleger geht die Wanderung in Richtung Norden zurück nach Müggelheim. In diesem Bereich durchfließt die Dahme den Langen See. Auch an den Ufern des Langen Sees kommt man an zahlreichen kleinen Buchten vorbei, die zum **Baden** einladen. Nach einiger Zeit stößt der Waldweg an einem **Schutzpilz** auf eine von rechts kommende asphaltierte Straße. Geradeaus führt unser Weg an der Hirtenwiese vorbei wieder an das Ufer des Sees und die Wanderung geht weiter in Richtung Nordwesten. Bald erreicht man die **Wilfried-Langer-Eiche** und den Gedenkstein daneben ❸. Wilfried Langer war von 1986 bis 2006 Revierförster im Köpenicker Forst, bis er dann in den wohlverdienten Ruhestand ging. Zwei Bänke laden an der Langer-Eiche zum Verweilen ein.

Von hier geht man den Weg ein kurzes Stück zurück bis zum letzten breiten Abzweig in den Wald. Auf diesem wandert man leicht bergauf durch die **Fischerheide.** Von der Anhöhe ist ein schöner Blick nach unten auf die Naturverjüngungen zwischen den alten Kiefern möglich. Nach der Überquerung eines breiten, schnurgerade verlaufenden Waldweges führt der Weg nach wenigen Metern wieder bergauf

Krampenburg

Robert Voigt eröffnete die „Krampenburg" 1906 als Ausflugslokal. 1916 wurde die Gaststätte durch Anbauten und kleine Hütten erweitert. Nachdem Voigt 1918 bei einem Brand im großen Saal ums Leben gekommen war, führten seine Söhne die Gastronomie weiter. Ab 1930 wurden um die Gaststätte immer mehr Gartenlauben errichtet. Die Berliner suchten die Entspannung im Grünen und fanden diese auf der schönen Landzunge. Als Berlin im Zweiten Weltkrieg Ziel der Bombenangriffe wurde, flüchteten die Familien an diesen abgelegenen Ort in ihre Lauben. 1977 wurde Voigts „Krampenburg" geschlossen. Seitdem verfällt sie zu einer Ruine.

zur **Ludwigshöhe** ❹. Nach dem Anstieg sind bereits die ersten Zäune der Ortschaft **Müggelheim** zu sehen. In einem leichten Linksbogen gelangt man entlang des Zaunes auf eine schmale, asphaltierte Straße. Dort nach Nordosten (rechts) abbiegen und über den Ludwigshöheweg hinunter bis zum Müggelheimer Damm laufen. Von hier geht es mit dem Bus zurück.

Auf dieser Tour gibt es viele schöne Badestellen

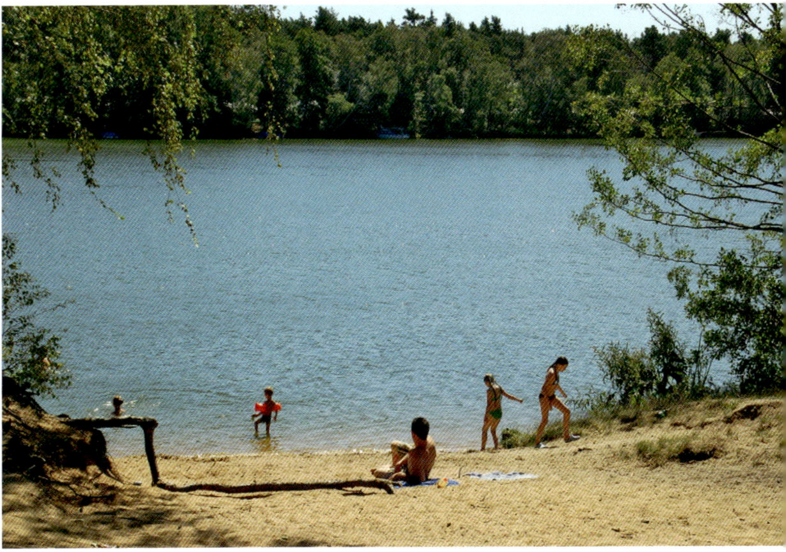

Spaziergang

Start/Rückfahrt
Buslinie 169
Haltestelle Alt-Müggelheim

Länge
ca. 6 km

Dauer
ca. 2 Stunden

Kombinierbar mit
Revier Müggelheim
▸ Seite 138
Müggelheimer Forst II
▸ Seite 144

Müggelheimer Forst I

Spaziergang durch den Müggelheimer Forst

Dieser kleine Spaziergang ist ideal, um nach einer längeren Wanderpause wieder in Schwung zu kommen. Auf der etwa 6 Kilometer langen Strecke kann man in klarer Waldluft den Kopf lüften und die Beine wieder ans Laufen gewöhnen.

Von der Haltestelle Alt-Müggelheim läuft man ein Stück auf dem Gosener Damm in Richtung Südosten, bis auf der rechten Seite der Wald beginnt und ein Wegweiser zur **ASB-Wasserrettungsstation** in den Wald weist. Auf dem Zufahrtsweg gelangt man auf den Waldparkplatz, wo der Wanderweg beginnt. Man spaziert vorbei an der **Försterei Müggelheim** bis zur nächsten Wegkreuzung. Dort nach Westen (rechts) abbiegen und das Gelände der Försterei umlaufen.

Nach wenigen Metern steht man am Ufer der **Großen Krampe** ❶ (▸ Seite 144). Wie viele Seen rund um Berlin entstand sie während der Eiszeit, als das Schmelzwasser der Gletscher abfloss und lange, schmale Rinnen in den darunterliegenden Boden schnitt. Dem Uferweg nach Süden (links) folgend, hat man immer wieder schöne Ausblicke über die Große Krampe, die heute ein Nebenarm der Dahme ist. Nach ca. 1,5 Kilometern erreicht man einen ehemaligen **Fähranleger.** Von dort fuhr früher die BVG-Fähre F21 nach Schmöckwitz und zur Krampenburg (▸ Seite 141), die auf der anderen Uferseite steht.

Von hier wird nun der Rückweg durch den Wald angetreten ❷. Über ein paar Stufen geht man den kleinen Hang hinauf und folgt dort der asphaltierten Straße schnurgerade in den Wald nach Nordosten. Nach einigen Hundert Metern knickt die Straße nach rechts ab und ein unbefestigter Waldweg geht geradeaus weiter. Diesem Weg wird bis zur nächsten Waldkreuzung gefolgt. Mit einem Schlenker nach rechts geht man über den kreuzenden Weg und folgt dem Waldweg bergauf ❸. In den nächs-

Die Große Krampe in winterlicher Stille

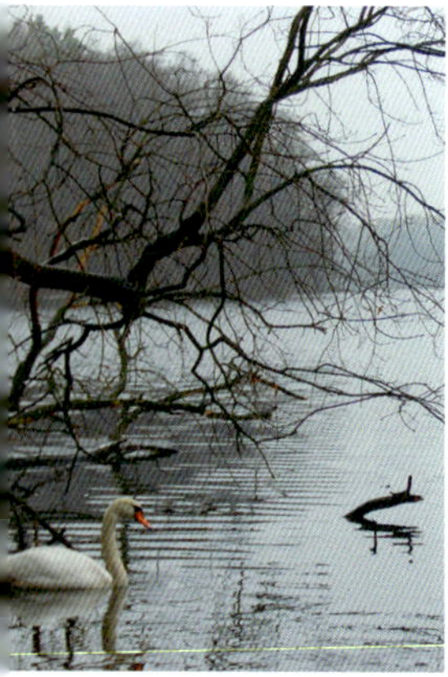

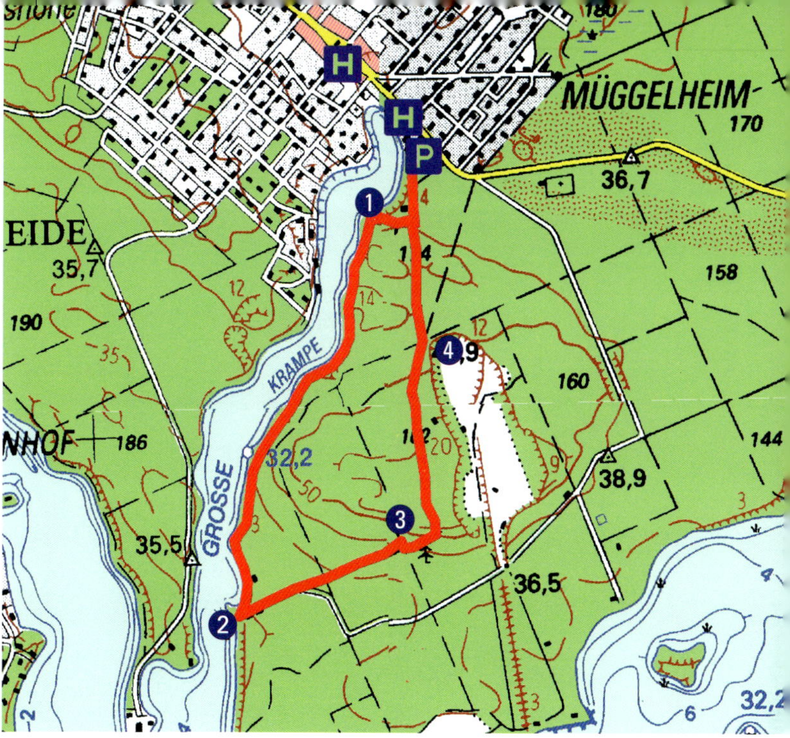

ten Minuten wird nun eine kleine Anhöhe erklommen. Zwischendurch kreuzt wieder ein Weg und kurz vor dem Ende der Anhöhe biegt der Hauptweg nach Norden (links) ab.

Auf dem sogenannten **Höhenwanderweg** kommt man an einem markanten Baum vorbei, an dem Fraßspuren von Schädlingen zu sehen sind. Weiter des Weges wird bald eine Kreuzung erreicht, an der fünf Waldwege zusammenführen. Dort hat man rechter Hand einen Einblick in die **Seddingrube** 4. Aus dieser Grube wurde früher der Sand abgebaut, der für den Bau von neuen Häusern in Berlin benötigt wurde. Auf Schienen wurde er zum Hafen an der Großen Krampe transportiert. Heute kann man sehr gut erkennen, wie die Natur das Areal zurückerobert.

Der Spaziergang führt weiter nach Norden (geradeaus) der **grün-weißen Markierung** nach. Schon bald trifft man auf eine vertraute Wegkreuzung an der Försterei Müggelheim. Dort schließt sich die Waldrunde wieder und man geht geradeaus weiter, zurück zum Parkplatz oder zur Bushaltestelle.

Spaziergang

Start
Anschluss an die Wanderung Müggelheimer Forst I ▸ Seite 142

Länge
ca. 6 km

Dauer
ca. 2 Stunden

Rückfahrt
Buslinie 369
Haltestelle Gosener Kanal

Kombinierbar mit
Müggelheimer Forst I
▸ Seite 142

Müggelheimer Forst II

Von der Großen Krampe zum Gosener Kanal

Müggelheim – ein besonderer Ort der Erholung. Schon bei der Anreise nach Müggelheim hat man das Gefühl nicht mehr in Berlin zu sein. Doch der Schein trügt. Dieser idyllische Ort, der 1747 gegründet wurde, gehört seit 1920 zu Berlin.

Der Startpunkt dieser Wanderung ist nur durch eine vorherige Wanderung oder Radtour zu erreichen. Hat man den südlichsten Punkt der Wanderung **Müggelheimer Forst I** (▸ Seite 142) erreicht, steht man am Anfang dieser Wanderung. Am früheren Fähranleger der BVG ❶ läuft man weiter entlang am Ufer der **Großen Krampe** ❷ nach Süden.

Nach einiger Zeit schwenkt der Weg langsam nach Osten (links) ab und man kann auf der gegenüberliegenden Uferseite in südlicher Richtung die Häuser des Ortsteiles Schmöckwitz sehen. Das Gewässer, das durch die schmale Passage fließt, ist die **Dahme.**

Dieser 95 Kilometer lange Nebenfluss der Spree hieß in diesem Bereich bis 1938 Wendische Spree. Sie entspringt am Austenberg in der Nähe des gleichnamigen Ortes im Landkreis Teltow Fläming und vermischt sich mit der Spree im Berliner Stadtteil Köpenick.

Nach wenigen Metern sieht man einen Schutzpilz ❸, an dem eine erste Pause eingelegt werden kann. Dieser Pilz steht auf einer kleinen Landzunge

Blick auf die Große Krampe

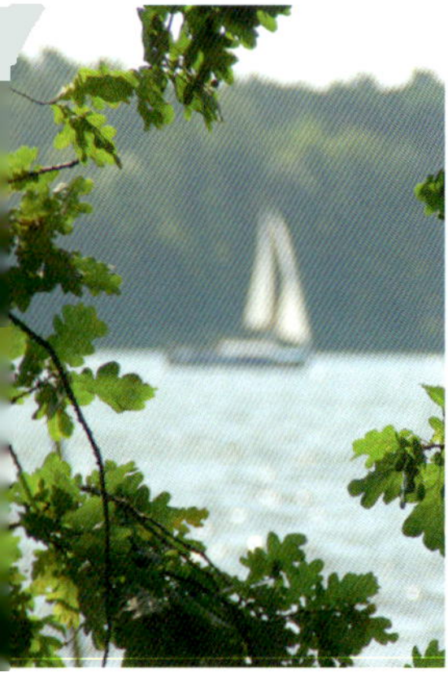

Große Krampe

Die Große Krampe ist etwa 3,3 Kilometer lang und 100 Meter breit. Ihr nördlichster Punkt endet kurz vor dem Dorfanger in Müggelheim. Sie ist ein Überbleibsel aus der Eiszeit und bildete sich aus einer Glazialen Rinne. Diese Bucht ist mit der Dahme verbunden und wird in den Sommermonaten gern zum Baden genutzt.

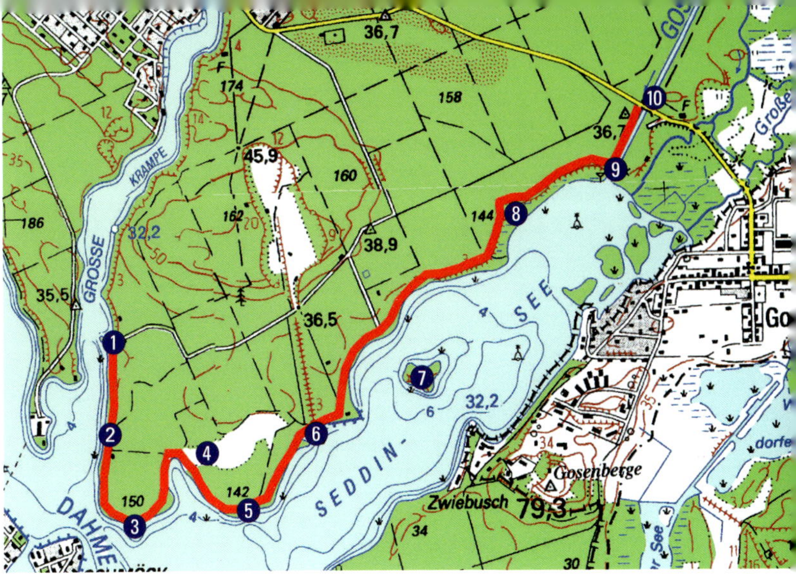

Seddinsee

Der 2,9 Kilometer lange und 7 Meter tiefe Seddinsee ist wie die Große Krampe eine große Bucht der Dahme, nur mit dem Unterschied, dass am nordöstlichsten Ufer ein Zufluss durch den Gosener Kanal aus dem Dämeritzsee vorhanden ist und am südlichen Ufer der Oder-Spree-Kanal mündet.

namens Windecke, von der aus man zur Rechten die Dahme und zur Linken den **Seddinsee** sieht.

Nach einer kurzen Pause geht es weiter in nördliche Richtung. Immer dem Weg folgend, wird eine Bucht, die **Kleine Krampe,** umrundet. Befindet man sich am nördlichsten Punkt der Kleinen Krampe, steht man plötzlich auf einer weit in den Wald reichenden Freifläche ❹, die Stück für Stück zuwächst. Dieses ganze Gebiet gehörte früher auch zur Kleinen Krampe. Diese ist jedoch nach Kriegsende mit Trümmerschutt aus dem Zentrum Berlins zugeschüttet worden.

Es geht weiter am nördlichen Ufer des Seddinsees. Nach einiger Zeit und herrlichen Ausblicken auf den See biegt der Weg hinein in den Wald. Dort wird eine kleine Landzunge überquert, auf der es sich durchaus lohnen kann, bis vor auf die Spitze zu laufen. Auf einer idyllischen Bank kann dort

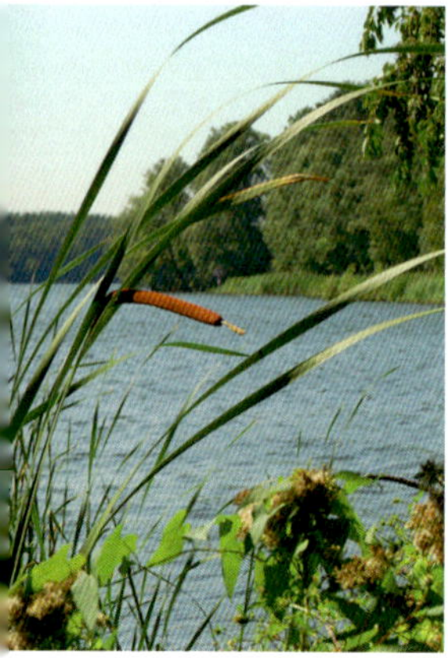

Uferbegrünung

Hafenbecken

Dieses Hafenbecken war bis ca. 1952 Verladehafen für die Sand- und Kiestransporte aus der Seddingrube. Noch heute ist der Damm zu sehen, auf dem eine Lorenbahn zwischen der Seddingrube und diesem Hafen fuhr, um den Kiessand aus der Grube zu den Schiffen zu bringen. Die mit Trümmerschutt aus dem zerbombten Berlin beladenen Schiffe fuhren zum Entladen in die Kleine Krampe und wurden anschließend mit Kiessand aus der Seddingrube wieder beladen. Dieser wurde für den Wiederaufbau zurück in das Berliner Zentrum transportiert.

eine weitere Rast auf dem so genanten Windwall ❺ eingelegt werden. Zurück von der kleinen Landzunge geht es weiter nach Nordosten und die angrenzende Bucht wird umrundet. Kurze Zeit später wird ein kleines **Hafenbecken** ❻ erreicht.

Nach der Umrundung des Beckens geht es durch eine schmale Passage zwischen Wasser und dem früheren Lorendamm weiter Richtung Nordosten. Ein kurzes Stück führt der Weg durchs Landesinnere, bis wieder die Wasserkante erreicht wird. Von dort öffnet sich der Blick über den See auf die **Insel Seddinwall** ❼. Weiter am Ufer entlang wird am Grenzweg zwischen den Jagensteinen (▸ Seite 71) 146 und 145 ein 2010 neu errichteter Schutzpilz erreicht. Dies ist jedoch noch nicht das Ende dieser Wanderung und so geht es weiter auf dem Uferweg bis zum **Naturschutzgebiet (NSG) Beiers Luch** ❽. Dieses Luch ist ein Ausläufer des NSG Gosener Wiesen und Seddinsee.

Ein Stück bergauf und weiter entlang am Rande des Schutzgebietes wird das NSG umrundet. Der schmale Wanderweg endet direkt am **Gosener Kanal** ❾. Linker Hand ist in der Ferne die **Alte Fahlenbergbrücke** ❿ zu sehen. Diese ist der Endpunkt dieser Wanderung. Etwas oberhalb des Ufers verläuft ein schmaler Wanderweg, auf dem in nordöstliche Richtung (links) bis zur Fahlenbergbrücke parallel zum Kanal gelaufen wird. Über die Treppe geht es hinauf auf die Gosener Landstraße, auf der links die Bushaltestellen zu sehen sind. Von dort wird mit dem Bus 369 zurück nach Müggelheim gefahren.

Gosener Kanal

Diese künstliche Verbindung zwischen dem Dämeritzsee und Seddinsee war ursprünglich im Bereich des Gosener Grabens geplant, der fast parallel zum Kanal verläuft. Nur auf Grund dessen, dass bei einer Kanalisierung des Gosener Grabens über 100 Grundstückbesitzer hätten entschädigt werden müssen, wurde der Kanal weiter westlich durch den Berliner Wald geplant. Als mit der Rodung des Waldes für den Kanal begonnen wurde, kam jedoch die Inflation in Deutschland dazwischen. Der Kanalbau wurde eingestellt und erst 1933 wieder fortgesetzt.

Interessant ist der Hintergrund, warum 1933 der Ausbau wieder vorangebracht wurde: 1936 waren die Olympischen Spiele in Berlin geplant. Für einige Wassersportarten war die Regattastrecke in Grünau von großer Bedeutung. Während der Spiele hätte dieser Bereich der Wasserstraße für die Berufsschifffahrt gesperrt werden müssen. Um den Entschädigungsforderungen der Reedereien und Schiffseigner aus dem Weg zu gehen, wurde der Kanal weitergebaut. Pünktlich zu den Olympischen Sommerspielen 1936 wurde der 2,8 Kilometer lange Kanal für die Schifffahrt freigegeben.

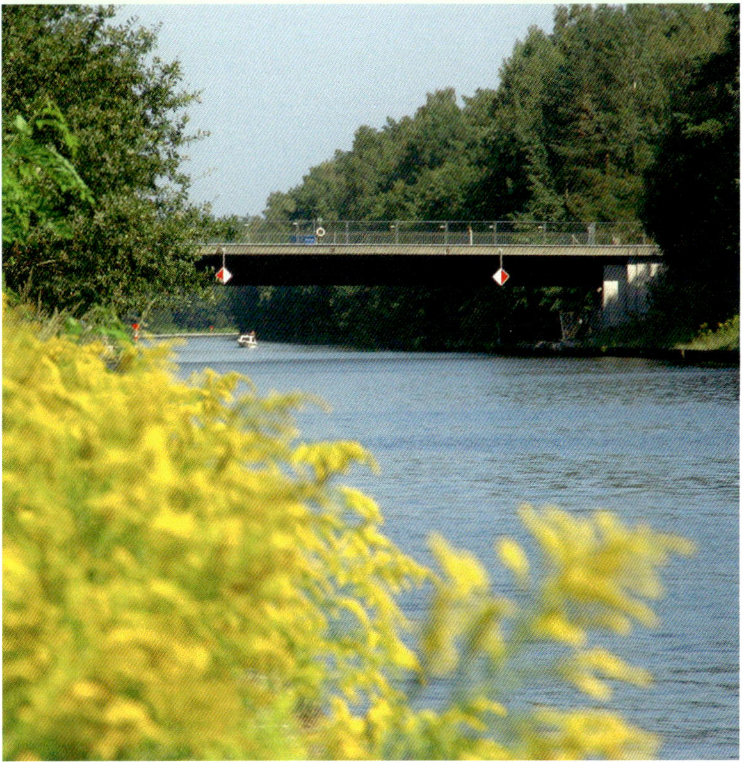

Wanderung

Start
Bus 169 Haltestelle Odernheimer Straße

Länge
ca. 8 km

Dauer
ca. 2–2,5 Stunden

Rückfahrt
Bus 161 Haltestelle Dämeritzstraße

Kombinierbar mit
Revier Rahnsdorf II
▸ Seite 117

Revier Fahlenberg

Streifzug durch das Revier Fahlenberg

Dieser Ausflugstipp führt im Köpenicker Forst von Müggelheim durch das Naturschutzgebiet Krumme Laake/Pelzlaake, zum Gosener Kanal und nach Hessenwinkel.

Startpunkt ist die Endhaltestelle des Busses 169, Odernheimer Straße. Auf der Schönhorster Straße erreicht man nach ca. 800 Metern ❶ den Abzweig in das Naturschutzgebiet (NSG) **Pelzlaake**. Weiter geht es durch sumpfiges Gebiet zur **Krummen Laake**.

Krumme Laake

Der Ausdruck „Laake" kommt aus dem Niederdeutschen und bedeutet hochdeutsch „Lache" für ein stillstehendes Gewässer.
Der Kernbereich der Krummen Laake wird von zwei kreuzenden Moorrinnen gebildet, an deren Kreuzungspunkt ein Restsee liegt. Sie hatte ursprünglich Verbindung zur Müggelspree und zur Großen Krampe, wurde aber abgeschnitten durch die Dünenbildung am heutigen nördlichen Sumpfarm und in Richtung Große Krampe in Folge von Sandverwehungen nach dem Eiszeitalter.
Dieses Sumpfgebiet drohte in den 1980er-Jahren auf Grund der Berliner Trinkwassergewinnung zu verlanden. In der Folgezeit führten starke Regenfälle zur Stabilisierung des Wasserspiegels. Die Krumme Laake wurde bereits 1927 zum Naturschutzgebiet erklärt. 1995 wurde das 307 Hektar große Gebiet Krumme Laake/Pelzlaake als NSG bestätigt. Bitte beachten Sie, dass innerhalb des NSGs die Wege nicht verlassen werden dürfen!
Das Baden und Angeln ist in der sagenumwobenen Krummen Laake nicht gestattet. Es gibt Erzählungen, nach denen ein mächtiger Wels im See lebt. Was eine Erklärung dafür sein könnte, warum auf dem See keine Jungvögel zu sehen sind.

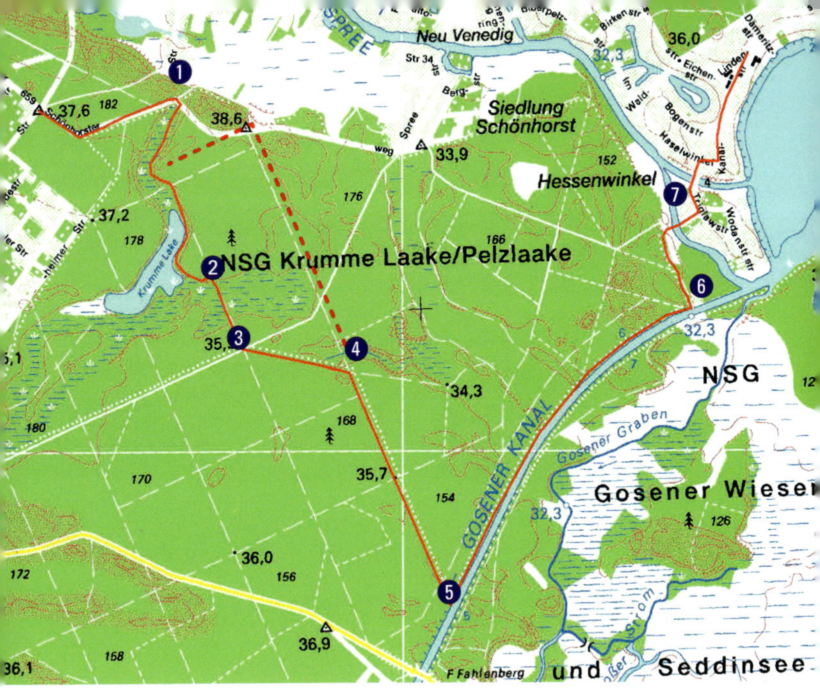

Nach einer Pause am See führt der Weg weiter über den früheren Bohlenweg ❷. Da dieser Pfad direkt durch den Sumpf führt, ist es hier noch wichtiger, den Weg nicht zu verlassen. (Achtung: Da die Bohlen aus Wasserschutzgründen vor einiger Zeit entfernt werden mussten, ist die Begehbarkeit des Pfades stark witterungsabhängig und nur noch im Sommer möglich! Alternativ (- - -) geht es ein Stück zurück bis zu der nach Nordosten führenden Schneise nördlich der Krummen Laake und auf dieser bis zum Backofengestell. Dort nach Südosten (rechts) abbiegen und man kommt wieder auf den geplanten Weg.) Am Ende des Pfades durch den Sumpf geht es an einer weiteren Sitzgruppe vorbei auf den Heuweg ❸. Nach ca. 500 Metern biegt man rechts ab auf das **Backofengestell** ❹. Dieses Gestell bekam seinen Namen, als die Bäume noch so klein waren, dass die Bauern auf diesem Weg den Schornstein des Backofens der Unterförsterei Cöpenicker Werder Fahlenberg sehen konnten. Der Weg endete (vor dem Bau des Gosener Kanals) direkt am Backofen der Försterei. Zu festgelegten Terminen kamen die Müggelheimer zum Brot-

Gosener Kanal

Dieser Kanal sollte 1923 mit Hilfe der vielen Berliner Erwerbslosen zwischen dem Seddinsee und dem Dämeritzsee gebaut werden. In dem Jahr wurde auch noch mit den Vorarbeiten und Vermessungen begonnen. Doch dann blieb der Bau zehn Jahre liegen. Erst 1933 stimmte der Regierungspräsident zu, das alte Projekt wieder in Angriff zu nehmen. Während der Bauphase von 1933–36 wurden 360 000 Kubikmeter Boden von Hand bewegt. Dafür wurden 14 142 Tagewerke pro Jahr benötigt. Der Bodenaushub ist noch heute zum Großteil östlich des Kanals im Jagen 125 zu sehen (Jagen sind forstliche Flächeneinheiten, oft mit Grenzsteinen nummeriert). Durch diese Aufschüttung entstand in dem eigentlichen Überflutungsgebiet ein wertvoller Halbtrockenrasen. 1936, pünktlich zur Olympiade, wurde der fertige Gosener Kanal als Schifffahrtsstraße freigegeben (▸ Seite 147).

backen in die Försterei. Folgt man diesem Weg in südlicher Richtung, erreicht man nach einiger Zeit den **Gosener Kanal** ❺.

Blick auf die Liebesinsel/ Krumme Laake

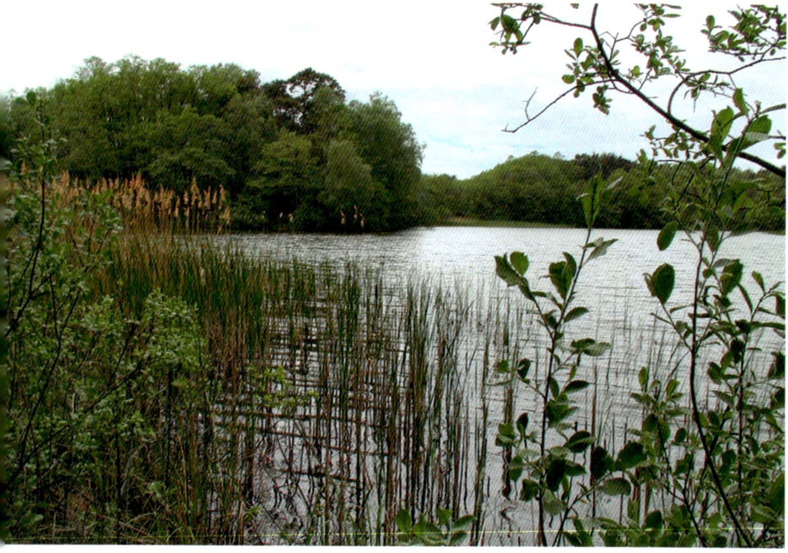

Hier gibt es zwei Möglichkeiten, dem weiteren Verlauf in nördlicher Richtung zu folgen: entweder auf einem kleinen Pfad oberhalb der Kanalböschung oder direkt am Kanal. Hier können nicht nur vorbeifahrende Schiffe beobachtet werden, sondern zum Beispiel auch Fischreiher. 500 Meter vor dem Dämeritzsee, an einer ca. 400 Jahre alten Eiche, biegt der Weg nach links ab zu den **Philipps Fischerhütten** ❻. Vorbei an den Fischerhütten geht die Tour zur **Russenbrücke** ❼, über die man zur Villenkolonie Hessenwinkel gelangt. Der Bau der Russenbrücke erfolgte 1952/53 (Rekonstruktion 2000–2002) unter Mitarbeit der Hessenwinkler Bürger im „Nationalen Aufbauwerk". Den Namen der Brücke prägte der Volksmund. 1945 soll an dieser Stelle die Rote Armee aus Baumstämmen einen Übergang über die Spree gelegt haben.

Nach der Überquerung der Russenbrücke gelangt man auf die Triglawstraße, auf der man in nördlicher Richtung die Triglawbrücke überquert. Von hier aus erreicht man in wenigen Minuten über den „Haselwinkel" und die Kanalstraße die Lindenstraße. Dort fährt der Bus 161.

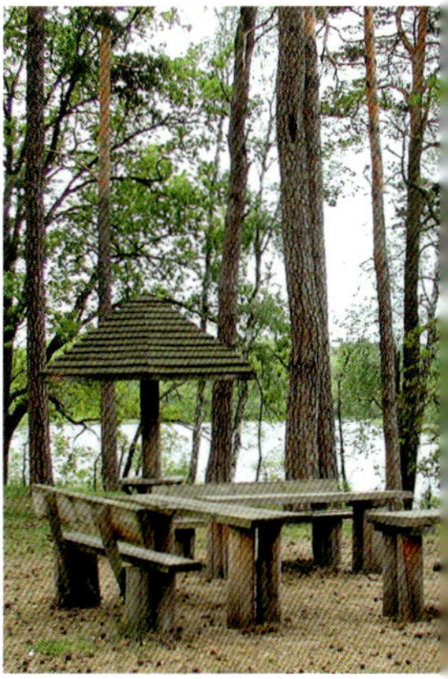

An der Krummen Laake kann man bequem picknicken

Philipps Fischerhütten

Diese Hütten wurden in den Sommermonaten von den Fischern als Unterkünfte genutzt. Die Philipps Fischerhütten bekamen bereits 1451 bei einem Streitfall zwischen den Cöpenicker und den Kietzer Fischern Bedeutung. Bei der Entscheidung über die Fischereigerechtigkeit auf der Clodenick entschied der Berliner Hofrichter Paul von Conrestorpp, dass die Kietzer Fischer die Fischerei auf der Clodenick ausüben durften. Dafür mussten sie jedes Jahr dem Rat zu Cöpenick einen Schock Groschen, eine Tonne Bier und Fisch liefern. Die Übergabe von Bier und Fisch erfolgte gelegentlich alle 2 Jahre beim so genannten „Grenzenzug" an den Philipps Fischerhütten. Dabei wurden den Cöpenickern und anderen Neuzugezogenen die Fischereigrenzen der Fischer gezeigt, damit keine Streitigkeiten entstehen sollten. Diese Zusammenkünfte entwickelten sich zu ausgiebigen Volksfesten.

Wanderung

Start
S-Bhf. Grünau

Länge
ca. 8 km

Dauer
ca. 3 Stunden

Rückfahrt
Tram 68 Haltestelle Zum Seeblick

Kombinierbar mit
Langer See
▸ Seite 134
Revier Schmöckwitz
▸ Seite 156

Revier Grünau

Märchenhafte Wälder in Grünau

Das Revier Grünau im Herbst- und Winternebel: Vertraute Landschaften sind nur schemenhaft zu erkennen und erscheinen dem Wanderer bizarr. Der Blick über sonst freie Wasserflächen verliert sich im Grau, Bäume werden plötzlich zu Fabelgestalten und Moore regen die Fantasie auf ganz eigene Weise an. Die Wanderung bietet die besten Voraussetzungen, diese Eindrücke selbst zu erleben. Natürlich ist die Tour durch den Grünauer Forst aber auch bei strahlendem Sonnenschein und bestem Badewetter märchenhaft.

Gegenüber dem S-Bahnhof **Grünau** geht es auf der gepflasterten Büxensteinallee hinein in den Wald. Nach 200 Metern zweigt ein Waldweg nach Südosten (rechts) ab. Auf diesem Weg kommt man an die Kreuzung Parksteig/Libboldallee. Der Verlängerung des Parksteiges folgend geht es weiter durch den Wald. An der nächsten Kreuzung ❶ wählt man den eingefassten Weg geradeaus, der zwischen zwei Wegen liegt, die mit Pollern versehen sind.

Nach wenigen Metern streift die Route einen **Waldspielplatz** und mündet an den Straßenbahnschienen in eine Straße. Parallel zu den Schienen kommt man auf dieser Straße vorbei an der Försterei Grünau. Die Straße trifft auf die Regattastraße, an der auch die Rückseite der Regattatribüne des Langen Sees zu sehen ist. Weiter nach Südosten (rechts) überquert man die Straßenbahnschienen und biegt in die Rabindranath-Tagore-Straße ein. Dieser folgt man bis zu einer Rechtskurve, an der es über einen Parkplatz zurück in den Wald geht. Auf dem breiten Waldweg erreicht man die Gaststätte „Hanff's Ruh" ❷.

Nach einer Stärkung geht es weiter auf dem Weg in Richtung Südosten. Man biegt erst wieder von diesem Weg nach Nordosten (links) ab, wenn eine Kreuzung erreicht wird, an der auf der linken Seite

Gaststätte Hanff's Ruh
Gutbürgerliche Küche nach Saison. Mit großem Biergarten.
Rabindranath-Tagore-Straße 25
12527 Berlin-Grünau
Tel. (0 30) 6 74 33 68
www.hanffs-ruh.com
Tgl. (außer Di) 11–21 Uhr

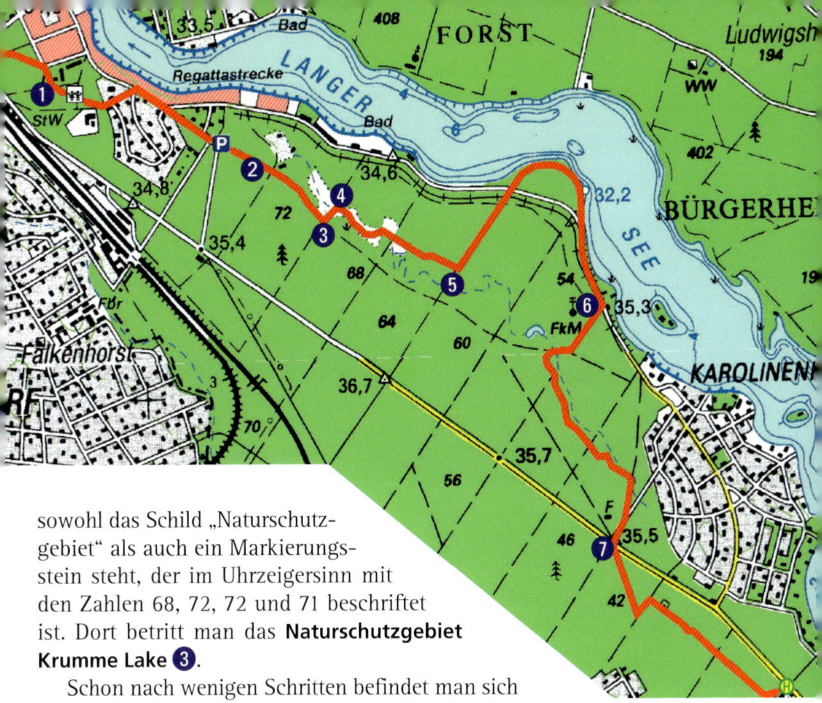

sowohl das Schild „Naturschutzgebiet“ als auch ein Markierungsstein steht, der im Uhrzeigersinn mit den Zahlen 68, 72, 72 und 71 beschriftet ist. Dort betritt man das **Naturschutzgebiet Krumme Lake** ❸.

Schon nach wenigen Schritten befindet man sich im Feuchtgebiet und es ist angeraten, die schmalen Wege nicht zu verlassen. Hinter der nächsten dominant freistehenden Eiche ❹ bitte dem Pfad nach Südosten (rechts) folgen. Der Trampelpfad schlängelt sich entlang der Lake und endet auf einem festen Weg, an dem die Beschilderung „Wasserschutzgebiet“ zu finden ist. Rechts vorbei an diesem Schild folgt man dem nun wieder breiten Waldweg bis zu einer breiten Schneise ❺, auf der ein geradliniger Weg verläuft.

Dort nach Nordosten (links) abbiegen und über die Straßenbahnschienen bis zum **Langen See** weiterlaufen. Die dort erreichte Landzunge trägt den Namen „Bammelecke“. Die Aussicht über den See lädt bei jedem Wetter zum Verweilen ein. Der Name „Bammelecke“ wurde durch den dortigen Rudersport geprägt. An dieser Stelle nämlich werden seit der ersten „Großen Grünauer Regatta“, also seit 1881, die Sportler zum Start gerufen. Seitdem findet auf der 2000 Meter langen Strecke die alljährliche Regatta zum Wanderpreis „Große Grünauer Regatta“ statt.

Bei Badewetter lohnt sich hier der Sprung ins kühle Nass. Badesachen sind dabei je nach Vorliebe

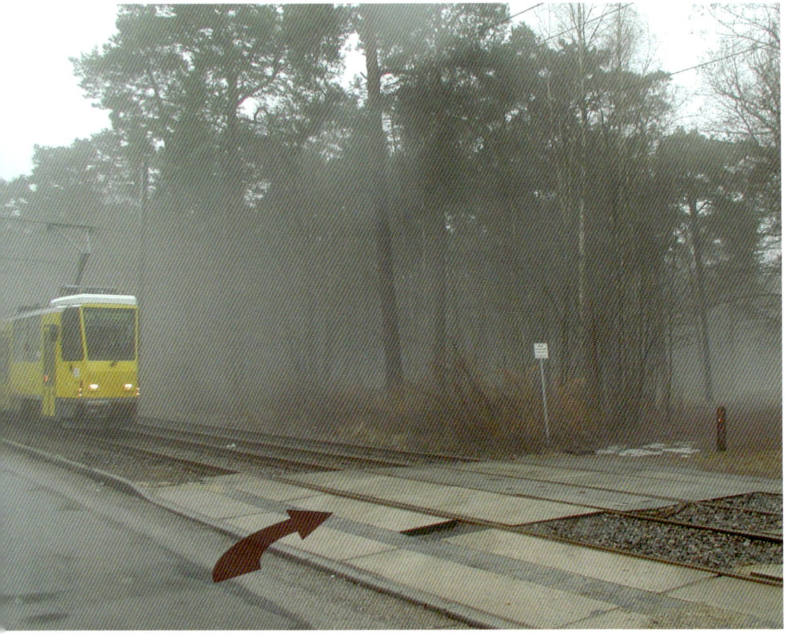

Hier 6 über die Gleise hinüber – hinein in neblige Sümpfe

nicht unbedingt erforderlich, da sich dort auch ein bekannter FKK-Strand befindet.

An der Wasserkante entlang geht es nach Süden bis zur Sportpromenade, wo auch die nächste Gaststätte zu finden ist. Das Westernrestaurant „Richtershorn am See" lädt auf seine Seeterrassen oder auch in den Wintergarten ein.

Schräg gegenüber führt die Wanderung über die Straßenbahnschienen 6 wieder auf einen Waldweg. Diesem Weg folgen, bis man die Krumme Lake wieder erreicht. Dort stößt der Weg auf einen anderen, dem man nach Westen (rechts) folgt, um in einer Linkskurve über die Krumme Lake zu laufen. Nach der „Überquerung" der Lake geht es nach wenigen Schritten wieder nach Südosten (links) entlang des Feuchtgebietes. Der weitere Verlauf der Tour führt mehr oder weniger dicht an diesem Naturschutzgebiet entlang.

Hat man die Schappachstraße erreicht, geht es kurz entlang dieser Straße nach Südosten (rechts) bis zur Straße **Adlergestell** 7. Nach der Querung

Westernrestaurant Richtershorn am See
Westernrestaurant mit Seeterrassen und Wintergarten.
Sportpromenade 15
12527 Berlin-Grünau
Tel. (0 30) 6 75 99 24
www.richtershorn.de
Di–Fr 14–22, Sa 12–23, So 12–20 Uhr

hinter der Schranke wieder einem geradlinigen Weg nach Südosten folgen. Nach knapp 400 Metern stößt dieser auf einen neuen, dem man ein kurzes Stück nach Nordosten (links in Richtung Adlergestell) folgt. Der nächste Abzweig nach rechts verläuft parallel zum Adlergestell.

Auf diesem geht es weiter bis zum nächsten befahrbaren Weg, auf dem erst nach rechts und gleich wieder nach links abgebogen wird. Ab dort verläuft die Strecke nach Südosten bis zur Umfriedung des Reifenwerkes Schmöckwitz. Als Orientierung sieht man in großer Distanz parallel das Adlergestell. Ist der Zaun des Reifenwerkes erreicht, geht es nach links zurück zum Adlergestell, wo auch die Straßenbahnhaltestelle zu finden ist.

Von hier kann man zurück zur S-Bahn-Station Grünau fahren oder auch nach Alt-Schmöckwitz, wo eine weitere schöne Wanderung über das Schmöckwitzer Werder (▸ Seite 156) beginnt.

Die Krumme Lake ist auch im ausgehenden Winter schön

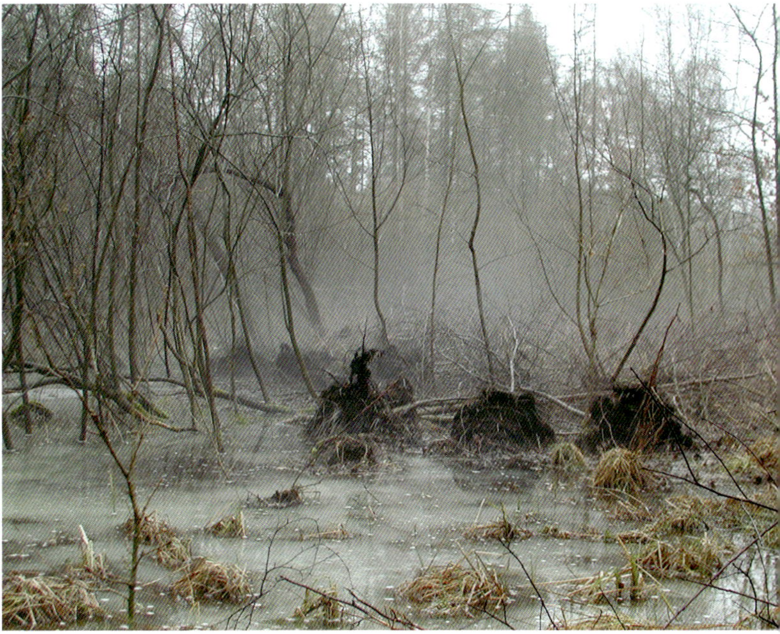

Wanderung
Spielplatz & Baden

Start/Rückfahrt
Tram 68 Haltestelle Alt-Schmöckwitz

Länge
ca. 9 km

Dauer
ca. 3,5 Stunden

Kombinierbar mit
Revier Grünau
▸ Seite 152

Revier Schmöckwitz

Spielplatz am Badestrand

Auf diesem Ausflug wird der Spielplatz an der Badewiese Schmöckwitz vorgestellt. Für diejenigen, die mehr als nur spielen und baden wollen, gibt es auch eine Wanderung.

Sowohl die Wanderung als auch der Weg zum Spielplatz beginnen an der Endstation der Tramlinie 68 in **Alt-Schmöckwitz.** Weiter auf der Wernsdorfer Straße überquert man die Dahme und schon wenige Meter danach erreicht man die Zufahrt auf den Parkplatz, der direkt am **Spielplatz** endet. Der Parkplatz ist meistens gut besucht, deshalb ist es sehr zu empfehlen, die öffentlichen Verkehrsmittel zu nutzen. Durch die Lage des **Spielplatzes direkt am Strand der Badestelle Schmöckwitz** ❶ ist ein Besuch in den heißen Sommermonaten besonders attraktiv.

Wer nun doch ein wenig mehr Bewegung braucht und lieber durch die schattigen, kühlen Wälder des Schmöckwitzer Werders wandert, geht entlang der Wasserkante nach Rauchfangswerder.

Nach dem Parkplatz überquert man die Freifläche zwischen Spielplatz und Badestrand in südlicher Richtung. Auf der anderen Seite führt der Weg schnurgerade in den Wald, vorbei an einem **Waldcampingplatz** und 150 Meter weiter stößt man auf

Spielplatz

Der seit Ende Juni 2005 errichtete Spielplatz ist von 15 engagierten Forstleuten aus allen vier Berliner Forstämtern gebaut worden. In nur fünf Tagen schufen die Kollegen mit viel Einfallsreichtum ein ca. 13 Meter langes Spielschiff, eine Balancierspinne und einen Rutschturm mit 5 Meter langer Rutsche. Mit Liebe zum Detail wurde auch eine Dampflok mit Anhängern gebaut sowie ein Pferd mit Wagen. Die besondere Herausforderung beim Schnitzen des Pferdes lag darin, dass der Rumpf, Hals und Kopf aus einem Stamm gefertigt wurden. Der Wuchs des Stammes gab somit auch die Form des Pferdes vor.

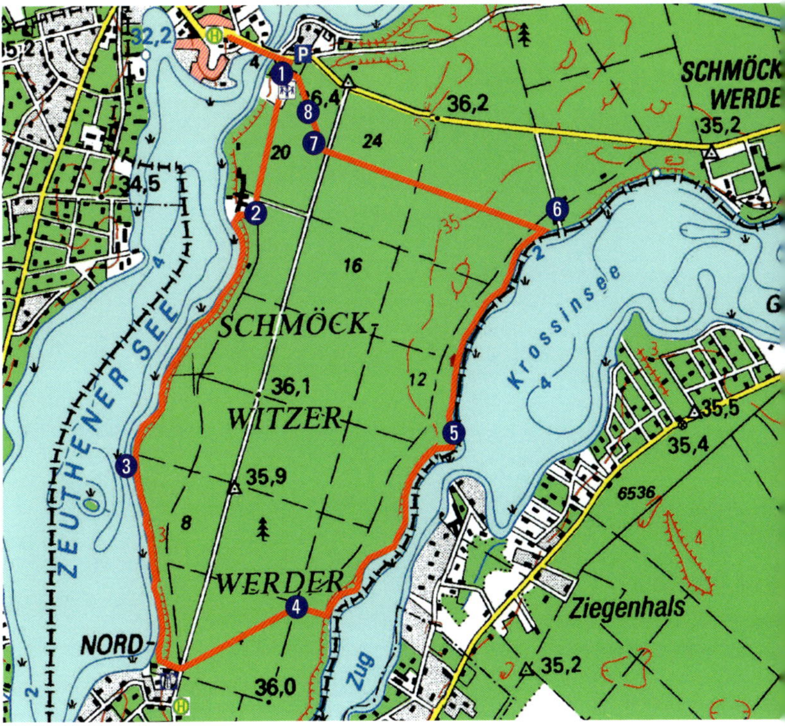

das Hotel „Teikyo" ❷. Ab hier schlängelt sich der Weg am Uferbereich des **Zeuthener Sees** entlang. Diesem schattigen, markierten Uferweg (gelber Balken auf weißem Grund) folgt man nun bis **Rauchfangswerder.**

Unterwegs kommt man immer wieder an kleinen Buchten vorbei, die zum Rasten einladen. Nach der Hälfte streift man das Gelände einer **Wasserrettungsstation.** Auch hier hat man vom Zugang der gesperrten Steganlage einen schönen Blick auf das Wasser. Ein Stück weiter sieht man schon nach wenigen Metern die traurigen Überreste des einstmals **dicksten Baumes des Reviers** ❸. Von der dicken Ulme ist leider nur noch der Stumpf zu sehen.

Schwenkt der Weg vom Wasser weg, hat man schon bald den südlichsten Punkt der Wanderung erreicht. Am Ortseingang Rauchfangswerder Nord stößt man auf den Schmöckwitzer Damm. Auf die-

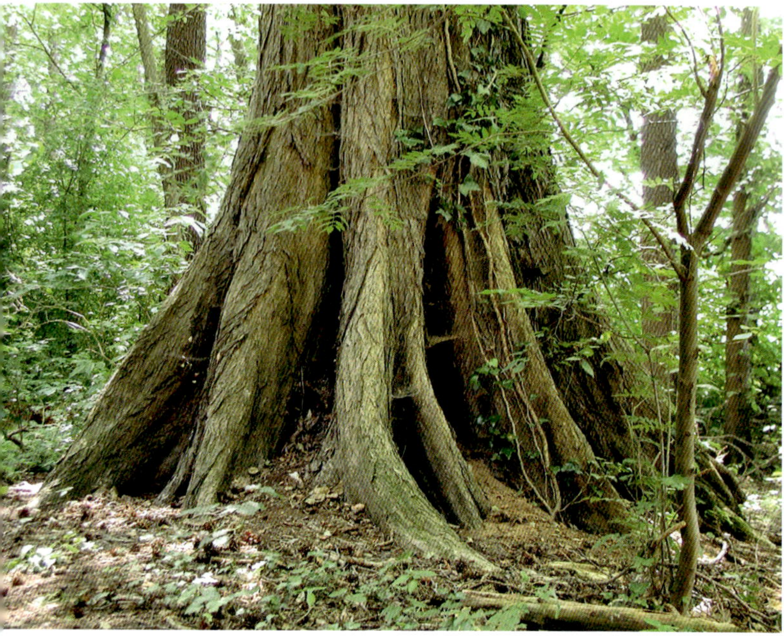

So sah er aus, der dickste Baum im Revier ❸

ser Straße ortseinwärts kommt man auf der rechten Seite zur Haltestelle des Busses 168, mit dem man zurück nach Alt-Schmöckwitz fahren könnte.

Der Fußweg zurück zum Ausgangspunkt geht weiter am Ortseingang gegenüber der Stelle, an der man auf den Schmöckwitzer Damm kam. In östlicher Richtung entfernt sich der Weg von der Hauptstraße und knickt schon nach wenigen Metern nach Nordosten ab. Diagonal durch den Jagen 4 (Jagen sind forstliche Flächeneinheiten, oft mit Grenzsteinen nummeriert) läuft man bis zu einem Platz, an dem sechs Wege zusammenlaufen und ein **Findling** ❹ zu sehen ist. Der Weg direkt links neben dem Findling führt nach einigen Metern zum Wasser.

Das Gewässer trägt den Namen „Großer Zug“ und gehört bereits zu Brandenburg. Auf dem Uferweg geht es nun an der Landesgrenze nach Norden. Auch dort finden sich immer wieder kleine Badebuchten. Nach der Hälfte des Uferweges steht man auf einer kleinen Landzunge ❺. Die Gewässerverengung bildet den Übergang zwischen dem Großen Zug und dem **Krossinsee.** Am westlichen Ufer des Krossinsees geht es vorbei an einem Schutzpilz bis zu einer Stelle, an der in Laufrichtung durch die Bäume ein Haus zu sehen ist. Hier bitte aufmerksam an den auf der linken Seite stehenden Bäumen nach einer **lilafarbenen Wegmarkierung** ❻ Ausschau halten. Der kleine Pfad an diesem Baum führt zurück zum Ausgangspunkt. Befindet man sich am eingezäunten Haus mit einer asphaltierten Zufahrt, so ist man am Abzweig vorbeigelaufen. Ein paar Meter zurück sieht man einen kleinen Abzweig weg vom Wasser, der ebenso auf den breiten Waldweg führt. Auf dem geht es nun geradlinig in Richtung Westen.

Nachdem man den Schmöckwitzer Damm zum zweiten Mal überquert hat ❼, biegt man schräg rechts auf einen Waldweg ein. Nicht der asphaltierten Straße folgen, die von der Hauptstraße abzweigt. In nordwestlicher Richtung geht es weiter durch den Wald.

Nach einiger Zeit passiert man eine Stelle, an der sich das gewohnte grüne Waldbild drastisch ändert. Plötzlich sieht man tote, schwarze Bäume, die wie Zahnstocher durcheinander liegen. Das Ergebnis eines Brandstifters! Menschen, die die grüne Lunge der Berliner systematisch zerstören. Bedenkt man, dass zum Beispiel eine 100-jährige Buche mit ihren Blättern etwa 370 Liter Sauerstoff pro Stunde produziert und 1 Hektar Wald jährlich 50 Tonnen Ruß und Staub aus unserer Atemluft filtert, so hat der unkontrollierte Verlust jeder mutwillig zerstörten Waldfläche noch größeres Gewicht.

An der nächsten kleinen Gabelung ❽ weiter geradeaus laufen. Der Weg ist mit einem **lilafarbenen Punkt** an einem Baum markiert. Am Ende des Weges hat man den Spielplatz an der Badewiese Schmöckwitz wieder erreicht.

Badestrand in Schmöckwitz

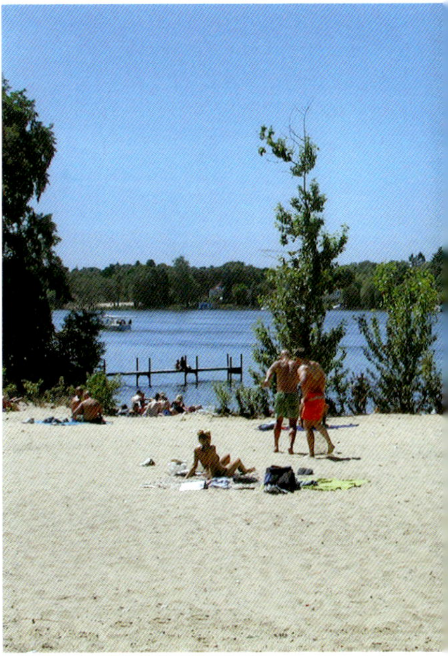

Das Mischwaldprogramm der Berliner Forsten

Eine Jahrhundertaufgabe für das grüne Berlin ist unter besonderer Berücksichtigung der Klimaprognosen die Umgestaltung der Kiefernbestände zu Mischwäldern unter konsequenter Weiterentwicklung der naturnahen Waldbewirtschaftung.

Fast ein Fünftel Berlins ist bewaldet. Die Berliner Wälder innerhalb und außerhalb der Landesgrenzen werden seit Jahren naturgemäß bewirtschaftet – zertifiziert nach FSC (Forest Stewardship Council) und den darüber hinausgehenden Richtlinien des Naturland-Verbandes.

Die Berliner Forsten haben bereits vor drei Jahrzehnten mit dem Umbau kieferndominierter Bestände zu Mischwäldern begonnen. Dieser Umbau folgt dem Prinzip der natürlichen Verjüngung. Er setzt hauptsächlich auf die Selbstaussaat der Laubbäume mit unterstützender Pflege der heranwachsenden Bestandesschicht.

Dieser Waldumbau muss als Investition in die Zukunft für die nachfolgenden Generationen jedoch zeitlich forciert werden. Bei einem Zeithorizont von 50 Jahren, in dem der Waldumbau auf ungefähr der Hälfte der Berliner Waldfläche und somit auf circa 15 000 Hektar erforderlich ist, beträgt der jährliche Waldumbaubedarf 300 Hektar (zum Vergleich: Die Flächengröße des Tempelhofer Feldes beträgt 386 Hektar). Die Verjüngungsaktivitäten liegen derzeit aufgrund fehlender Mittel jedoch bei gerade einmal 30 Hektar pro Jahr, also bei nur einem Zehntel. Unter Berücksichtigung dieser Rahmenbedingungen würde der Waldumbauprozess somit circa 500 Jahre dauern. Zu viel Zeit.

Beim Waldumbau der einschichtigen Kiefernbestände mit jungen Laubbäumen genießen die alten Kiefernbestände besonderen Vorrang. Sie werden durch Insekten und Pilze wie den Kiefernbaumschwamm, sowie Trockenheiten, Sturm und Frost in ihrem Waldgefüge zunehmend destabilisiert und

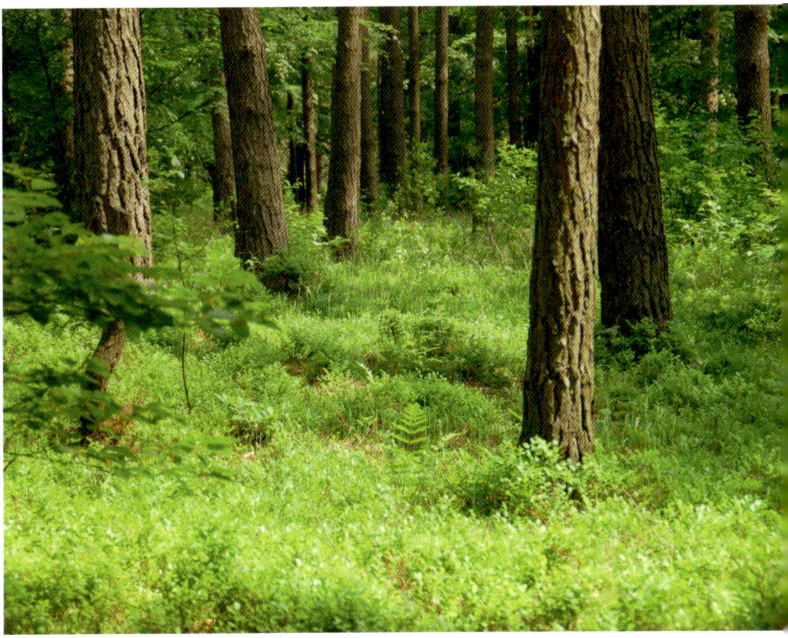

Im Rahmen des Berliner Mischwaldprogramms werden Kiefernbestände in Mischwälder umgewandelt

müssen in den kommenden Jahrzehnten verstärkt mit heimischen Laubbaumarten wie Eiche, Linde, Ulme, Birke, Buche und anderen unterbaut werden. Die Lücken der verlichtenden Kiefernaltbestände werden dann durch die heranwachsenden Laubbäume gefüllt. Mischwald entsteht.

Neben den Altbeständen der mittelalten Kiefern müssen in einigen Gebieten ebenfalls waldbauliche Impulse zur Mischwaldentwicklung erfolgen. Notwendig ist dies, um der weiteren Ausbreitung der nordamerikanischen Traubenkirsche, Prunus serotina, durch einen vorausgehenden Mischwaldaufbau zu begegnen und so ihre ökologische Nische mit unseren heimischen Baumarten im Vorfeld zu besetzen. Die Spätblühende Traubenkirsche stellt eines der größten waldbaulichen Probleme des gesamten Kiefernflachlandgürtels von den Niederlanden bis Polen dar.

Ein Effekt des Waldumbaus ist ein verbesserter Wasserhaushalt. Unter Laubbäumen kann mehr Niederschlag als Grundwasserspende versickern als unter Nadelbäumen. Ein Beispiel, wie die in Berlin praktizierte naturgemäße Waldbewirtschaftung zur Anpassung an den Klimawandel beiträgt.

Ziel muss es sein, das Niederschlagswasser im Raum zu halten, damit neben klimawirksamen Kühlungseffekten durch Verdunstung auch eine Verzögerung des Abflusses zur Stabilisierung des Niedrigwasserabflusses in den Gewässern entstehen kann. Da Berlin das Trinkwasser nicht importiert, sondern stadtnah gewinnt, ist die Rückhaltung und Versickerung der Niederschläge über Wald eine wesentliche Voraussetzung für die Qualität und die Quantität des Trinkwassers. Waldlandschaften, welche die Selbstreinigungskraft der Gewässer erhöhen, die Rückhaltung und Zwischenspeicherung fördern und die Grundwasseranreicherung steigern, werden im Klimawandel einen erheblichen Bedeutungszuwachs erfahren. Die Stadtwälder leisten schon heute einen wichtigen Beitrag zur Trinkwasserversorgung. 80 Prozent des Berliner Trinkwassers wird aus diesen Wäldern gewonnen.

Ziel ist die Schaffung vielfältiger Waldgesellschaften, die wiederum positive Effekte auf den Wasserhaushalt haben

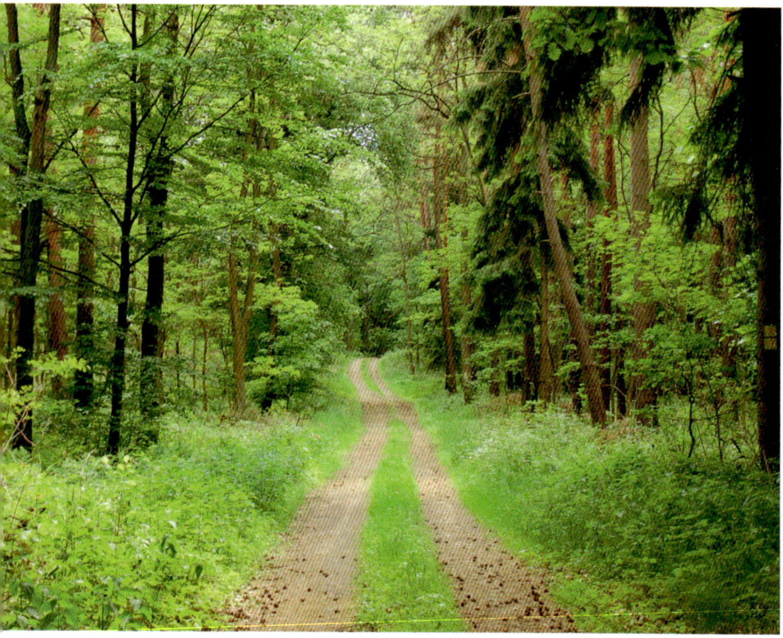

Über die Berliner Wälder

Die Berliner Landschaft ist eiszeitlich geprägt. Das führte zu typischen Moränen, Rinnen und Tälern und zu sandigen Böden, die meist wenig Nährstoffe bieten und Niederschlagswasser kaum halten können. Diese Bedingungen beeinflussen die Waldentwicklung maßgeblich: Kiefer, Eiche, Birke – Baumarten mit geringen Nährstoff- und Wasserbedarf – bestimmen natürlicherweise die Landschaft. Fachlich ausgedrückt: Berlin liegt im mittelbrandenburgischen Jungmoränenland im Übergang zwischen kontinentalem und ozeanisch geprägtem Klima.

Berlin ist mit etwa 18 Prozent Waldanteil an der Gesamtfläche der Stadt eine der waldreichsten Metropolen Europas. Der heutige Berliner Wald innerhalb der Stadt und im Brandenburger Umland ist im Wesentlichen in der Zeit von 1910 bis 1941 durch die Stadt angekauft worden. Er diente als Vorsorge für die Bevölkerung des wachsenden Ballungsraumes.

Der Zweite Weltkrieg und die Blockade des Westteils der Stadt hatten fatale Folgen für den Wald: Mindestens 5000 Hektar Wald waren komplett oder nahezu kahlgeschlagen. Mehr als 50 Jahre später sind die Spuren vielerorts noch zu sehen – auf den bloßliegenden Sandflächen wurden damals überwiegend reine Kiefernwälder gesät oder gepflanzt.

Schutzgebiete im Berliner Wald:

- Naturschutzgebiete ca. 1700 Hektar
- Landschaftsschutzgebiete ca. 16000 Hektar
- europ. Schutzgebiete (FFH) ca. 4600 Hektar

Baumartenverteilung in Berlin:

Kiefer 60,2 %
Eiche 19,9 %
Buche 3,6 %
Andere Nadelbäume 4,9 %
Andere Laubbäume 11,4 %

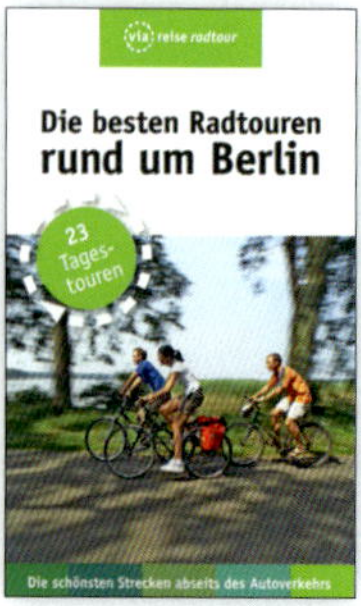

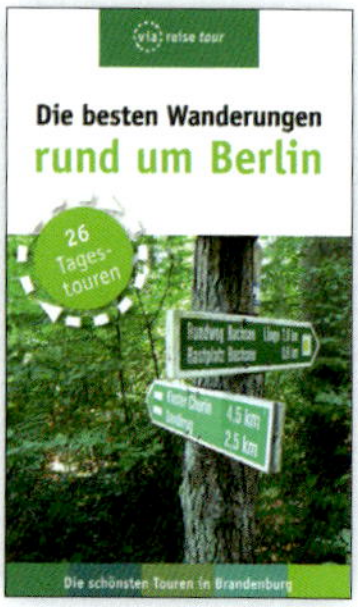

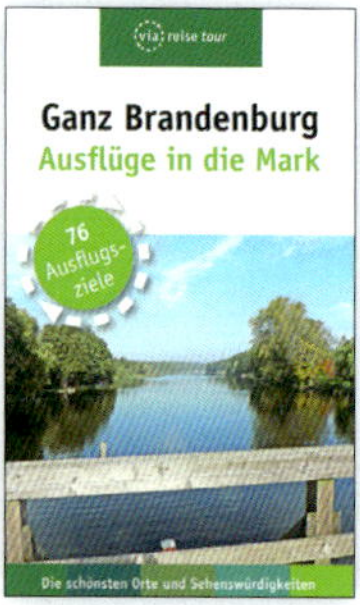

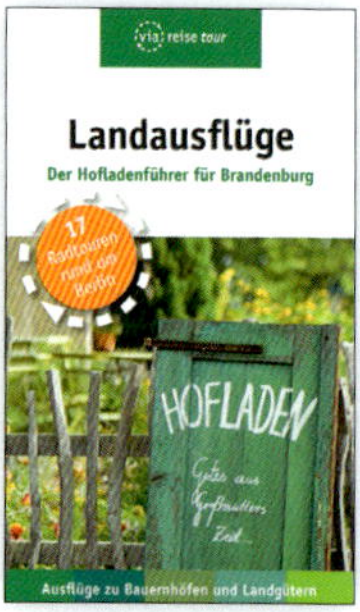

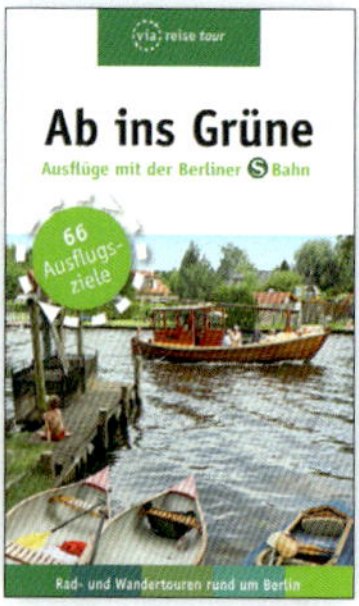

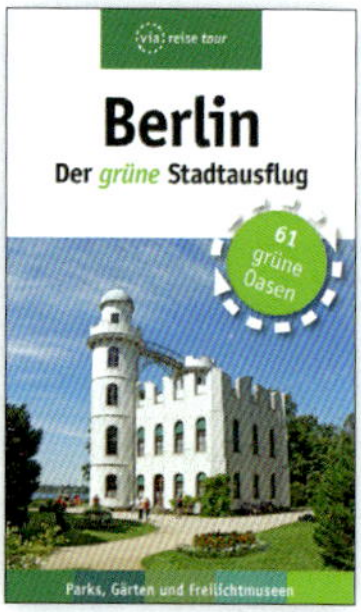

Erhältlich im Buchhandel oder im Internet unter

www.viareise.de

Liebe Leserinnen und Leser,

alle Angaben in diesem Ausflugsführer sind gewissenhaft geprüft. Trotz gründlicher Recherche unserer Autorinnen und Autoren können sich manchmal Fehler einschleichen. Wir bitten um Verständnis, dass der Verlag dafür keine Haftung übernehmen kann. Über Hinweise, Berichtigungen und Ergänzungsvorschläge freuen wir uns jederzeit.

via reise verlag
Lehderstraße 16–19
13086 Berlin
post@viareise.de
www.viareise.de

ISBN 978-3-945983-59-1

Text & Recherche
Thorsten Wiehle (Berliner Forsten), außer: Seite 6–9, Grit Jachow (Berliner Forsten)

Redaktion
Kristina Becker (via reise verlag)

Kartografie
Senatsverwaltung für Stadtentwicklung Berlin

Herstellung & Gestaltung
Tanja Onken, Annelie Krupicka (via reise verlag)

Umschlagkarte vorn
Carlos Borrell, Berlin

Druck
Ruksaldruck, Berlin

Gedruckt auf FSC®-zertifiziertem Papier für verantwortungsbewusste Waldbewirtschaftung.

FSC www.fsc.org MIX Papier aus verantwortungsvollen Quellen FSC® C104247

Fotos
Thorsten Wiehle (Berliner Forsten), außer: Seite 5, David Ulrich; Seite 8, Carsten Przygoda/PIXELIO; Seite 9, Pixabay

Umschlagfoto vorn
Wegweiser nach Lanke

Klappe vorn
Mohnblumen bei Basdorf

Umschlagfotos hinten
Wurzelpavillon am Teufelssee
Wanderer im Buchenwald

Seite 1
Eichenallee im Revier Friedrichshagen

Wir danken für die freundliche Unterstützung:

Berliner Verkehrsbetriebe (BVG) für die Genehmigung zum Abdruck des Netzplans.
Herzlichen Dank an alle Leserinnen und Leser, die uns mit ihren Hinweisen bei der Aktualisierung der Touren unterstützt haben.
Unser ganz besonderer Dank gilt Herrn Jürgen Klussmann, der viele Touren aus diesem Buch nachwanderte und uns wertvolle Anregungen und Ergänzungen zukommen ließ.

Berlin

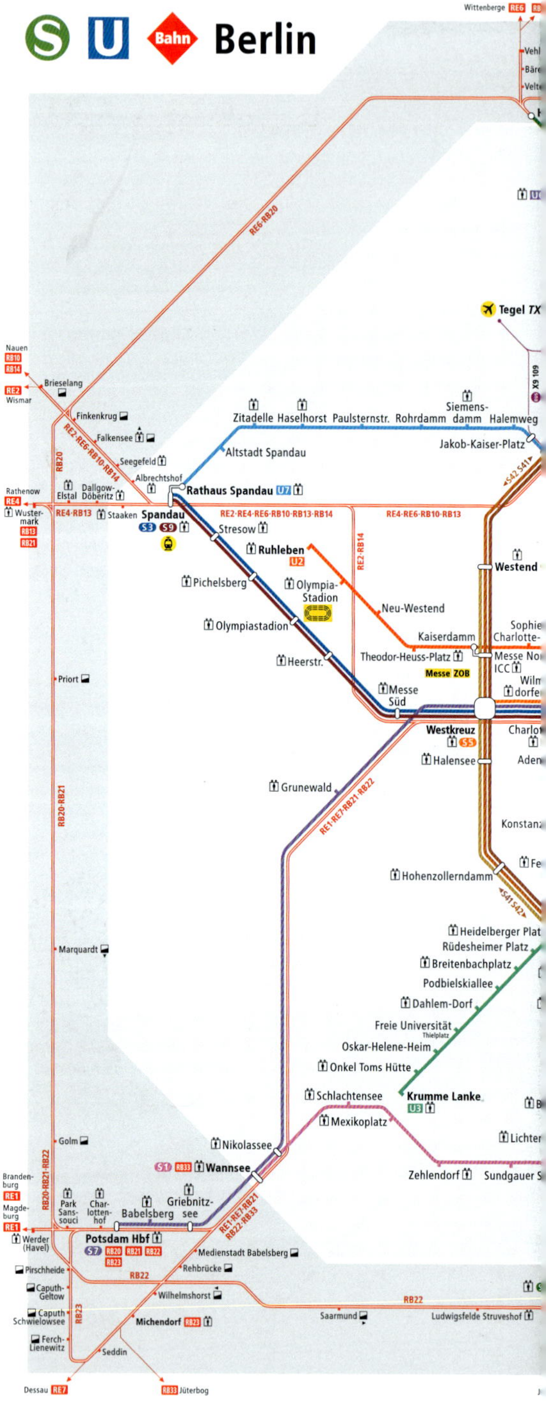

Wittenberge RE6
Nauen RB10 RB14
RE2 Wismar
Brieselang
Finkenkrug
Falkensee
Seegefeld
Albrechtshof
Rathenow RE4
Wustermark RB13 RB21
Elstal
Dallgow-Döberitz
Staaken
Spandau S3 S9
Rathaus Spandau U7
Altstadt Spandau
Zitadelle
Haselhorst
Paulsternstr.
Rohrdamm
Siemensdamm
Halemweg
Jakob-Kaiser-Platz
Tegel TXL
X9 109
Stresow
Ruhleben U2
Pichelsberg
Olympia-Stadion
Olympiastadion
Neu-Westend
Westend
Heerstr.
Kaiserdamm
Theodor-Heuss-Platz
Sophie-Charlotte-
Messe Nord ICC
Messe ZOB
Messe Süd
Westkreuz S5
Halensee
Grunewald
Hohenzollerndamm
Heidelberger Platz
Rüdesheimer Platz
Breitenbachplatz
Podbielskiallee
Dahlem-Dorf
Freie Universität Thielplatz
Oskar-Helene-Heim
Onkel Toms Hütte
Krumme Lanke U3
Schlachtensee
Mexikoplatz
Nikolassee
Wannsee S1 RB33
Zehlendorf
Sundgauer Str.
Priort
Marquardt
Golm
Brandenburg RE1
Magdeburg RE1
Werder (Havel)
Park Sanssouci
Charlottenhof
Babelsberg
Griebnitzsee
Potsdam Hbf S7 RB20 RB21 RB22 RB23
Medienstadt Babelsberg
Rehbrücke
Wilhelmshorst
Michendorf RB23
Pirschheide
Caputh-Geltow
Caputh Schwielowsee
Ferch-Lienewitz
Seddin
Saarmund
Ludwigsfelde Struveshof
Dessau RE7
RB33 Jüterbog
RE6·RB20
RE2·RE6·RB10·RB14
RB20
RE4·RB13
RE2·RE4·RE6·RB10·RB13·RB14
RE4·RE6·RB10·RB13
RE2·RB14
S42 S41
S41 S42
RE1·RE7·RB21·RB22
RB20·RB21
RB20·RB21·RB22
RE1·RE7·RB21 RB22·RB33
RB22
RB23